# 环境执法典型案例解析

生态环境部宣传教育中心　主编

中国环境出版集团·北京

图书在版编目（CIP）数据

环境执法典型案例解析/生态环境部宣传教育中心主编．—北京：中国环境出版集团，2019.12（2022.11 重印）
ISBN 978-7-5111-4240-5

Ⅰ．①环… Ⅱ．①生… Ⅲ．①环境保护—行政执法—案例—中国 Ⅳ．①D922.680.5

中国版本图书馆 CIP 数据核字（2019）第 292826 号

出 版 人　武德凯
责任编辑　曹　玮
责任校对　任　丽
封面设计　岳　帅

本书相关
法律法规

出版发行　中国环境出版集团
（100062　北京市东城区广渠门内大街 16 号）
网　　址：http：//www.cesp.com.cn
电子邮箱：bjgl@cesp.com.cn
联系电话：010-67112765（编辑管理部）
发行热线：010-67125803，010-67113405（传真）
印　　刷　北京市联华印刷厂
经　　销　各地新华书店
版　　次　2019 年 12 月第 1 版
印　　次　2022 年 11 月第 2 次印刷
开　　本　787×1092　1/16
印　　张　15.25
字　　数　310 千字
定　　价　88.00 元

## 《环境执法典型案例解析》

## 编 委 会

# 前　言

党的十九大报告把坚持人与自然和谐共生作为基本方略，进一步明确了建设生态文明、建设美丽中国的总体要求，集中体现了习近平新时代中国特色社会主义思想的生态文明观。2018 年召开的全国生态环境保护大会确立了习近平生态文明思想。习近平生态文明思想是习近平新时代中国特色社会主义思想的重要组成部分，深刻回答了“为什么建设生态文明、建设什么样的生态文明、怎样建设生态文明”等重大理论和实践问题。2019 年是新中国成立 70 周年，是打好污染防治攻坚战、决胜全面建成小康社会的关键一年，也是深化党和国家机构改革、组建生态环境机构运转的第一年。为坚定不移贯彻落实全国生态环境保护大会精神和习近平生态文明思想，强化生态环境保护综合执法体系和能力建设，切实提高生态环境执法人员环境违法案件调查与处理的实际工作能力，努力打造政治强、本领高、作风硬、敢担当，特别能吃苦、特别能战斗、特别能奉献的生态环境保护执法铁军，特组织有关专家编写本书。

本书分为八章，收集了七十三个案例，涉及违反《中华人民共和国环境保护法》（以下简称《环境保护法》）、《中华人民共和国水污染防治法》（以下简称《水污染防治法》）、《中华人民共和国大气污染防治法》（以下简称《大气污染防治法》）、《中华人民共和国固体废物污染环境防治法》（以下简称《固体废物污染环境防治法》）、《中华人民共和国环境噪声污染防治法》（以下简称《环境噪声污染防治法》）、《中华人民共和国土壤污染防治法》（以下简称《土壤污染防治法》）、《中华人民共和国环境影响评价法》（以下简称《环境影响评价法》）、《建设项目环境保护管理条例》等多个方面。本书侧重于案例的解析，结合案例分析讲解法律知识及环境执法过程中存在的问题和解决方法。编写过程中力求内容实用、全面，符合基层执法实践工作的需要。内容多为公开报道的案例。在进行案例选择时，我们力求选择具有一定影响和典型意义且对基层执法实践有一定帮助的案例。

本书由生态环境部宣传教育中心贾峰任编委会主任，生态环境部宣传教育中心闫世东任编委会副主任，河北环境工程学院刘定慧任主编，河北环境工程学院韩小铮、生态环境部宣传教育中心曾红鹰、张琳任副主编，河北环境工程学院宫银海、戴秋香，生态环境部宣传教育中心刘之杰、胡天蓉，美国环保协会副总裁、北京代表处首席代表张建宇参与编写，河北环境工程学院宫学栋负责统编，西尔环境教育袁轶、美国环保协会北京代表处杨君以及生态环境部李铮、广东省生态环境厅孙贵义进行专业审定，在此表示衷心感谢！本书得到了美国环保协会北京代表处的资金支持，在此一并表示衷心感谢！

本书可以作为基层生态环境执法人员的执法参考书，也可作为大专院校环境法学与环境监察等相关专业的参考教材。

本书在编写过程中参考了大量的资料和书籍，案例相关的执法思考等内容均反映了编写人员个人的观点和意见，因编者水平所限，难免会有瑕疵，我们衷心希望有关专家、读者提出宝贵意见，我们将会虚心接受，不断努力，使我们的工作日臻完善。

生态环境部宣传教育中心

2019 年 7 月 4 日

# 目　录

# 第 1 章　违反《环境保护法》的典型案例及其执法要点解析

## 1.1　概述

### 1.1.1　环境保护法的修订

新修订的《环境保护法》经过十二届全国人大常委会 4 次审议之后于 2014 年 4 月 24 日通过，并于 2015 年 1 月 1 日起施行。《环境保护法》（以下若无特别说明均指新修订实施的《环境保护法》）第四条第一款第一次从法律层面上明确了“保护环境是国家的基本国策”，并首次提出把“保护优先”作为环境保护的一项基本原则，并首次赋予环保部门行政强制权。《环境保护法》第二十五条规定：“企业事业单位和其他生产经营者违反法律法规规定排放污染物，造成或者可能造成严重污染的，县级以上人民政府环境保护主管部门和其他负有环境保护监督管理职责的部门，可以查封、扣押造成污染物排放的设施、设备。”《环境保护法》还规定了对违法者可以实施行政拘留的处罚手段。《环境保护法》第六十三条规定：“经营者有以下行为之一的，由县级以上人民政府环境保护主管部门或者其他有关部门将案件移送公安机关，对其直接负责的主管人员和其他直接责任人员，处十日以上十五日以下拘留；情节较轻的，处五日以上十日以下拘留。”可见，修订后的《环境保护法》给予了环保部门必要的行政强制执行权力，以期增强环境保护行政机关的执法能力，更加有效地实施环境保护法律，维护法律权威。

为了更有力地打击环境违法行为，加大处罚力度，《环境保护法》第五十九条还规定了按日连续处罚制度。为督促企业改正连续（或继续）违法行为，《环境保护法》第五十九条第一款规定：“企业事业单位和其他生产经营者违法排放污染物，受到罚款处罚，被责令改正，拒不改正的，依法作出处罚决定的行政机关可以自责令改正之日的次日起，按照原处罚数额按日连续处罚。”为了更好地落实《环境保护法》相关规定，原环境保护部出台了一系列规章和规范性文件，以期对地方环保部门实施《环境保护法》加以规范和指导，如《环境保护主管部门实施按日连续处罚办法》（环保部令　第 28 号；2015 年 1 月 1

日施行)、《环境保护主管部门实施查封、扣押办法》(环保部令 第29号;2015年1月1日施行)、《环境保护主管部门实施限制生产、停产整治办法》(环保部令 第30号;2015年1月1日施行)、《企业事业单位环境信息公开办法》(环保部令 第31号;2015年1月1日施行)、《突发环境事件调查处理办法》(环保部令 第32号;2015年3月1日施行)、《突发环境事件应急管理办法》(环保部令 第34号;2015年6月5日施行)、《环境保护公众参与办法》(环保部令 第36号;2015年9月1日施行)等,本章将结合新法规定的一系列法律制度和原环境保护部制定的配套办法对典型案例进行解析。

## 1.1.2 违反《环境保护法》行为的认定和处罚依据

### 1.1.2.1 超标超总量排放污染物

**【相关法律规定】**

《环境保护法》

第四十四条第一款 国家实行重点污染物排放总量控制制度。重点污染物排放总量控制指标由国务院下达,省、自治区、直辖市人民政府分解落实。企业事业单位在执行国家和地方污染物排放标准的同时,应当遵守分解落实到本单位的重点污染物排放总量控制指标。

**【处罚依据】**

《环境保护法》

第六十条 企业事业单位和其他生产经营者超过污染物排放标准或者超过重点污染物排放总量控制指标排放污染物的,县级以上人民政府环境保护主管部门可以责令其采取限制生产、停产整治等措施;情节严重的,报经有批准权的人民政府批准,责令停业、关闭。

### 1.1.2.2 建设单位未报批环评文件或环评文件未经批准擅自开工建设

**【相关法律规定】**

《环境保护法》

第十九条 编制有关开发利用规划,建设对环境有影响的项目,应当依法进行环境影响评价。

未依法进行环境影响评价的开发利用规划,不得组织实施;未依法进行环境影响评价的建设项目,不得开工建设。

**【处罚依据】**

《环境保护法》

第六十一条 建设单位未依法提交建设项目环境影响评价文件或者环境影响评价文件未经批准,擅自开工建设的,由负有环境保护监督管理职责的部门责令停止建设,处以罚款，并可以责令恢复原状。

### 1.1.2.3　重点排污单位不公开或者不如实公开环境信息

**【相关法律规定】**

《环境保护法》

第五十五条　重点排污单位应当如实向社会公开其主要污染物的名称、排放方式、排放浓度和总量、超标排放情况，以及防治污染设施的建设和运行情况，接受社会监督。

第五十六条　对依法应当编制环境影响报告书的建设项目，建设单位应当在编制时向可能受影响的公众说明情况，充分征求意见。

负责审批建设项目环境影响评价文件的部门在收到建设项目环境影响报告书后，除涉及国家秘密和商业秘密的事项外，应当全文公开；发现建设项目未充分征求公众意见的，应当责成建设单位征求公众意见。

**【处罚依据】**

《环境保护法》

第六十二条　违反本法规定，重点排污单位不公开或者不如实公开环境信息的，由县级以上地方人民政府环境保护主管部门责令公开，处以罚款，并予以公告。

《企业事业单位环境信息公开办法》有关规定。

### 1.1.2.4　企业事业单位和其他生产经营者严重污染环境尚不构成犯罪适用行政拘留

**【相关法律规定】**

《环境保护法》

第十九条　编制有关开发利用规划，建设对环境有影响的项目，应当依法进行环境影响评价。

未依法进行环境影响评价的开发利用规划，不得组织实施；未依法进行环境影响评价的建设项目，不得开工建设。

第四十二条　排放污染物的企业事业单位和其他生产经营者，应当采取措施，防治在生产建设或者其他活动中产生的废气、废水、废渣、医疗废物、粉尘、恶臭气体、放射性物质以及噪声、振动、光辐射、电磁辐射等对环境的污染和危害。

排放污染物的企业事业单位，应当建立环境保护责任制度，明确单位负责人和相关人员的责任。

重点排污单位应当按照国家有关规定和监测规范安装使用监测设备，保证监测设备正常运行，保存原始监测记录。

严禁通过暗管、渗井、渗坑、灌注或者篡改、伪造监测数据，或者不正常运行防治污染设施等逃避监管的方式违法排放污染物。

第四十五条 国家依照法律规定实行排污许可管理制度。

实行排污许可管理的企业事业单位和其他生产经营者应当按照排污许可证的要求排放污染物；未取得排污许可证的，不得排放污染物。

第四十九条第二款 禁止将不符合农用标准和环境保护标准的固体废物、废水施入农田。施用农药、化肥等农业投入品及进行灌溉，应当采取措施，防止重金属和其他有毒有害物质污染环境。

**【处罚依据】**

《环境保护法》

第六十三条 企业事业单位和其他生产经营者有下列行为之一，尚不构成犯罪的，除依照有关法律法规规定予以处罚外，由县级以上人民政府环境保护主管部门或者其他有关部门将案件移送公安机关，对其直接负责的主管人员和其他直接责任人员，处十日以上十五日以下拘留；情节较轻的，处五日以上十日以下拘留：

（一）建设项目未依法进行环境影响评价，被责令停止建设，拒不执行的；

（二）违反法律规定，未取得排污许可证排放污染物，被责令停止排污，拒不执行的；

（三）通过暗管、渗井、渗坑、灌注或者篡改、伪造监测数据，或者不正常运行防治污染设施等逃避监管的方式违法排放污染物的；

（四）生产、使用国家明令禁止生产、使用的农药，被责令改正，拒不改正的。

《行政主管部门移送适用行政拘留环境违法案件暂行办法》（公治〔2014〕853 号；2015 年 1 月 1 日施行）有关规定。

### 1.1.2.5 企业事业单位和其他生产经营者违法排放污染物，受到罚款处罚，被责令改正，拒不改正的

**【处罚依据】**

《环境保护法》

第五十九条 企业事业单位和其他生产经营者违法排放污染物，受到罚款处罚，被责令改正，拒不改正的，依法作出处罚决定的行政机关可以自责令改正之日的次日起，按照原处罚数额按日连续处罚。

前款规定的罚款处罚，依照有关法律法规按照防治污染设施的运行成本、违法行为造成的直接损失或者违法所得等因素确定的规定执行。

地方性法规可以根据环境保护的实际需要，增加第一款规定的按日连续处罚的违法行为的种类。

《环境保护主管部门实施按日连续处罚办法》有关规定。

## 1.2　违反《环境保护法》的典型案例分析及执法要点解析

### 按日连续处罚

#### 案例一：海口某砖厂违规排污被按日连续处罚 260 万元案

【案情介绍】

2017 年，海南海口市环保部门公布了一起企业违规排污被按日连续处罚的案例：海口市一家超标排放大气污染物、拒不改正的砖厂，被按日连续处罚，共罚款 260 万元。

2017 年 1 月，海口市环境保护监测站对琼山区一家砖厂进行大气污染物排放监测，发现其超标排放大气污染物。按规定，砖瓦工业企业的二氧化硫排放标准是 300 $mg/m^3$，氟化物的排放标准是 3 $mg/m^3$。而这家砖厂排放的二氧化硫的数据是 593$mg/m^3$，氟化物的数据是 36.21 $mg/m^3$，均超过了国家规定的排放限值。

在调查取证后，海口市琼山区环保部门责令砖厂改正违法行为，并作出罚款 20 万元的行政处罚决定。

2017 年 3 月 7 日，海口市琼山区环保部门组织海口市环境保护监测站对整改情况进行复查并采样监测，监测结果显示该砖厂仍然超标排放污染物。于是琼山区生态环境保护局启动了按日连续处罚程序。根据《环境保护主管部门实施按日连续处罚办法》，计罚日数为责令改正违法行为决定书送达排污者之日的次日起，至环境保护主管部门复查发现违法排放污染物行为仍拒不改正之日止，计罚日数累计执行。琼山环保部门在 2 月 22 日对企业下达《责令改正违法行为通知书》，从次日 2 月 23 日至再次发现违法行为的 3 月 7 日，共 13 天，按每日处罚金额 20 万元计算，共计 260 万元。

砖厂负责人表示，接到罚款单之后，管理人员的压力很大，像蒙了一样。连夜进行整改，一定要达到环保的排放质量标准要求。还要把以前管理脱硫塔的管理员开除，招聘新的人过来接手，并学习环保法。

目前，这家砖厂的大气污染物排放已经达标，第三方监测单位也已经进入厂区，实时监测排放数据。

海口市琼山区环保部门负责人表示，今后的行政处罚可以依照在线监控设备数据来执行，大气污染物一旦超标，监控设备就会报警，并且把数据传输到环保部门，环保部门第一时间就会知道大气污染物数据异常变动情况。

【执法思考】

《大气污染防治法》

第九十九条　违反本法规定，有下列行为之一的，由县级以上人民政府环境保护主管部门责令改正或者限制生产、停产整治，并处十万元以上一百万元以下的罚款；情节严重的，报经有批准权的人民政府批准，责令停业、关闭：

（二）超过大气污染物排放标准或者超过重点大气污染物排放总量控制指标排放大气污染物的。

《环境保护主管部门实施按日连续处罚办法》

第十九条　按日连续处罚每日的罚款数额，为原处罚决定书确定的罚款数额。

按照按日连续处罚规则决定的罚款数额，为原处罚决定书确定的罚款数额乘以计罚日数。

**【相关法律规定】**

《环境保护法》

第五十九条第一款　企业事业单位和其他生产经营者违法排放污染物，受到罚款处罚，被责令改正，拒不改正的，依法作出处罚决定的行政机关可以自责令改正之日的次日起，按照原处罚数额按日连续处罚。

《大气污染防治法》（2015 年 8 月 29 日修订，2016 年 1 月 1 日实施，以下若无特殊提示，均指该法）

第一百二十三条　违反本法规定，企业事业单位和其他生产经营者有下列行为之一，受到罚款处罚，被责令改正，拒不改正的，依法作出处罚决定的行政机关可以自责令改正之日的次日起，按照原处罚数额按日连续处罚：

（二）超过大气污染物排放标准或者超过重点大气污染物排放总量控制指标排放大气污染物的。

《环境保护主管部门实施按日连续处罚办法》

第五条　排污者有下列行为之一，受到罚款处罚，被责令改正，拒不改正的，依法作出罚款处罚决定的环境保护主管部门可以实施按日连续处罚：

（一）超过国家或者地方规定的污染物排放标准，或者超过重点污染物排放总量控制指标排放污染物的。

## 案例二：处罚后复查时又连续两次发现超标排污案

**【案情介绍】**

2015 年 8 月 5 日，某市环保局检查发现某厂的含油废水处理设施未运行，于是提取水样检测，检测结果显示该厂外排废水中石油类严重超标。某市环保局依法责令该厂重新使用含油废水处理装置，并处罚款 1.5 万元。该厂接受处罚，承诺立即重新使用废水处理装置。在实施处罚一周后，市环保局于 8 月 13 日去该厂进行现场复查，发现该厂含油废水处理装置仍然停运，经再次检测，外排废水石油类仍严重超标。某市环保局依法对其按日连续处罚，共计罚款 1.5 万元/天×8 天=12（万元）。5 天后，市环保局再次去该厂进行现场复查，发现该厂含油废水处理装置仍然停运，外排废水石油类仍然超标。该如何处罚？某市环保局执法人员产生了两种意见：一种意见是，对该厂已经执行了按日连续处罚，这次应按新的环境违法行为进行处罚，重新发出责令改正违法通知书和环境处罚决定书；另一种意见是，这次发现的环境违法行为是 8 月 5 日发现的违法行为的继续，应继续执行按日连续处罚。

**【执法思考】**

（1）计罚方式

《环境保护主管部门实施按日连续处罚办法》

第十七条　按日连续处罚的计罚日数为责令改正违法行为决定书送达排污者之日的次日起，至环境保护主管部门复查发现违法排放污染物行为之日止。再次复查仍拒不改正的，计罚日数累计执行。

第十八条　再次复查时违法排放污染物行为已经改正，环境保护主管部门在之后的检查中又发现排污者有本办法第五条规定的情形的，应当重新作出处罚决定，按日连续处罚的计罚周期重新起算。按日连续处罚次数不受限制。

第十九条　按日连续处罚每日的罚款数额，为原处罚决定书确定的罚款数额。

按照按日连续处罚规则决定的罚款数额，为原处罚决定书确定的罚款数额乘以计罚日数。

因此，按日连续处罚最终总罚款数额=原罚款基数×拒不改正天数。

应注意：

①根据《环境保护主管部门实施按日连续处罚办法》第十七条规定，实施按日连续处罚的计罚日数是一个连续的起止期间，排污者在期间排污状况和生产状况如何，均不影响计罚日数的计算，即排污者在计罚周期内存在停产停业或者达标排放的日数，均不能从计罚日数中扣除［《关于按日连续处罚计罚日数问题的复函》（环函〔2015〕232 号）］；②按日连续计罚不能无限期计罚，如果按日连续计罚仍不能有效遏制违法行为的，应结合其他管理措施和手段制止或纠正环境违法行为（如限制生产、停产整治；停业、关闭等）。

（2）并用关系

①环保主管部门实施按日连续处罚的，可以同时适用责令排污者限制生产、停产整治或者查封扣押等措施；②因实施上述措施导致按日连续处罚适用条件灭失的，不再实施按日连续处罚。

**【结论】**

根据上述法律及《环境保护主管部门实施按日连续处罚办法》的规定，每次复查时企业均处于拒不改正的状态，计罚日数应累计计算。因此，我们倾向于第二种意见。

## 案例三：集中供暖锅炉连续超标排污案

**【案情介绍】**

某市新力电力有限公司共有 5 个发电机组。按照 2014 年 7 月 1 日起执行的《火电厂大气污染物排放标准》，该单位的 3#、4#、5#机组排放氮氧化物应执行 200 mg/m$^3$ 的排放限值。但该单位 3#、4#、5#机组一直未实施脱硝工程，生产过程中氮氧化物超标排放。

2015 年 1 月 1 日，新《环境保护法》实施后，针对该单位 3#、4#、5#机组超标排放违法行为，某市环保局对其实施了行政处罚，其中 3#机组罚款 4 万元，4#、5#机组分别罚款 3 万元。2015 年 1 月 15 日，某市环保局分别对该公司 3#、4#、5#机组超标排放违法行为下达了责令改正违法行为决定书，要求该单位立即停止超标排污行为，否则将承担按日连续处罚的责任，同时根据《环境保护法》的规定，针对企业超标排污的行为，环保部门可实施限制生产、停产整治等措施。但该公司是负责某市西区居民冬季集中供暖的企业，属于《环境保护主管部门实施限制生产、停产整治办法》第七条第二项“生产经营业务涉及基本民生、公共利益的”的情形，可不予实施停产整治。某市环保局没有对该公司实施停产整治，而是对连续超标行为实施了按日连续处罚。3#机组按日连续罚款 330 万元，4#机组按日连续罚款 228 万元，5#机组按日连续罚款 328 万元，累计对某市新力电力公司超标排污按日连续处罚 886 万元。3 月 15 日某市冬季供暖期结束后，该公司超标的 3#、4#、5#机组陆续自行停运，按日连续处罚终止。

**【执法思考】**

（1）对于按日连续处罚中“拒不改正”的案例，环保部门在现场检查时应注意，如初次检查时发现该企业污染物 A 超标排放，责令限期改正，环保部门再组织复查时发现，同一排放口，排放的污染物 A 达标排放，但污染物 B 却超标时，依据生态环境部《关于环境行政处罚过程中有关问题的复函》（环办环监函〔2018〕719 号），仍然可以认定为拒不改正，可以依据相关法律规定继续按日连续处罚。

（2）原处罚决定对按日连续处罚决定作出时间的限制。

环境保护主管部门检查发现排污者违法排放污染物，应当进行调查取证，就检查当日的违法行为，依法做出一个独立的行政处罚决定。排污者拒不改正违法排污行为、环保部门依法实施按日连续处罚的处罚决定书应当在原处罚决定书之后发出。

但按日连续处罚告知书不受原处罚决定作出时间的限制，即按日连续处罚告知书可以先于原处罚决定书发出（对此，也有学者和实务工作者认为，按日连续处罚告知书只能于原处罚决定书后发出）。

被处罚单位对原处罚决定提起复议或者诉讼的，按日连续处罚不停止实施，即按日连续处罚决定可以在复议、诉讼结束之前作出。

**【相关法律规定】**

《环境保护法》

第五十九条　企业事业单位和其他生产经营者违法排放污染物，受到罚款处罚，被责令改正，拒不改正的，依法作出处罚决定的行政机关可以自责令改正之日的次日起，按照原处罚数额按日连续处罚。

前款规定的罚款处罚，依照有关法律法规按照防治污染设施的运行成本、违法行为造成的直接损失或者违法所得等因素确定的规定执行。

地方性法规可以根据环境保护的实际需要，增加第一款规定的按日连续处罚的违法行为的种类。

《大气污染防治法》

第一百二十三条　违反本法规定，企业事业单位和其他生产经营者有下列行为之一，受到罚款处罚，被责令改正，拒不改正的，依法作出处罚决定的行政机关可以自责令改正之日的次日起，按照原处罚数额按日连续处罚：

（一）未依法取得排污许可证排放大气污染物的；

（二）超过大气污染物排放标准或者超过重点大气污染物排放总量控制指标排放大气污染物的；

（三）通过逃避监管的方式排放大气污染物的；

（四）建筑施工或者贮存易产生扬尘的物料未采取有效措施防治扬尘污染的。

《环境保护主管部门实施按日连续处罚办法》

第五条　排污者有下列行为之一，受到罚款处罚，被责令改正，拒不改正的，依法作出罚款处罚决定的环境保护主管部门可以实施按日连续处罚：

（一）超过国家或者地方规定的污染物排放标准，或者超过重点污染物排放总量控制指标排放污染物的；

（二）通过暗管、渗井、渗坑、灌注或者篡改、伪造监测数据，或者不正常运行防治污染设施等逃避监管的方式排放污染物的；

（三）排放法律、法规规定禁止排放的污染物的；

（四）违法倾倒危险废物的；

（五）其他违法排放污染物行为。

第八条　环境保护主管部门可以当场认定违法排放污染物的，应当在现场调查时向排污者送达责令改正违法行为决定书，责令立即停止违法排放污染物行为。

需要通过环境监测认定违法排放污染物的，环境监测机构应当按照监测技术规范要求进行监测。环境保护主管部门应当在取得环境监测报告后三个工作日内向排污者送达责令改正违法行为决定书，责令立即停止违法排放污染物行为。

第十四条　复查时排污者被认定为拒不改正违法排放污染物行为的，环境保护主管部门应当按照本办法第八条的规定再次作出责令改正违法行为决定书并送达排污者，责令立即停止违法排放污染物行为，并应当依照本办法第十条、第十二条的规定对排污者再次进行复查。

## 查封、扣押

### 案例四：通过土壤浅坑渗排危险废物案

**【案情介绍】**

2016 年 1 月 5 日，福建省宁德市环保局、蕉城区环保局执法人员对某汽车拆解厂现场检查发现，该汽车拆解厂存在将切割后的零部件露天堆放在未硬化和防渗的场地上，废机油（危险废物代码：HW08）漫流地面，通过土壤浅坑渗排地下，严重污染环境。

依据《环境保护主管部门实施查封、扣押办法》第四条“排污者有下列情形之一的，环境保护主管部门依法实施查封、扣押：……（四）通过暗管、渗井、渗坑、灌注或者篡改、伪造监测数据，或者不正常运行防治污染设施等逃避监管的方式违反法律法规规定排放污染物的”和《最高人民法院、最高人民检察院关于办理环境污染刑事案件适用法律若干问题的解释》第一条“实施刑法第三百三十八条规定的行为，具有下列情形之一的，应当认定‘严重污染环境’：……（四）私设暗管或者利用渗井、渗坑、裂隙、溶洞等排放、倾倒、处置有放射性的废物、含传染病原体的废物、有毒物质的”的规定，宁德市环保局对该汽车拆解厂的 5 台气割机、1 台供电箱予以查封，查封期限为 30 日，并明确告知应当妥善保管就地查封的设施、设备，不得擅自损毁封条、变更查封状态或者启用已查封的设施设备，并对其涉嫌污染环境犯罪行为移送公安机关追究刑事责任。

### 案例五：无证企业更换老板继续违法生产案

**【案情介绍】**

位于广州市白云区钟落潭光明村三窿的一家无牌无证废矿物油加工厂，原为广州某甲酯有限公司，系 2014 年广州市挂牌督办企业。2014 年初，根据群众举报，环保部门对该公司未办理相关环保手续，违法经营废矿物油加工一案依法进行了查处，因该公司拒不履行行政处罚决定，白云区环保局依法申请区人民法院强制执行，法院分别于 2014 年 6 月、9 月两次查封该公司的生产设备。2014 年 10 月中旬，该公司变更经营者后，继续违法加工废矿物油。2015 年 1 月 4 日上午环保部门现场检查时，该厂正在生产。鉴于该厂不具备相关资质，擅自收集、储存和处置废矿物油等危险废物，严重污染环境，环保执法人员依法现场查封了企业的生产设备。

### 案例六：高污染作坊直排废气、废水案

**【案情介绍】**

位于广州市白云区嘉禾街长湴工业街的一家无牌无证手表表面加工作坊，设有电镀线

1 条，冲床、手动冲压机、高速台式钻床等若干台。该厂未办理相关环保手续，属“无牌无证”高污染作坊，生产过程中电镀废水、废气及噪声等污染物未经处理直接排放。

2015 年 1 月 4 日上午环保部门现场检查时，该厂正在生产。鉴于该厂不具备相关资质，违法排放含重金属污染物，严重污染环境，执法人员依法现场查封了其生产设备。

**【执法思考】**

（1）“查封、扣押”是 2015 年 1 月 1 日起开始施行的《环境保护法》赋予环境行政执法部门的一种行政强制措施。

在运用这一强制措施时应注意其强制性和暂时性的特点，查封、扣押后要尽快地处理相关问题，问题解决后，要及时解除查封、扣押措施。一旦超出法定期限，则属于违法实施查封、扣押措施，可根据《环境保护法》第六十八条规定进行行政问责。

《行政强制法》第十七条规定，行政强制措施由法律、法规规定的行政机关在法定职权范围内实施。行政强制措施权不得委托。

依据《行政处罚法》的规定，行使相对集中行政处罚权的行政机关，可以实施法律、法规规定的与行政处罚权有关的行政强制措施。

行政强制措施应当由行政机关具备资格的行政执法人员实施，其他人员不得实施。

第二十五条第一款规定，查封、扣押的期限不得超过三十日；情况复杂的，经行政机关负责人批准，可以延长，但是延长期限不得超过三十日。法律、行政法规另有规定的除外。

第二十七条规定，行政机关采取查封、扣押措施后，应当及时查清事实，在本法第二十五条规定的期限内作出处理决定。对违法事实清楚，依法应当没收的非法财物予以没收；法律、行政法规规定应当销毁的，依法销毁；应当解除查封、扣押的，作出解除查封、扣押的决定。

（2）为了基层环保部门能更好地运用该手段，生态环境部出台了《环境保护主管部门实施查封、扣押办法》，细化了《环境保护法》第二十五条规定的查封扣押的情形。《环境保护行政主管部门实施查封、扣押办法》规定，查封、扣押的适用情形包括三种。

1）可以实施查封、扣押的情形：①违法排放、倾倒或者处置含传染病病原体的废物、危险废物、含重金属污染物或者持久性有机污染物等有毒物质或者其他有害物质的；②在饮用水水源一级保护区、自然保护区核心区违反法律法规规定排放、倾倒、处置污染物的；③违反法律法规规定排放、倾倒化工、制药、石化、印染、电镀、造纸、制革等工业污泥的；④法律、法规规定的其他造成或者可能造成严重污染的违法排污行为。

2）应当实施查封、扣押的情形：①已造成严重污染的；②通过暗管、渗井、渗坑、灌注或者篡改、伪造监测数据，或者不正常运行防治污染设施等逃避监管的方式违反法律法规规定排放污染物的；③较大、重大和特别重大突发环境事件发生后，未按照要求执行停产、停排措施，继续违反法律法规规定排放污染物的。

3）可以不予实施查封、扣押的情形：①城镇污水处理、垃圾处理、危险废物处置等公共设施的运营单位；②生产经营业务涉及基本民生、公共利益的；③实施查封、扣押可能影响生产安全的。

（3）涉嫌犯罪的案件，在案件移送时应一并移送查封、扣押的设施、设备。

《环境保护行政主管部门实施查封、扣押办法》第二十二条　排污者涉嫌环境污染犯罪已由公安机关立案侦查的，环境保护主管部门应当依法移送查封、扣押的设施、设备及有关法律文书、清单。

《环境保护行政执法与刑事司法衔接工作办法》第十条　环保部门应当自接到公安机关立案通知书之日起3日内将涉案物品以及与案件有关的其他材料移交公安机关，并办理交接手续。

涉及查封、扣押物品的，环保部门和公安机关应当密切配合，加强协作，防止涉案物品转移、隐匿、损毁、灭失等情况发生。对具有危险性或者环境危害性的涉案物品，环保部门应当组织临时处理处置，公安机关应当积极协助；对无明确责任人、责任人不具备履行责任能力或者超出部门处置能力的，应当呈报涉案物品所在地政府组织处置。上述处置费用清单随附处置合同、缴费凭证等作为犯罪获利的证据，及时补充移送公安机关。

**【相关法律规定】**

《环境保护法》

第二十五条　企业事业单位和其他生产经营者违反法律法规规定排放污染物，造成或者可能造成严重污染的，县级以上人民政府环境保护主管部门和其他负有环境保护监督管理职责的部门，可以查封、扣押造成污染物排放的设施、设备。

《大气污染防治法》

第三十条　企业事业单位和其他生产经营者违反法律法规规定排放大气污染物，造成或者可能造成严重大气污染，或者有关证据可能灭失或者被隐匿的，县级以上人民政府环境保护主管部门和其他负有大气环境保护监督管理职责的部门，可以对有关设施、设备、物品采取查封、扣押等行政强制措施。

《土壤污染防治法》

第七十八条　企业事业单位和其他生产经营者违反法律法规规定排放有毒有害物质，造成或者可能造成严重土壤污染的，或者有关证据可能灭失或者被隐匿的，生态环境主管部门和其他负有土壤污染防治监督管理职责的部门，可以查封、扣押有关设施、设备、物品。

《环境保护行政主管部门实施查封、扣押办法》

第二条　对企业事业单位和其他生产经营者（以下称排污者）违反法律法规规定排放

污染物，造成或者可能造成严重污染，县级以上环境保护主管部门对造成污染物排放的设施、设备实施查封、扣押的，适用本办法。

## 综合运用多种手段，打“组合拳”

### 案例七：综合运用环境保护法赋予的执法手段的案件

**【案情介绍】**

“执法人员曾经在罗田社区附近发现水污染物超标现象，但就是找不到污水来源。”某市环境监察支队负责人告诉记者，他们将嫌疑目标锁定在附近几家企业，但多次巡查也没有找到线索。2015 年 1 月 27 日，一个举报电话给执法人员带来了好消息：位于罗田社区象山大道 462 号的某五金制品有限公司经常夜间偷排直排废水，手法非常隐蔽，保安警惕性极高。为了避免打草惊蛇，某市环境监察支队领导特意抽调平日与某五金制品有限公司没有任何接触的人员执行此次任务。检查组兵分三路：一路在厂区外的排污口采样，一路负责控制保安不让其通风报信，一路迅速到达偷排口进行录像和采样留证。当日凌晨 3 时，执法人员冲进该公司的排污车间时，几名违法分子正在将一条塑料暗管连接到沉淀池污泥排放管上，暗管口径约 15 cm，长约 15 m，废水通过这条暗管直接排入厂区内市政污水管道 1 号排口。据工作人员对废水水样的监测报告显示，污染物悬浮物浓度为 4 630 mg/L，总磷浓度为 1 640 mg/L，超过该单位排污许可证规定执行的排放标准（悬浮物 220 mg/L，总磷 4.5 mg/L），分别超标 21 倍和 364 倍。

某市环境监察支队现场查封扣押了其偷排废水的软管及偷排管接口，下达了责令改正违法行为决定书。紧接着还要对其进行罚款 20 万元、停产整治的处罚，同时启动对其改正违法行为情况的监督。如果逾期未改正，将依据《环境保护法》对其实施按日连续处罚。

**【执法思考】**

新《环境保护法》称为史上最严厉的环境保护法律，该法规定了按日连续处罚、查封扣押、停产整治、行政拘留等一系列的执法手段，其目的就是能更好地震慑违法者，使其能尽快回归守法状态。因此，基层在执法中要善于综合运行环境保护法律赋予的执法手段。

本案先运用了查封、扣押措施，并责令改正违法行为，避免出现严重的环境污染问题；根据监测结果发现该企业还存在超标问题，进而采取罚款、停产整治措施；如果逾期未改正，还将对其实施按日连续处罚措施……

综合运行行政执法手段，有效地打击环境违法行为，在确定环境违法行为后应考虑：

（1）可以实施按日连续处罚

排污者以逃避监管的方式违法排放污染物，受到罚款处罚，被责令改正，拒不改正的。

（2）实施查封、扣押

排污者以逃避监管的方式违法排放大气污染物，环保部门应当实施查封、扣押（造成污染物排放的设施、设备）。

（3）可以责令排污者停产整治

采取停产整治措施前要注意执行相关的内部报告、审议程序和告知程序。具体实施程序请参阅《环境主管部门实施限制生产、停产整治办法》。

（4）移送行政拘留

一般情况下，下达正式行政处罚后需将案件移送公安机关，对其直接负责的主管人员和其他直接责任人员处以行政拘留。

另外，《环境保护法》第六十条规定，企业事业单位和其他生产经营者超过污染物排放标准或者超过重点污染物排放总量控制指标排放污染物的，县级以上人民政府环境保护主管部门可以责令其采取限制生产、停产整治等措施；情节严重的，报经有批准权的人民政府批准，责令停业、关闭。在此应注意，对私设暗管问题查封扣押和停产整治的运用。通过暗管、渗井、渗坑、灌注或者篡改、伪造监测数据，或者不正常运行防治污染设施等逃避监管的方式排放污染物时应查封扣押，如通过暗管、渗井、渗坑、灌注或者篡改、伪造监测数据，或者不正常运行防治污染设施等逃避监管的方式排放污染物，超过污染物排放标准的；应实施停产整治。

## 移送公安机关行政拘留

### 案例八：监测设备未正常运行，负责人被行拘案

**【案情介绍】**

江西某环保有限公司信丰分公司（以下简称该分公司）于2008年9月开工建设，2009年10月底竣工，2010年投入试运行，污水处理采用改良型卡式氧化沟工艺，出厂水执行《城镇污水处理厂污染物排放标准》一级B标准。

2018年6月24日，赣州市环境保护局对该分公司（生活污水处理厂营运单位）进行执法检查，发现氨氮自动监测设备2018年4月8日、4月20日、4月23日多次出现故障，未及时向环保部门报告。赣州市环境监测站随即对该厂污染源自动监测设备进行了比对监测，结果显示化学需氧量、氨氮自动监测设备误差超过允许误差范围。

该分公司污染源自动监测设备未保持正常运行，涉嫌违反《环境保护法》第四十二条第四款、《水污染防治法》（2017年6月27日修改，2018年1月1日实施，以下如无特殊提示，均指该法）第二十三条第一款的规定。赣州市环境保护局立即对该公司违法行为进行立案查处，责令其立即停止违法行为，确保污染源自动监测设备正常使用，处人民币5万元罚款；并将案件移交公安机关对公司生产部长予以行政拘留，公安机关依法对其予以

行政拘留七日。

### 案例九：南通市某印染有限公司偷排废水案

【案情介绍】

2015 年 1 月 20 日，南通市通州区环保局对通州区某印染有限公司（以下简称该印染公司）现场检查发现，该印染公司通过暗管将两台定型机轧色生产废水接入雨水管道直排通吕河，在通吕河河面形成长约 100 m 的红色污染带。经采样监测，化学需氧量（COD）浓度 379 mg/L（超标 17.95 倍）。

1 月 21 日，通州区环保局向该印染公司下达责令改正违法行为决定书，责令其立即拆除暗管（1 月 23 日已拆除）。2 月 12 日，通州区环保局下达查封（扣押）决定书，对该印染公司两台涉案的定型机实施查封（2 月 12—26 日）。

3 月 2 日，通州区环保局下达行政处罚决定书，对该印染公司私设暗管偷排废水的环境违法行为处以罚款 6 万元；3 月 13 日，通州区环保局将天运公司私设暗管偷排废水案件移送通州区公安局。4 月 15 日，通州区公安局决定对该印染公司法人代表蔡某行政拘留 10 日。

### 案例十：绍兴明星环保企业篡改监测数据，超排、偷排遭重罚案

【案情介绍】

绍兴某再生能源发展有限公司是当地的重点环保企业，是一家专业从事固体废物无害化处理、资源综合利用的节能环保企业，负责绍兴市柯桥区城市生活垃圾和工业污泥处理、综合利用，有 3 台垃圾焚烧锅炉、1 台污泥焚烧锅炉。可令人意想不到的是，为了排气“达标”，这家环保企业竟然对监控设备做手脚，使环保部门采集到的数据远远低于实际排放值。

2016 年 5 月，一个举报绍兴某再生能源发展有限公司的电话打到绍兴市环保局：“这家企业烟囱里排放的气体颜色不对，太黄了，你们来看看是不是有问题。”5 月 11 日，绍兴市环保局执法人员对绍兴某再生能源发展有限公司进行现场检查，发现“烟的颜色确实不对”。正常情况下，这家公司排的应是白色的水蒸气，而现在却显现出黄色，可能是硫超标。但是，在线监测显示结果却让人吃惊，硫化物的时均浓度只有 2 $mg/m^3$，远低于 100 $mg/m^3$ 的排放限值。而颗粒物（烟尘）浓度却为 37.3 $mg/m^3$，超过 30 $mg/m^3$ 的排放限值。这是怎么回事？有一种可能就是，这家公司的硫化物严重超标，但他们提前知道有人要来检查，临时减少了污染物的排放浓度。

于是，执法人员检查了企业的自动监测站房，蹊跷的事情又出现了。监测房里仪器的电源插头竟然脱落了，也就是说，根本没有之前时段的监测数据。通上电再查，就连历史数据也被删除了。很明显，是有人做了手脚。执法人员调取监控视频。果然，就在执法人员到场前，有人悄悄进过监控站房，又很快离开。经查，这个人是公司的技术维护，当时

急着去拆除监测设备上的一个电阻，不慎带掉了插头。

执法人员说，那根电阻只有牙签粗细，其作用是改变输出电流大小，从而影响数据采集仪的信号分配，人为制造自动监测数据（二氧化硫）“达标”的假象。加装这种电阻十分专业，执法人员也是请了专家才识破。

颇为讽刺的是，这家企业还是绍兴国有资本入股的环保明星企业。

该企业因超标排放大气污染物、在线设备不正常运行等环境违法行为且情节恶劣，累计被处罚款 93 万元。此外，两名责任人也被公安机关行政拘留。

## 涉嫌环境污染犯罪

### 案例十一：偷排 600 余 t 有毒废水仅判罚金 2 万元案

**【案情介绍】**

2016 年 5 月，有多名群众向昆山市环保局举报，周围植物大面积死亡，水有异味。昆山市环保局经调查认为该案可能涉嫌犯罪，于是将案件移送公安机关。

经查，王某几年前来昆山打工，于 2014 年 8 月在没有办理任何环保审批手续的情况下，和几个朋友“合伙”开了一个小作坊，王某正是这个小作坊的作坊主。小作坊通过非法渠道购买加工所需的原材料进行电镀加工牟利，产生的有毒废水则通过暗中打通的地下管道往外偷排。

到 2016 年 8 月被查获时，这个非法经营两年的小作坊已经偷偷向外排放含铬废水 600 余 t。污水中六价铬的排放浓度超过国家规定限值标准的 23 倍，总铬的排放浓度甚至超过国家标准 1 000 多倍，造成周边土壤和水体重金属含量严重超标。

2016 年 12 月，昆山市检察院向法院提起公诉。

一审法院认为，王某行为已经构成污染环境罪，但其如实供述自己的罪行，可以从轻处罚，遂以污染环境罪判处罚金 2 万元。

昆山市检察院认为一审量刑过轻，提出抗诉。

苏州市检察院结合全案事实、证据认为，法院一审判决确属量刑过轻。王某开设作坊时间跨度长，排放的含铬废水量极大，对环境造成了严重污染，性质恶劣，后果严重，应严厉打击；其归案后认罪态度一般，也不存在可以免除实刑的特殊情况；从调取的近 3 年来昆山法院同类型案件判决书来看，本案中非法排放的废水指标最高、时间最长，而量刑却最轻，相比之下明显失衡。该院依法支持抗诉。

抗诉期间，苏州市人民检察院还补充调取了相关证据材料，进一步证明了王某偷排有毒废水导致电镀厂周边环境严重污染的事实。

2017 年 11 月，苏州市中级人民法院采纳抗诉意见，裁定发回重审。昆山市法院作出重审判决，改判王某有期徒刑一年零六个月，并处罚金 5 万元。

**【执法思考】**

（1）笔者认为，本案中王某通过暗中打通的地下管道往外偷排超过国家标准 1 000 多倍的含铬废水 600 余 t，造成周边土壤和水体重金属含量严重超标，严重污染环境。一审法院以污染环境罪判处王某罚金 2 万元，量刑过轻，确属不当。经昆山市检察院抗诉后，昆山市法院改判王某有期徒刑一年零六个月，并处罚金 5 万元是恰当的。

（2）暗管偷排属于主观恶意，且本案已符合《最高人民法院、最高人民检察院关于办理环境污染刑事案件适用法律若干问题的解释》中第一条第三、第五项的规定，属“严重污染环境”犯罪。

（3）同一案件出现两种截然不同的审判结果，其司法准确性值得警惕。

（4）环保部门应加强与司法机关的沟通协调，统一认定标准，逐步实施同案同罚。

**【相关法律规定】**

《环境影响评价法》

第三十一条第一款　建设单位未依法报批建设项目环境影响报告书、报告表，或者未依照本法第二十四条的规定重新报批或者报请重新审核环境影响报告书、报告表，擅自开工建设的，由县级以上环境保护行政主管部门责令停止建设，根据违法情节和危害后果，处建设项目总投资额百分之一以上百分之五以下的罚款，并可以责令恢复原状；对建设单位直接负责的主管人员和其他直接责任人员，依法给予行政处分。

《水污染防治法》

第八十三条　违反本法规定，有下列行为之一的，由县级以上人民政府环境保护主管部门责令改正或者责令限制生产、停产整治，并处十万元以上一百万元以下的罚款；情节严重的，报经有批准权的人民政府批准，责令停业、关闭：……（三）利用渗井、渗坑、裂隙、溶洞，私设暗管，篡改、伪造监测数据，或者不正常运行水污染防治设施等逃避监管的方式排放水污染物的；……

《刑法》

第三百三十八条　污染环境罪违反国家规定，排放、倾倒或者处置有放射性的废物、含传染病病原体的废物、有毒物质或者其他有害物质，严重污染环境的，处三年以下有期徒刑或者拘役，并处或者单处罚金；后果特别严重的，处三年以上七年以下有期徒刑，并处罚金。

《环境污染犯罪司法解释》

第一条　实施刑法第三百三十八条规定的行为，具有下列情形之一的，应当认定为“严重污染环境”：……（三）排放、倾倒、处置含铅、汞、镉、铬、砷、铊、锑的污染物，超过国家或者地方污染物排放标准三倍以上的；……（五）通过暗管、渗井、渗坑、裂隙、溶洞、灌注等逃避监管的方式排放、倾倒、处置有放射性的废物、含传染病病原体的废物、有毒物质的；……

## 案例十二：云南澄江某工贸公司重大环境污染事故案

**【案情介绍】**

2005—2008 年，云南澄江某工贸有限责任公司（以下简称某工贸公司）在生产经营过程中，长期将含砷生产废水通过明沟、暗管直接排放到厂区最低凹处没有经过防渗处理的天然水池内，并抽取该池内的含砷废水进行洗矿作业；将含砷固体废物磷石膏倾倒于厂区外未采取防渗漏、防流失措施的堆场露天堆放；雨季降水量大时直接将天然水池内的含砷废水抽排至厂外东北侧邻近阳宗海的磷石膏渣场放任自流。致使含砷废水通过地表径流和渗透随地下水进入阳宗海，造成阳宗海水体受砷污染，水质从Ⅱ类下降到劣Ⅴ类，饮用、水产品养殖等功能丧失，县级以上城镇水源地取水中断，公私财产遭受百万元以上损失，造成特别严重后果。

云南省澄江县人民法院一审判决、玉溪市中级人民法院二审裁定认为：被告单位某工贸公司未建设完善配套环保设施，经多次行政处罚仍未整改，致使生产区内外环境中大量富含砷的生产废水通过地下渗透随地下水以及地表径流进入阳宗海，导致该重要湖泊被砷污染，构成重大环境污染事故罪，且应当认定为“后果特别严重”。被告人李某宏作为公司的董事长，被告人李某鸿作为某工贸公司的总经理（负责公司的全面工作），二人未按规范要求采取防渗措施，最终导致阳宗海被砷污染的危害后果，应当作为单位犯罪的主管人员承担相应刑事责任。被告人金某东作为某工贸公司生产部部长，具体负责安全生产、环境保护和生产调度等工作，安排他人抽排含砷废水到厂区外，应作为单位犯罪的直接责任人承担相应刑事责任。案发后，该公司及被告人积极配合相关部门截污治污，可对其酌情从轻处罚。据此，以重大环境污染事故罪判处被告单位云南澄江某工贸公司罚金人民币 1 600 万元；判处被告人李某宏有期徒刑四年，并处罚金人民币 30 万元；判处被告人李某鸿有期徒刑三年，并处罚金人民币 15 万元；判处被告人金某东有期徒刑三年，并处罚金人民币 15 万元。

**【执法思考】**

本案中某工贸公司长时间通过暗管违法排放富含砷的生产废水，造成阳宗海水体受砷污染，水质从Ⅱ类下降到劣Ⅴ类，饮用、水产品养殖等功能丧失，县级以上城镇水源地取水中断，公私财产遭受百万元以上损失，后果特别严重，已属于“严重污染环境”。判处被告单位云南澄江某工贸有限责任公司罚金人民币 1 600 万元，判处相关责任人李某宏、李某鸿、金某东有期徒刑三至四年，并处罚金人民币 15 万～30 万元是罪罚相当。单位犯罪，不只是单位要受罚，直接负责的主管人员和其他直接责任人员也要承担相应责任，接受处罚。

企业屡屡出现环境违法行为，甚至顶风作案，就是因为违法成本太低。《刑法》第三百三十八条【污染环境罪】的修改，扩展了污染环境罪的适用范围、降低了污染环境罪的入罪门槛，极大地增强了《刑法》的威慑力，加大了对环境污染犯罪行为的打击力度。《刑法》第三百三十八条【污染环境罪】的修改和《最高人民法院、最高人民检察院关于办理环境污染刑事案件适用法律若干问题的解释》的出台，对维护生态环境安全、提高环境执法效果起到了非常好的作用。

### 案例十三：某药业公司污染环境案

【案情介绍】

冀州市人民检察院指控：2012 年夏天，省、市环保部门到某药业公司检查时，明确告知该公司产生的废活性炭属于危险废物，应建危险废物库储存并交有资质的企业处理。事后，时任总经理助理的被告人马某华和安环部部长刘某军（另案处理）对时任总经理的被告人李某生进行了汇报。被告人李某生负责公司全面工作，明知公司产生的废活性炭属于危险废物，为节省开支、增加收入，决定除少部分废活性炭按规定处理应付检查外，绝大部分仍按惯例进行出售。

被告人马某华作为分管生产和环保工作的责任人，对李某生的决定未提出异议或制止，仍按照其安排建危险废物库用于存放少部分废活性炭，其余部分继续卖出。被告单位某药业公司自 2013 年 6 月 19 日至 2014 年 1 月 2 日共向被告人杜某民出售废活性炭 840 t，获款 379 272 元。案发后，已将赃款退出。

被告人杜某民无处置危险废物的相关资质，在冀州市人民政府、冀州市环保局责令其停产的情况下，2013 年 6 月 19 日至 2014 年 1 月 2 日，分别从某药业公司购进 840 t 废活性炭，从山东齐鲁某制药有限公司购进 6 t 废活性炭并非法加工成品后出售。获款 16 000 元。案发后，已将赃款退出。

公诉机关认为，被告单位某药业公司违反国家规定处置危险废物，被告人李某生、马某华作为直接责任人员，明知废活性炭属于危险废物仍进行出售，被告人杜某民无相关资质，非法加工出售废活性炭，其行为触犯了《中华人民共和国刑法》第三百三十八条的规定，应以污染环境罪追究其责任。

上述事实，公诉机关当庭出示了以下证据：

（1）书证：包括立案决定书、被告单位出具生产过程中使用活性炭脱色的证明、某药业公司危险废物入库表、进库物料分类收发总账、危险废物转移联单、被告单位废活性炭收入情况及说明、被告单位 2014 年排放污染物申报登记表及衡水市环境监察支队的现场核查情况说明、冀州市人民政府于 2011 年 3 月 30 日作出的关于关闭冀州市杜某民活性炭厂的决定（可证实该厂无营业执照和危险废物处置经营许可证）、冀州市环保局于 2012 年 6 月 19 日作出的责令改正违法行为决定书（可证实杜某民工厂无经营许可证，擅自处置危险废物，恶臭气体直排大气且使用淘汰落后的工艺设备）、被告单位与被告人杜某民签订收购废活性炭的协议书、被告人杜某民与被告单位交易的账户往来明细清单……

（2）被告人李某生、马某华、杜某民的供述及辩解。

（3）证人证言

1）某药业公司工作人员刘某军（安环科科长）等26人的证言。证实废活性炭当作废料大部分卖给了被告人杜某民，其中一车间主任还证实知道废活性炭属于危险废物。

2）货运司机张某乔的证言，证实其从某药业公司给杜某民运输废活性炭的事实。

3）杜某民工厂的工人王某均、张某奎的证言，证实其给杜某民烧炭的事实。

4）山东齐鲁某制药有限公司工作人员房某圻等三人证言，证实该公司向被告人杜某民销售废活性炭的事实。

（4）现场勘验检查工作记录、示意图及照片。（略）

被告人李某生、马某华、杜某民对公诉机关指控的犯罪事实及确定的罪名均无异议。

（5）被告单位某药业公司、三名被告人的辩护人提出以下辩护意见：

1）被告单位及三名被告人的行为均不构成犯罪。

①公诉人的指控存在不确定性。同时被告人杜某民处置的废活性炭定为危险废物是从工艺的角度确定的，客观上可能达不到危险废物鉴别标准。②被告单位的脱色废活性炭本身吸附的物质含量很低、毒性很小，且被告人杜某民将其收购后，在加工过程中向环境排放的物质也很少，毒性很小，未对环境造成污染，更无严重污染。③被告人杜某民是收购废活性炭再加工利用，与直接倾倒在土壤、河流中或加工后排放、倾倒对环境的影响有很大区别。④环境保护部已正式发布2014年《国际危险废物名录（修订版）》征求意见稿及函，可证明现行的《国家危险废物名录》的危险废物仅以三吨为标准认定为严重污染环境，不客观，不准确，不科学，不公平。

2）被告人杜某民只对收购的废活性炭中的560 t加工出售，而非840 t。

3）若指控的罪名成立，被告单位及三名被告人无主观故意，应属过失犯罪。

4）本案未造成损害后果，建议对被告单位及三名被告人免予刑事处罚。

就公诉机关指控的犯罪事实，被告单位及三名被告人当庭共同提交了书证、证人证言、现场照片、鉴定意见等证据。

冀州市人民法院经审理查明……（冀州市人民检察院指控内容，略）。案发后，冀州市人民检察院已将赃款扣押，被告人李某生、马某华积极参与规范废活性炭的管理及整改，立即扩建废活性炭专用存放仓库，严格依法管理废活性炭，通过衡水市环保局办理了危险废物库处理手续，全部开具五联单，交由有资质的河北某活性炭有限公司处理。被告人李某生已辞去总经理的职务。被告人杜某民非法加工废活性炭，非法获利16 000元，案发后，冀州市人民检察院已将该赃款扣押。

审理期间，冀州市人民法院委托第三方鉴定机构对公安机关提取被告单位某药业公司及被告人杜某民经营的冀州市某兴环保净化材料加工厂的废活性炭样品进行了含有物质成分的鉴定，检测结果为该两份样品只含有机物，且在万分之几以下。

以上事实，有经庭审举证、质证，合议庭评议后予以确认的下列证据证实：书证，现场勘验检查工作记录、示意图及照片，被告人的供述，证人证言，鉴定意见等。(略)

经庭审调查，根据证据的合法性、关联性、真实性的要求，充分考虑控辩双方的质证及辩论意见，本院对本案证据的证明力评判如下：

(1) 公诉机关提供的证据取得程序合法，内容真实有效，各证据间能够相互印证，证明本案的事实，可以作为定案的依据，予以确认。被告单位及各辩护人提出的质证意见，不影响对本案事实和定性的认定，故该异议不成立，不予采纳。

(2) 公诉人提出的质证意见，理由成立，予以采纳。

……

冀州市人民法院认为，被告人杜某民违反国家规定，非法处置危险废物，严重污染环境，其行为已构成污染环境罪；被告单位某药业公司明知被告人杜某民无相应资质而向其提供危险废物，属共同犯罪；被告人李某生负责被告单位的全面工作，系单位犯罪中直接负责的主管人员，应承担全部责任，被告人马某华分管被告单位的安全环保工作，系单位犯罪中的直接责任人员，应承担其责任范围内的责任，两名被告人的行为均已构成污染环境罪。

冀州市人民法院依照《中华人民共和国刑法》第三百三十八条、第三百四十六条、第二十五条第一款、第三十条、第三十一条、第五十二条、第五十三条、第六十四条及《最高人民法院、最高人民检察院关于办理环境污染刑事案件适用法律若干问题的解释》第一条第一款第（二）项、第五条、第六条、第七条、第十条第一款第（一）项规定判决如下：

一、被告单位某药业公司犯污染环境罪，判处罚金人民币 379 272 元。

二、被告人李某生犯污染环境罪，判处有期徒刑一年，并处罚金人民币 10 000 元。

三、被告人马某华犯污染环境罪，判处有期徒刑十个月，并处罚金人民币 8 000 元。

四、被告人杜某民犯污染环境罪，判处有期徒刑一年，并处罚金人民币 16 000 元。

五、依法追缴扣押在案的被告单位冀州某药业违法所得人民币 379 272 元、被告人杜某民违法所得人民币 16 000 元，由扣押单位上缴国库。

### 案例十四：宜昌史上最重污染环境案宣判，总经理等 3 人获刑案

**【案情介绍】**

一家企业一年纳税达千万元，不仅不以身作则保护环境，反而唯利是图，竟然将未经处理的超标 170 多倍的生产废水直排长江。

近日，这起宜昌市有史以来污染环境处罚最重的案件判决生效。经在三峡坝区法院和宜都市了解，这家企业除了被宜昌市环保局处以 2 800 万元的天价罚款外，企业总经理王某等 3 名相关负责人也都被以污染环境罪分别判刑。

湖北某科技有限公司位于枝城镇三板湖村。该企业成立于 2011 年，经营范围是农药中间体、医药中间体、精细化工产品等。

2017 年 8 月 17 日凌晨，有群众举报，湖北某科技有限公司涉嫌偷排未经处理的工业生产废水。随后，宜昌市公安局环保支队组织精干力量，协同宜昌市环境保护监察支队、宜都市环境保护监察大队、宜都市公安局，对该公司开展突袭检查，并配合环保执法人员进行现场取证。

8 月 24 日，宜昌市公安局对该公司涉嫌污染环境罪立案侦查，并对该公司总经理王某、总工程师陈某及公司安环部负责人杨某、污水处理站工作人员王某某依法传唤调查并刑拘，该公司也随即被责令停产。

经查，2016 年初，该公司建成年产 2 500 t 的甲磺胺生产线，但公司负责人只顾企业经济利益，未根据生产增量变化加强环保设施建设，将未经处理的生产废水通过“暗管”非法直排长江。经宜昌市环保局和宜都市环保局对抽检水样进行检测，该公司向长江直排的生产废水 pH 为 0.83，呈酸性，废水中重金属铜含量超国家标准 178.6 倍。直排的废水对长江水质和鱼类等生物有着极大的伤害。

7 日上午，记者来到湖北某科技有限公司时，该企业大门禁闭，仅有一名保安在门房处值班留守。“停产快一年了。”该保安说，公司曾有 100 多名工人，总经理被抓后公司停产，工人都相继回家另谋出路。“没想到会这么严重。”曾在该公司上班的一名工人说，公司往长江里偷偷直排生产废水，不少工人都知道，也都想当然地认为这不是什么大事，甚至当初公安和环保部门来厂里检查时，很多工人都认为公司最多罚点款，没想到直接抓人判刑了。

2017 年 11 月 30 日，宜昌市环保局对湖北某科技有限公司处以罚款 2 800 余万元。随后，该公司及其被刑拘的总经理王某等 4 人被三峡坝区检察院以污染环境罪提起公诉。

在三峡坝区法院了解到，这起备受关注的案件刚刚宣判生效。湖北某科技有限公司被判犯污染环境罪，处罚金一百万元，总经理王某等 3 名相关责任人因犯污染环境罪，分别被判处有期徒刑一年至十个月，并处罚金十万至三万元；该公司总工程师陈某犯污染环境罪，被判处罚金十万元。王某等均表示认罪悔罪服从判决，没有提出上诉。

据了解，作为湖北某科技有限公司分管环保的总工程师陈某，在公司将生产废水偷排长江时，他曾提出过反对意见，也提出过投入资金购买符合要求的环保设施的建议，但因没有得到公司其他几名负责人的支持而最终选择了沉默。也正因为有这个情节，作为公司高管的陈某仅判处罚金，没有判处有期徒刑。

据了解，该公司负责人在庭审时曾以该企业近几年来纳税一千多万元等为理由，请求法院从轻处罚，但未被法院采纳。“完全是心存侥幸。”宜昌市公安局“环保警察”支队支队长李某某介绍，超标这么多倍的生产废水直排长江是违法行为，该公司总经理王某等人心知肚明，但在利益面前，他们选择了知法犯法、牺牲环境。该公司只在晚上进行非法排污，且排污口离公路较远，非常隐蔽。而在现场取证时，警方发现该公司建设的污水处理站处于完全停用状态，甚至电源都从未打开，电源箱上的钥匙已锈迹斑斑。

“这起案件的判决具有警示意义，给所有对环境保护还未转变观念和引起重视的企业敲响了警钟。”负责审理此案的三峡坝区法院审判长薛某说：“环境和每个人息息相关，作为企业更应该以身作则，要不遗余力、不讲条件地对环境加以保护。如果以污染和牺牲环境为代价一味地追求经济利益，这样的企业必将会受到法律的严惩。”

### 案例十五：安徽芜湖万吨危险废物倾倒长江案

**【案情介绍】**

2017 年 7 月 22 日，长江航运公安局芜湖分局铜陵派出所接到举报，有人将危险废物和固体废物非法转移倾倒至铜陵江边滩涂、大堤。

7 月的长江正值汛期，现场已经被江水淹没。待到 10 月水位稍退，民警赶到现场，利用无人机航拍现场勘查、提取物证。专案组民警回忆，现场几百平方米的污泥，散发着刺鼻的气味。

民警通过走访货运物流公司、反复摸排等工作，锁定了直接参与跨省运输危险废物的司机，根据货车司机提供的线索，民警最终确认，“货物”来源于浙江省嘉善县的某精密螺丝（浙江）有限公司（以下简称该螺丝公司）。

随后，专案组民警对该螺丝公司开展调查，在厂内废物堆场上发现与倾倒在铜陵江滩的污泥包装吨袋一样的物质，废物旁边的墙体上还标明“危险废物”字样。

该螺丝公司是一家主要生产销售建筑五金件、高强度精密紧固件企业。专案组民警介绍，据某公司废水处理区负责人姜某清供述，2006 年该螺丝公司引进金属表面酸洗除锈工艺，就开始产生酸洗污泥了。

警方调查显示，2017 年 4 月 6 日嘉善县环保局对该螺丝公司现场检查笔录载明：“酸洗污泥堆放场地，环境较差，未做好防渗防漏措施，未张贴危险废物标识标签。”

姜某清说，这就是告知其酸洗污泥需要按照危险废物进行管理，“环保局责令我们按照危险废物的相关规定堆放处置酸洗污泥，要求我们尽快把公司的酸洗污泥处理掉，环保查得紧”。

李某红是该螺丝公司酸洗污泥处置的第一层中间商，他在嘉善县经营着一家垃圾站。专案组民警介绍，据李某红供述，在帮着该螺丝公司处置酸洗污泥之前，李某红主要处理一些工厂产生的生活垃圾等。

李某红供述，一段时间内，公司的酸洗污泥按照每个月 8 500 元打包交给其处置。之后，李某红也一直是该螺丝公司的污泥处置中介。

2017 年 5 月 21 日，两辆安徽牌车辆在李某红等人的指使下，从该螺丝公司装运了

62.88 t 酸洗污泥，之后连夜运出。

车是安徽铜陵人汪某革联系来的，对于汪某革来说，这是一桩“无本生意”。在联系转运 62.88 t 酸洗污泥之前，他已经没有了工作，混迹当地茶楼，通过介绍信息获利。

专案组民警介绍，为了防止运输途中被发现，李某红等人还专门叮嘱货车司机，要加盖帆布。

5 月 22 凌晨 3 点左右，货车开到铜陵滨江大道北段与朱永路连接处的长江堤边，早前联系好的接收人在此等候。在挖掘机的工作下，两车酸洗污泥很快被倾倒在长江江堤内。

在这单生意中，李某红等共从该螺丝公司拿到处置费用为 300 元/t，李某红将其转包给汪某革等人时处置费用为 110 元/t，汪某革交给查某等人的处置费用则为每车（约 30 t）1 000 元左右。专案组民警介绍，在此之前该螺丝公司委托的杭州一家有资质的公司处置酸洗污泥的费用为 1 550 元/t。

一条多环节、层层得利的“黑色产业链”逐渐清晰，由此，还牵出了一系列涉及江苏吴江、淮安等地非法处置危险废物的案件。

刘某桂也是李某红的合作伙伴，据专案组民警介绍，2016 年 9 月 12 日，该螺丝公司与江苏一家环境工程科技有限公司签订《污泥无害化处理合同》，有效期一年，乙方签名人是刘某桂，合同约定处置费用 300 元/t。

据该螺丝公司废水处理区负责人姜某清供述，刘某桂当时出示了阜宁县某砖瓦厂的企业法人营业执照和阜宁县环保局的证明，上面的经营范围涵盖了一般污泥处理制砖使用，此外还有阜宁县某砖瓦厂和上述环境工程科技公司签订的《授权委托书》和《合同协议》。

而后经警方侦查，这些文件是刘某桂通过网络广告，联系伪造的国家机关公文和印章，用以伪造危险废物处理资质，非法牟利。据刘某桂供述，这些假证是自己在外面花钱找人做的，目的就是想联系污泥生意。

11 月 17 日晚，经公安机关侦查，专案组获取线索，有三艘装载污泥的船舶停靠在铜陵上江村附近水域等待卸载污泥，为避免造成新的污染，警方决定实施水上拦截，现场查获工业污泥近 2 000 t，之后公安机关与海事部门联合发文开展缉查跨省非法处置工业垃圾专项行动，先后共查获涉污船舶 17 艘次，现场查获固体废物 7 600 余 t。

在公安部统一指挥调度下，安徽省公安厅提级侦办，成立多部门、多警种参战的专案组，经深挖细查、循线追踪，一举打掉多条由浙江、江苏至安徽非法转移危险废物和固体废物的“产业链”，抓获犯罪嫌疑人 29 人，查证非法倾倒长江水域的废物 1 万余 t、涉案源头企业 16 家。经查，犯罪嫌疑人涂某东等人与该螺丝公司等固体废物产生企业的部分不法人员勾联，利用互联网货运交易平台等渠道，用船只将大量危险废物、固体废物从江浙等地沿长江运至安徽、江西等地长江沿线岸堤进行非法倾倒，严重污染环境。

公安部将继续会同有关部门持续深化打击整治工作，坚持对各类环境犯罪“零容忍”，有效防范生态环境涉稳风险，为推进生态文明建设、建成美丽中国保驾护航。

【相关资料】

**全面达标排放**

全面达标排放是指工业污染源排放污染物应达到国家或地方污染物排放标准；地方污染物排放标准严于国家污染物排放标准的，执行地方污染物排放标准。已核发排污许可证的企业，应达到排污许可证所载明的排放要求。

目前达标排放的要求主要是针对向大气和向水体排放污染物的工业污染源。

为了落实国务院办公厅《控制污染物排放许可制实施方案的通知》（国办发〔2016〕81 号），环境保护部于 2016 年发布《关于实施工业污染源全面达标排放计划的通知》（环环监〔2016〕172 号），通知要求到 2020 年底，各类工业污染源持续保持达标排放，环境治理体系更加健全，环境守法成为常态。

## 环境标准运用

### 案例十六：综合性排放标准与行业性排放标准

【案情介绍】

某县一家纺织股份有限公司位于居民生活区附近，其厂界噪声超过国家工业企业厂界噪声标准 10 dB（A），严重影响了周围居民的正常生活。县环保部门依法对其计征 2004 年排污费 33 600 元。该公司对此数额有异议，认为纺织工业应执行纺织行业标准而不应执行国家工业企业厂界噪声标准。对此，县环保部门多次给企业做工作，但企业仍然拒绝缴纳排污费。

【执法思考】

该案是一个环境标准的执行争议案例。在环境行政执法中到底应以何种标准为依据，是执法人员经常会遇到的问题，就这个小案例我们对此问题进行分析。

（1）标准的适用

《噪声污染防治法》第十六条规定“产生环境噪声污染的单位，应当采取措施进行治理，并按照国家规定缴纳超标准排污费”，第二十三条规定“在城市范围内向周围生活环境排放工业噪声的，应当符合国家规定的工业企业厂界环境噪声排放标准”，县环保部门依据《工业企业厂界环境噪声标准》征收超标噪声排污费的行政行为是正确的（《环境保护法》第四十三条第二款规定，依照法律规定征收环境保护税的，不再征收排污费。从 2018

年 1 月 1 日起超标环境噪声缴纳环境税，不再缴纳排污费）。

该案中县环保部门对企业拒缴排污费的行为可以根据《噪声污染防治法》第五十一条规定（违反本法第十六条的规定，不按照国家规定缴纳超标准排污费的，县级以上地方人民政府环境保护行政主管部门可以根据不同情节，给予警告或者处以罚款）及《排污费征收管理使用条例》第二十一条规定（排污者未按照规定缴纳排污费的，由县级以上地方人民政府环境保护行政主管部门依据职权责令限期缴纳；逾期拒不缴纳的，处应缴纳排污费数额 1 倍以上 3 倍以下的罚款，并报经有批准权的人民政府批准，责令停产停业整顿）对纺织公司进行处罚。

（2）标准的不交叉执行

我国强制性环境标准主要包括环境质量标准和污染物排放标准两大类。环境质量标准是指由国务院环境保护行政主管部门或省级人民政府依照法定的程序对环境质量功能区域划分、标准分级、污染物项目、取值时间及浓度限值、采样与分析方法及数据统计的有效性所作的规定。目前我国适用的国家级环境质量标准包括《环境空气质量标准》《地表水环境质量标准》等。如《环境空气质量标准》的意义在于，它是判断不同大气环境功能区的空气质量是否已经受到污染的客观数值，同时也是国家或地方确定大气污染物排放标准值的直接依据。

《环境保护法》第十五条规定，国务院环境保护主管部门制定国家环境质量标准。

省、自治区、直辖市人民政府对国家环境质量标准中未作规定的项目，可以制定地方环境质量标准；对国家环境质量标准中已作规定的项目，可以制定严于国家环境质量标准的地方环境质量标准。地方环境质量标准应当报国务院环境保护主管部门备案。

国家鼓励开展环境基准研究。

《环境保护法》修订时强调了地方可以制定严于国家环境质量标准的地方环境质量标准，强化了不同区域环境质量管控的不同要求。

国家污染物排放标准分为国家污染物排放标准和地方污染物排放标准。《环境标准管理办法》在第十七条“污染物排放标准的实施”中规定，建设项目向已有地方污染物排放标准的区域排放污染物时，应执行地方污染物排放标准，对于地方污染物排放标准中没有规定的指标，执行国家污染物排放标准中相应的指标。地方污染物排放标准是对国家污染物排放标准的补充和加严。

国家污染物排放标准（或控制标准）是根据国家对环境质量的要求，以及适用的污染控制技术，并考虑经济承受能力，对排入环境的有害物质所产生的各种因素所做的限制性规定。按性质可分为“跨行业污染物综合性排放标准”和“污染物单一行业性排放标准”两大类，即综合性标准和行业性标准。综合性标准包括两方面标准：一方面是具有普遍适用性标准，如《污水综合排放标准》《大气污染物综合排放标准》规定了所有排污单位都必须达到的排放限值；另一方面是一些各行业必须统一执行标准，如各行业使用的锅炉都要执行《锅炉大气污染物排放标准》，全国所有的噪声源不分单位，均要执行《工业企业厂界噪声标准》等。在标准的实施上行业性标准与综合性标准均规定了"不交叉执行原则"，即两类标准虽然在某些控制项目上有交叉，但是执行了行业性标准以后，便不再执行综合性标准（反之也是如此）。如果执行行业性标准，即使控制项目不足，也不再执行综合性标准中的项目，仅有锅炉、噪声、餐饮业油烟等个别标准例外。目前国家标准的制定倾向于以行业标准为重点对行业污染物进行控制和管理。

可见，环境执法人员在环境执法过程中判断企业是否超标排放污染物，正确的适用标准是关键环节之一。

### 案例十七：排放物质标准没有规定

**【案情介绍】**

1999 年，某市某公司在未执行环境影响评价手续也未经"三同时"验收的情况下，自行新建了一个溴化锂车间并投产使用。不久大片农田禾苗枯死。经检测，农业部门排除了禾苗遭受细菌性病虫害的可能。于是环保部门对受影响的农田周围排污情况进行了调查，发现附近只有某公司的溴化锂车间，没有其他污染源，且发现溴化锂含量越高的农田禾苗枯死现象也越严重，而没有检出溴化锂的农田禾苗生长良好。据此，环保部门认定某公司的溴化锂污染是周围农田受损的原因，并对某公司以违反"三同时"制度进行处罚。但某公司以溴化锂无排放标准为由，拒不承认造成污染，也不接受行政处罚，更不对受损农田承担赔偿责任。

**【执法思考】**

本案中某公司在没有执行环境影响评价制度和"三同时"制度的前提下，自行新建了溴化锂车间，排放含溴化锂的污染物导致附近农田受到污染。该厂以没有排放标准为由不接受行政处罚。

这里需要明确的是：

（1）环境影响评价制度和"三同时"制度是一项重要的环保法律制度。所有对环境产生影响的新、改、扩建设项目必须履行环境影响评价制度和"三同时"制度。

（2）《环境标准管理办法》（1999-04-01）第十七条"污染物排放标准的实施"中规定"……建设从国外引进的项目，其排放的污染物在国家和地方污染物排放标准中无相应污染物排放指标时，该建设项目引进单位应提交项目输出国或发达国家现行的该污染物排放标准及有关技术资料，由市（地）人民政府环境保护行政主管部门结合当地环境条件和经济技术状况，提出该项目应执行的排污指标，经省、自治区、直辖市人民政府环境保护行政主管部门批准后实行，并报国家环境保护总局备案"。

根据这一规定，该项目在审批环境影响评价文件时，环保部门就可以要求企业提供相应的资料或标准，为项目投产后的监管提供法律依据和支持。

环境保护部发布的《关于未纳入污染物排放标准的污染物排放控制与监管问题的通知》（环发〔2011〕85 号）中对于无排放限值的污染物排放也提出了控制要求。该通知要求，对于国家和地方排放标准中没有规定排放限值的污染物，排污行为不得造成环境质量超标，不得损害人体健康和生态环境。

（3）致人损害而承担的赔偿责任不以是否超标排污等行政违法行为作为前提。

**【相关资料】**

## 关于未纳入污染物排放标准的污染物排放控制与监管问题的通知

环发〔2011〕85 号

各省、自治区、直辖市环境保护厅（局），新疆生产建设兵团环境保护局，辽河保护区管理局：

排放标准是对向环境排放污染物行为作出的限制性规定，国家和地方排放标准是依法制定、强制实施的环境保护技术法规。因此，排放标准是对污染源进行排放控制的基本要求。排放标准中规定的污染物排放控制要求，都是在现实条件下可量化、可测量、可核查的内容。由于污染源的实际排污行为具有多样性、不稳定性和隐蔽性等特点，以及受到排放监控技术适用性、实施和监管成本等因素的制约，一些实际存在的排污行为和污染源排放的污染物尚难采用制定和实施排放标准的方式加以控制。而排污行为是影响环境质量状况的重要因素，对排污行为进行监督、限制和规范，是保障环境安全的必要措施。为切实防范环境和健康风险，进一步落实环境保护责任，现就完善污染物排放监控体系等问题提出如下意见。请各地环境保护行政主管部门在工作中参照实行。

一、进一步明确排污者的环境保护责任

向环境排放污染物的企事业单位，是环境污染责任的第一责任主体。无论排污行为是否达到国家或地方规定的排放标准，无论排放的污染物在国家或地方排放标准中是否规定了排放控制要求，排污者都应对其排污造成的环境污染承担相应的责任。排污企业应及时向社会发布排污信息。

二、严格执行现行的环境管理制度

要加强对建设项目和现有排污单位的环境监管，严格执行法律规定的防范排污风险的各项管理制度，包括环境影响评价、“三同时”监管、竣工环保验收、排污申报登记、排污许可证等制度，做到防患于未然。

要充分发挥排污申报登记制度的作用，并要求企业严格遵守《中华人民共和国水污染防治法》和《中华人民共和国大气污染防治法》规定，向环保部门申报登记在正常作业条件下排放污染物的种类、数量和浓度，排放污染物的种类、数量和浓度有重大改变的，应当及时申报登记。企业依法建立自行监测能力，对所排污染物的种类、数量和浓度开展日常自行监测。

三、以保障饮用水和农产品质量安全为重点，加强环境质量监控工作

在排放和泄漏有毒有害物质造成的环境污染事件中，受威胁最大的往往是饮用水水源和排污单位周围的居民区、食用农产品种植地和水产养殖区。保障环境安全和人体健康是环境保护工作的出发点和落脚点，要采取有效措施，切实加强污染源周围和纳污河流下游的水、空气、土壤等环境质量的监控工作，优先安排饮用水源上游等敏感区域环境质量自动在线监测，及时发现和消除环境隐患。鼓励群众举报，接受媒体和社会监督，形成公众广泛参与环境保护的良好氛围。

四、严格执行排放标准，进一步完善标准体系

根据经济、技术发展状况和社会发展要求，逐步完善环境质量标准和污染物排放控制指标体系。各级环境保护行政主管部门要加大环境执法监管工作力度，督促相关排污单位全面、严格地执行国家和地方排放标准，杜绝“选择性”执行标准的现象。省级环境保护行政主管部门要根据当地的产业结构和污染源排污的特点，积极协助省级人民政府，用好用足法律赋予的地方环境质量标准和排放标准制定权，切实履行保护当地环境质量的责任。

发生过污染事件省份的环保部门，要认真总结经验教训，举一反三，及时采取制定或修订地方排放标准等措施，完善当地的污染物排放监控体系，防止再次发生类似事件。加强企业所在地环保部门监测机构能力建设，确保其可对企业所排所有污染物进行监督性监测。

五、无排放限值的污染物排放控制要求

保护人体健康和生态安全是环境保护的根本目的和依据。对于国家和地方排放标准中没有规定排放限值的污染物，排污行为不得造成环境质量超标，不得损害人体健康和生态环境。

环境保护部

二〇一一年七月二十一日

# 第 2 章　水污染的典型案例及其执法要点解析

## 2.1　概述

### 2.1.1　水污染防治的法律规定

我国水污染防治的主要法律规定见表 2-1。

表 2-1　水污染防治的主要法律规定

| | 文件名称 | 发布（修订、修正）实施时间 |
|---|---|---|
| 法律 | 《中华人民共和国水污染防治法》 | 1984 年 5 月 11 日第六届全国人民代表大会常务委员会第五次会议通过<br>1996 年 5 月 15 日第八届全国人民代表大会常务委员会第十九次会议第一次修正<br>2008 年 2 月 28 日第十届全国人民代表大会常务委员会第三十二次会议修订，自 2008 年 6 月 1 日起施行<br>2017 年 6 月 27 日第十二届全国人民代表大会常务委员会第二十八次会议第二次修正，自 2018 年 1 月 1 日起施行 |
| 行政法规和规范性文件 | 《水污染防治法实施细则》 | 2000 年 3 月 20 日实施 |
| | 《淮河流域水污染防治暂行条例》 | 1995 年 8 月 8 日实施<br>国务院令〔2011〕第 588 号修改第四十条 |
| 行政规章及规范性文件 | 《饮用水水源保护区污染防治管理规定》 | 1989 年 7 月 10 日实施<br>2010 年环保部令　第 16 号 |
| | 《渔业水域污染事故调查处理程序的规定》 | 1997 年 3 月 26 日实施 |
| | 《防止船舶垃圾和沿岸固体废物污染长江水域管理规定》 | 1997 年 12 月 24 日发布<br>1998 年 3 月 1 日起施行 |
| | 《淮河和太湖流域排放重点水污染物许可证管理办法（试行）》 | 2001 年 7 月 2 日发布<br>2001 年 10 月 1 日实施 |
| 地方性法规、规章 | 略 | |

## 2.1.2　违反水污染防治法律规定应承担的法律责任

### 2.1.2.1　违反水污染物控制管理现场检查要求或者现场检查时弄虚作假行为的认定和处罚依据

**【相关法律规定】**

《水污染防治法》

第三十条　环境保护主管部门和其他依照本法规定行使监督管理权的部门，有权对管辖范围内的排污单位进行现场检查，被检查的单位应当如实反映情况，提供必要的资料。检查机关有义务为被检查的单位保守在检查中获取的商业秘密。

第八十一条　以拖延、围堵、滞留执法人员等方式拒绝、阻挠环境保护主管部门或者其他依照本法规定行使监督管理权的部门的监督检查，或者在接受监督检查时弄虚作假的，由县级以上人民政府环境保护主管部门或者其他依照本法规定行使监督管理权的部门责令改正，处二万元以上二十万元以下的罚款。

处罚还应考虑：

《水污染防治法》第九十五条；《环境保护法》第五十九条。

**【违反水污染物监测管理要求行为的认定和处罚依据】**

违反环境监测管理要求的违法行为包括：

（1）未按照规定对所排放的水污染物自行监测或者未保存原始监测记录；

（2）未按照规定安装水污染物排放自动监测设备；

（3）未按照规定与环境保护主管部门的监控设备联网，未保证监测设备正常运行；

（4）未按照规定对有毒有害水污染物的排污口和周边环境进行监测；

（5）篡改、伪造监测数据。

**【认定依据】**

《水污染防治法》

第二十三条　实行排污许可管理的企业事业单位和其他生产经营者应当按照国家有关规定和监测规范，对所排放的水污染物自行监测，并保存原始监测记录。重点排污单位还应当安装水污染物排放自动监测设备，与环境保护主管部门的监控设备联网，并保证监测设备正常运行。具体办法由国务院环境保护主管部门规定。

应当安装水污染物排放自动监测设备的重点排污单位名录，由设区的市级以上地方人民政府环境保护主管部门根据本行政区域的环境容量、重点水污染物排放总量控制指标的要求以及排污单位排放水污染物的种类、数量和浓度等因素，商同级有关部门确定。

第二十四条　实行排污许可管理的企业事业单位和其他生产经营者应当对监测数据

的真实性和准确性负责。

环境保护主管部门发现重点排污单位的水污染物排放自动监测设备传输数据异常，应当及时进行调查。

第三十二条　国务院环境保护主管部门应当会同国务院卫生主管部门，根据对公众健康和生态环境的危害和影响程度，公布有毒有害水污染物名录，实行风险管理。

排放前款规定名录中所列有毒有害水污染物的企业事业单位和其他生产经营者，应当对排污口和周边环境进行监测，评估环境风险，排查环境安全隐患，并公开有毒有害水污染物信息，采取有效措施防范环境风险。

第三十九条　禁止利用渗井、渗坑、裂隙、溶洞，私设暗管，篡改、伪造监测数据，或者不正常运行水污染防治设施等逃避监管的方式排放水污染物。

第四十条第一款　化学品生产企业以及工业集聚区、矿山开采区、尾矿库、危险废物处置场、垃圾填埋场等的运营、管理单位，应当采取防渗漏等措施，并建设地下水水质监测井进行监测，防止地下水污染。

**【处罚依据】**

《水污染防治法》

第八十二条　违反本法规定，有下列行为之一的，由县级以上人民政府环境保护主管部门责令限期改正，处二万元以上二十万元以下的罚款；逾期不改正的，责令停产整治：

（一）未按照规定对所排放的水污染物自行监测，或者未保存原始监测记录的；

（二）未按照规定安装水污染物排放自动监测设备，未按照规定与环境保护主管部门的监控设备联网，或者未保证监测设备正常运行的；

（三）未按照规定对有毒有害水污染物的排污口和周边环境进行监测，或者未公开有毒有害水污染物信息的。

第八十三条　违反本法规定，有下列行为之一的，由县级以上人民政府环境保护主管部门责令改正或者责令限制生产、停产整治，并处十万元以上一百万元以下的罚款；情节严重的，报经有批准权的人民政府批准，责令停业、关闭：

（三）利用渗井、渗坑、裂隙、溶洞，私设暗管，篡改、伪造监测数据，或者不正常运行水污染防治设施等逃避监管的方式排放水污染物的。

第八十五条　有下列行为之一的，由县级以上地方人民政府环境保护主管部门责令停止违法行为，限期采取治理措施，消除污染，处以罚款；逾期不采取治理措施的，环境保护主管部门可以指定有治理能力的单位代为治理，所需费用由违法者承担：

（七）未采取防渗漏等措施，或者未建设地下水水质监测井进行监测的。

**【相关法律规定】**

《环境保护法》

第四十二条第三款　重点排污单位应当按照国家有关规定和监测规范安装使用监测设备，保证监测设备正常运行，保存原始监测记录。

第六十三条　企业事业单位和其他生产经营者有下列行为之一，尚不构成犯罪的，除依照有关法律法规规定予以处罚外，由县级以上人民政府环境保护主管部门或者其他有关部门将案件移送公安机关，对其直接负责的主管人员和其他直接责任人员，处十日以上十五日以下拘留；情节较轻的，处五日以上十日以下拘留：

（三）通过暗管、渗井、渗坑、灌注或者篡改、伪造监测数据，或者不正常运行防治污染设施等逃避监管的方式违法排放污染物的。

《水污染防治法》第十九条三款　建设项目的水污染防治设施，应当与主体工程同时设计、同时施工、同时投入使用。水污染防治设施应当符合经批准或者备案的环境影响评价文件的要求。

**【处罚还应考虑】**

《水污染防治法》

第九十五条　企业事业单位和其他生产经营者违法排放水污染物，受到罚款处罚，被责令改正的，依法作出处罚决定的行政机关应当组织复查，发现其继续违法排放水污染物或者拒绝、阻挠复查的，依照《中华人民共和国环境保护法》的规定按日连续处罚。

《环境保护法》

第五十九条　企业事业单位和其他生产经营者违法排放污染物，受到罚款处罚，被责令改正，拒不改正的，依法作出处罚决定的行政机关可以自责令改正之日的次日起，按照原处罚数额按日连续处罚。

第六十三条　企业事业单位和其他生产经营者有下列行为之一，尚不构成犯罪的，除依照有关法律法规规定予以处罚外，由县级以上人民政府环境保护主管部门或者其他有关部门将案件移送公安机关，对其直接负责的主管人员和其他直接责任人员，处十日以上十五日以下拘留；情节较轻的，处五日以上十日以下拘留：

（三）通过暗管、渗井、渗坑、灌注或者篡改、伪造监测数据，或者不正常运行防治污染设施等逃避监管的方式违法排放污染物的。

### 2.1.2.2 违反排污许可证规定行为的认定和处罚依据

（1）不按照排污许可证要求向水体排放污染物

**【相关法律规定】**

《水污染防治法》

第二十一条 直接或者间接向水体排放工业废水和医疗污水以及其他按照规定应当取得排污许可证方可排放的废水、污水的企业事业单位和其他生产经营者，应当取得排污许可证；城镇污水集中处理设施的运营单位，也应当取得排污许可证。排污许可证应当明确排放水污染物的种类、浓度、总量和排放去向等要求。排污许可的具体办法由国务院规定。

禁止企业事业单位和其他生产经营者无排污许可证或者违反排污许可证的规定向水体排放前款规定的废水、污水。

第八十三条 违反本法规定，有下列行为之一的，由县级以上人民政府环境保护主管部门责令改正或者责令限制生产、停产整治，并处十万元以上一百万元以下的罚款；情节严重的，报经有批准权的人民政府批准，责令停业、关闭：

（一）未依法取得排污许可证排放水污染物的。

《排污许可管理办法（试行）》

第四条 排污单位应当依法持有排污许可证，并按照排污许可证的规定排放污染物。

应当取得排污许可证而未取得的，不得排放污染物。

第五十七条 排污单位存在以下无排污许可证排放污染物情形的，由县级以上环境保护主管部门依据《中华人民共和国大气污染防治法》《中华人民共和国水污染防治法》的规定，责令改正或者责令限制生产、停产整治，并处十万元以上一百万元以下的罚款；情节严重的，报经有批准权的人民政府批准，责令停业、关闭：

（一）依法应当申请排污许可证但未申请，或者申请后未取得排污许可证排放污染物的；

（二）排污许可证有效期限届满后未申请延续排污许可证，或者延续申请未经核发环保部门许可仍排放污染物的；

（三）被依法撤销排污许可证后仍排放污染物的；

（四）法律法规规定的其他情形。

《水污染防治法实施细则》

第十条 县级以上地方人民政府环境保护部门根据总量控制实施方案，审核本行政区域内向该水体排污的单位的重点污染物排放量，对不超过排放总量控制指标的，发给排污许可证；对超过排放总量控制指标的，限期治理。限期治理期间，发给临时排污许可证。具体办法由国务院环境保护部门制定。

第四十四条 不按照排污许可证或者临时排污许可证的规定排放污染物的，由颁发许可证的环境保护部门责令限期改正，可以处 5 万元以下的罚款；情节严重的，并可以吊销排污许可证或者临时排污许可证。

《水污染防治法》

第九十五条　企业事业单位和其他生产经营者违法排放水污染物，受到罚款处罚，被责令改正的，依法作出处罚决定的行政机关应当组织复查，发现其继续违法排放水污染物或者拒绝、阻挠复查的，依照《中华人民共和国环境保护法》的规定按日连续处罚。

《环境保护法》

第五十九条　企业事业单位和其他生产经营者违法排放污染物，受到罚款处罚，被责令改正，拒不改正的，依法作出处罚决定的行政机关可以自责令改正之日的次日起，按照原处罚数额按日连续处罚。

第六十三条　企业事业单位和其他生产经营者有下列行为之一，尚不构成犯罪的，除依照有关法律法规规定予以处罚外，由县级以上人民政府环境保护主管部门或者其他有关部门将案件移送公安机关，对其直接负责的主管人员和其他直接责任人员，处十日以上十五日以下拘留；情节较轻的，处五日以上十日以下拘留：

（二）违反法律规定，未取得排污许可证排放污染物，被责令停止排污，拒不执行的。

（2）违反《淮河流域水污染防治暂行条例》的规定

**【相关法律规定】**

1）违反枯水期污染源限排方案超量排污

《淮河流域水污染防治暂行条例》

第二十六条　领导小组办公室应当组织四省人民政府环境保护行政主管部门、水行政主管部门等采取下列措施，开展枯水期水污染联合防治工作：

（二）根据枯水期的水环境最大容量，商四省人民政府环境保护行政主管部门规定各省枯水期污染源限排总量，由四省人民政府环境保护行政主管部门逐级分解到排污单位，使其按照枯水期污染源限排方案限量排污。

第三十五条　违反枯水期污染源限排方案超量排污的，由有关县级以上地方人民政府环境保护行政主管部门责令纠正，可以处 10 万元以下的罚款；情节严重的，由有关县级以上人民政府责令关闭或者停业；对负有直接责任的主管人员和其他直接责任人员，依法给予行政处分。

2）谎报排污许可证申报事项

《淮河和太湖流域排放重点水污染物许可证管理办法》

第十七条　违反本办法规定，有下列行为之一的，由所在地县级以上环境保护行政主管部门责令限期改正，并给予警告，或者处以一万元以下罚款：

（一）谎报排污许可证申报事项的。

3）应当重新申请领取排污许可证而未申请

《淮河和太湖流域排放重点水污染物许可证管理办法》

第十三条 《排放重点水污染物许可证》有效期为二年。被责令限期治理的排污单位《临时排放重点水污染物许可证》有效期限为限期治理期限，但最长不得超过一年。

排污许可证有效期届满前停业或者届满后不再排污的，排污单位应当向原发证机关办理注销手续。有效期届满后需要继续排污的，应当在有效期届满前三十日重新申请领取排污许可证。

排污许可证有效期届满而未重新申请领取排污许可证的排污单位不得排放重点水污染物。

第十四条 排污单位排放重点水污染物的种类、浓度、水量发生变化需增加排污总量的，应当说明增加的原因和需增加排污总量控制指标的来源，并向原发证的环境保护行政主管部门重新申请排污许可证。

第十七条 违反本办法规定，有下列行为之一的，由所在地县级以上环境保护行政主管部门责令限期改正，并给予警告，或者处以一万元以下罚款：

（二）违反本办法第十三条第二款、第十四条规定，应当重新申请领取排污许可证而未申请的。

4）应当重新申请核发排污许可证而未申请

《淮河和太湖流域排放重点水污染物许可证管理办法》

第十五条 排污单位发生分立、合并的，应当向环境保护行政主管部门申请重新核发排污许可证。

第十七条 违反本办法规定，有下列行为之一的，由所在地县级以上环境保护行政主管部门责令限期改正，并给予警告，或者处以一万元以下罚款：

（三）违反本办法第十五条第一款规定，应当重新申请核发排污许可证而未申请的。

5）无排污许可证排放污染物

《淮河和太湖流域排放重点水污染物许可证管理办法》

第十八条 违反本办法规定，无排污许可证排放污染物的，由所在地县级以上环境保护行政主管部门责令限期改正，可并处三万元以下罚款。

### 2.1.2.3 违反排污口规范化设置规定行为的认定和处罚依据

（1）在饮用水水源保护区内违法设置排污口

**【相关法律规定】**

《水污染防治法》

第六十四条 在饮用水水源保护区内，禁止设置排污口。

第八十四条　在饮用水水源保护区内设置排污口的，由县级以上地方人民政府责令限期拆除，处十万元以上五十万元以下的罚款；逾期不拆除的，强制拆除，所需费用由违法者承担，处五十万元以上一百万元以下的罚款，并可以责令停产整治。

除前款规定外，违反法律、行政法规和国务院环境保护主管部门的规定设置排污口的，由县级以上地方人民政府环境保护主管部门责令限期拆除，处二万元以上十万元以下的罚款；逾期不拆除的，强制拆除，所需费用由违法者承担，处十万元以上五十万元以下的罚款；情节严重的，可以责令停产整治。

未经水行政主管部门或者流域管理机构同意，在江河、湖泊新建、改建、扩建排污口的，由县级以上人民政府水行政主管部门或者流域管理机构依据职权，依照前款规定采取措施、给予处罚。

（2）除在饮用水水源保护区内设置排污口外，违反法律、行政法规和国务院环境保护主管部门的规定设置排污口或者私设暗管

**【相关法律规定】**

《水污染防治法》

第二十二条　向水体排放污染物的企业事业单位和其他生产经营者，应当按照法律、行政法规和国务院环境保护主管部门的规定设置排污口；在江河、湖泊设置排污口的，还应当遵守国务院水行政主管部门的规定。

第八十三条　违反本法规定，有下列行为之一的，由县级以上人民政府环境保护主管部门责令改正或者责令限制生产、停产整治，并处十万元以上一百万元以下的罚款；情节严重的，报经有批准权的人民政府批准，责令停业、关闭：

（三）利用渗井、渗坑、裂隙、溶洞，私设暗管，篡改、伪造监测数据，或者不正常运行水污染防治设施等逃避监管的方式排放水污染物的。

第八十四条　在饮用水水源保护区内设置排污口的，由县级以上地方人民政府责令限期拆除，处十万元以上五十万元以下的罚款；逾期不拆除的，强制拆除，所需费用由违法者承担，处五十万元以上一百万元以下的罚款，并可以责令停产整治。

除前款规定外，违反法律、行政法规和国务院环境保护主管部门的规定设置排污口的，由县级以上地方人民政府环境保护主管部门责令限期拆除，处二万元以上十万元以下的罚款；逾期不拆除的，强制拆除，所需费用由违法者承担，处十万元以上五十万元以下的罚款；情节严重的，可以责令停产整治。

### 2.1.2.4 排放水污染物超过国家或者地方规定的水污染物排放标准，或者超过重点水污染物排放总量控制指标行为的认定和处罚依据

**【相关法律规定】**

《水污染防治法》

第十条 排放水污染物，不得超过国家或者地方规定的水污染物排放标准和重点水污染物排放总量控制指标。

第八十三条 违反本法规定，有下列行为之一的，由县级以上人民政府环境保护主管部门责令改正或者责令限制生产、停产整治，并处十万元以上一百万元以下的罚款；情节严重的，报经有批准权的人民政府批准，责令停业、关闭：

（二）超过水污染物排放标准或者超过重点水污染物排放总量控制指标排放水污染物的。

第九十五条 企业事业单位和其他生产经营者违法排放水污染物，受到罚款处罚，被责令改正的，依法作出处罚决定的行政机关应当组织复查，发现其继续违法排放水污染物或者拒绝、阻挠复查的，依照《中华人民共和国环境保护法》的规定按日连续处罚。

### 2.1.2.5 排放水污染物未按规定进行预处理行为的认定和处罚依据

**【相关法律规定】**

《水污染防治法》

第四十五条第三款 向污水集中处理设施排放工业废水的，应当按照国家有关规定进行预处理，达到集中处理设施处理工艺要求后方可排放。

第八十三条 违反本法规定，有下列行为之一的，由县级以上人民政府环境保护主管部门责令改正或者责令限制生产、停产整治，并处十万元以上一百万元以下的罚款；情节严重的，报经有批准权的人民政府批准，责令停业、关闭：

（四）未按照规定进行预处理，向污水集中处理设施排放不符合处理工艺要求的工业废水的。

### 2.1.2.6 违反水污染事故管理规定行为的认定和处罚依据

**【相关法律规定】**

（1）企业事业单位不按照规定制定水污染事故的应急方案

《水污染防治法》

第七十七条 可能发生水污染事故的企业事业单位，应当制定有关水污染事故的应急方案，做好应急准备，并定期进行演练。

生产储存危险化学品的企业事业单位，应当采取措施，防止在处理安全生产事故过程中产生的可能严重污染水体的消防废水、废液直接排入水体。

第九十三条　企业事业单位有下列行为之一的，由县级以上人民政府环境保护主管部门责令改正；情节严重的，处二万元以上十万元以下的罚款：

（一）不按照规定制定水污染事故的应急方案的。

（2）水污染事故发生后，企业事业单位未及时启动水污染事故的应急方案，采取有关应急措施

《水污染防治法》

第七十八条　企业事业单位发生事故或者其他突发性事件，造成或者可能造成水污染事故的，应当立即启动本单位的应急方案，采取应急措施，并向事故发生地的县级以上地方人民政府或者环境保护行政主管部门报告。

第九十三条　企业事业单位有下列行为之一的，由县级以上人民政府环境保护主管部门责令改正；情节严重的，处二万元以上十万元以下的罚款：

（二）水污染事故发生后，未及时启动水污染事故的应急方案，采取有关应急措施的。

（3）企业事业单位违法造成一般或者较大水污染事故

《水污染防治法》

第九十四条　企业事业单位违反本法规定，造成水污染事故的，除依法承担赔偿责任外，由县级以上人民政府环境保护主管部门依照本条第二款的规定处以罚款，责令限期采取治理措施，消除污染；未按照要求采取治理措施或者不具备治理能力的，由环境保护主管部门指定有治理能力的单位代为治理，所需费用由违法者承担；对造成重大或者特大水污染事故的，还可以报经有批准权的人民政府批准，责令关闭；对直接负责的主管人员和其他直接责任人员可以处上一年度从本单位取得的收入百分之五十以下的罚款；有《中华人民共和国环境保护法》第六十三条规定的违法排放水污染物等行为之一，尚不构成犯罪的，由公安机关对直接负责的主管人员和其他直接责任人员处十日以上十五日以下的拘留；情节较轻的，处五日以上十日以下的拘留。

对造成一般或者较大水污染事故的，按照水污染事故造成的直接损失的百分之二十计算罚款……

（4）企业事业单位违法造成重大或者特大水污染事故

《水污染防治法》

第九十四条　企业事业单位违反本法规定，造成水污染事故的，除依法承担赔偿责任外，由县级以上人民政府环境保护主管部门依照本条第二款的规定处以罚款，责令限期采取治理措施，消除污染；未按照要求采取治理措施或者不具备治理能力的，由环境保护主管部门指定有治理能力的单位代为治理，所需费用由违法者承担；对造成重大或者特大水

污染事故的，还可以报经有批准权的人民政府批准，责令关闭；对直接负责的主管人员和其他直接责任人员可以处上一年度从本单位取得的收入百分之五十以下的罚款；有《中华人民共和国环境保护法》第六十三条规定的违法排放水污染物等行为之一，尚不构成犯罪的，由公安机关对直接负责的主管人员和其他直接责任人员处十日以上十五日以下的拘留；情节较轻的，处五日以上十日以下的拘留。

……对造成重大或者特大水污染事故的，按照水污染事故造成的直接损失的百分之三十计算罚款。

### 2.1.2.7 违反地表水和地下水污染防治规定行为的认定和处罚依据

**【相关法律规定】**

（1）向水体排放油类、酸液、碱液

《水污染防治法》

第三十三条 禁止向水体排放油类、酸液、碱液或者其他剧毒废液。

第八十五条 有下列行为之一的，由县级以上地方人民政府环境保护主管部门责令停止违法行为，限期采取治理措施，消除污染，处以罚款；逾期不采取治理措施的，环境保护主管部门可以指定有治理能力的单位代为治理，所需费用由违法者承担：

（一）向水体排放油类、酸液、碱液的；

……

有前款第一项、第二项、第五项、第九项行为之一的，处十万元以上一百万元以下的罚款；情节严重的，报经有批准权的人民政府批准，责令停业、关闭。

（2）向水体排放剧毒废液，或者将含有汞、镉、砷、铬、铅、氰化物、黄磷等的可溶性剧毒废渣向水体排放、倾倒或者直接埋入地下

《水污染防治法》

第三十七条二款 禁止将含有汞、镉、砷、铬、铅、氰化物、黄磷等的可溶性剧毒废渣向水体排放、倾倒或者直接埋入地下。

第八十五条 有下列行为之一的，由县级以上地方人民政府环境保护主管部门责令停止违法行为，限期采取治理措施，消除污染，处以罚款；逾期不采取治理措施的，环境保护主管部门可以指定有治理能力的单位代为治理，所需费用由违法者承担：

（二）向水体排放剧毒废液，或者将含有汞、镉、砷、铬、铅、氰化物、黄磷等的可溶性剧毒废渣向水体排放、倾倒或者直接埋入地下的；

……

有前款第一项、第二项、第五项、第九项行为之一的，处十万元以上一百万元以下的罚款；情节严重的，报经有批准权的人民政府批准，责令停业、关闭。

（3）在水体清洗装贮过油类、有毒污染物的车辆或者容器

《水污染防治法》

第三十三条二款　禁止在水体清洗装贮过油类或者有毒污染物的车辆和容器。

第八十五条　有下列行为之一的，由县级以上地方人民政府环境保护主管部门责令停止违法行为，限期采取治理措施，消除污染，处以罚款；逾期不采取治理措施的，环境保护主管部门可以指定有治理能力的单位代为治理，所需费用由违法者承担：

（三）在水体清洗装贮过油类、有毒污染物的车辆或者容器的；

……

有前款第三项、第四项、第六项、第七项、第八项行为之一的，处二万元以上二十万元以下的罚款。

（4）向水体排放、倾倒工业废渣、城市垃圾或者其他废弃物

《水污染防治法》

第三十七条一款　禁止向水体排放、倾倒工业废渣、城市垃圾或者其他废弃物。

第八十五条　有下列行为之一的，由县级以上地方人民政府环境保护主管部门责令停止违法行为，限期采取治理措施，消除污染，处以罚款；逾期不采取治理措施的，环境保护主管部门可以指定有治理能力的单位代为治理，所需费用由违法者承担：

（四）向水体排放、倾倒工业废渣、城镇垃圾或者其他废弃物……

……

有前款第三项、第四项、第六项、第七项、第八项行为之一的，处二万元以上二十万元以下的罚款。

（5）在江河、湖泊、运河、渠道、水库最高水位线以下的滩地、岸坡堆放、存贮固体废弃物或者其他污染物

《水污染防治法》

第三十八条　禁止在江河、湖泊、运河、渠道、水库、最高水位线以下的滩地、岸坡堆放、存贮固体废弃物或者其他污染物。

第八十五条　有下列行为之一的，由县级以上地方人民政府环境保护主管部门责令停止违法行为，限期采取治理措施，消除污染，处以罚款；逾期不采取治理措施的，环境保护主管部门可以指定有治理能力的单位代为治理，所需费用由违法者承担：

（四）……在江河、湖泊、运河、渠道、水库最高水位线以下的滩地、岸坡堆放、存贮固体废弃物或者其他污染物的；

……

有前款第三项、第四项、第六项、第七项、第八项行为之一的，处二万元以上二十万元以下的罚款。

（6）向水体排放、倾倒放射性固体废物或者向水体排放、倾倒含有高、中放射性物质的废水

《水污染防治法》

第三十四条 禁止向水体排放、倾倒放射性固体废物，或者含有高放射性、中放射性的废水。

第八十五条 有下列行为之一的，由县级以上地方人民政府环境保护主管部门责令停止违法行为，限期采取治理措施，消除污染，处以罚款；逾期不采取治理措施的，环境保护主管部门可以指定有治理能力的单位代为治理，所需费用由违法者承担：

（五）向水体排放、倾倒放射性固体废物或者含有高放射性、中放射性物质的废水的；

……

有前款第一项、第二项、第五项、第九项行为之一的，处十万元以上一百万元以下的罚款；情节严重的，报经有批准权的人民政府批准，责令停业、关闭。

（7）违反国家有关规定或者标准，向水体排放含低放射性物质废水

《水污染防治法》

第三十四条二款 向水体排放含低放射性物质的废水，应当符合国家有关放射性污染防治的规定和标准。

第八十五条 有下列行为之一的，由县级以上地方人民政府环境保护主管部门责令停止违法行为，限期采取治理措施，消除污染，处以罚款；逾期不采取治理措施的，环境保护主管部门可以指定有治理能力的单位代为治理，所需费用由违法者承担：

（六）违反国家有关规定或者标准，向水体排放含低放射性物质的废水……

……

有前款第三项、第四项、第六项、第七项、第八项行为之一的，处二万元以上二十万元以下的罚款。

（8）违反国家有关规定或者标准，向水体排放含热废水

《水污染防治法》

第三十五条 向水体排放含热废水，应当采取措施，保证水体的水温符合水环境质量标准。

第八十五条 有下列行为之一的，由县级以上地方人民政府环境保护主管部门责令停止违法行为，限期采取治理措施，消除污染，处以罚款；逾期不采取治理措施的，环境保护主管部门可以指定有治理能力的单位代为治理，所需费用由违法者承担：

（六）违反国家有关规定或者标准，向水体排放含……热废水……的；

……

有前款第三项、第四项、第六项、第七项、第八项行为之一的，处二万元以上二十万

元以下的罚款。

（9）违反国家有关规定或者标准，向水体排放含病原体的污水

《水污染防治法》

第三十六条 含病原体的污水应当经过消毒处理；符合国家有关标准后，方可排放。

第八十五条 有下列行为之一的，由县级以上地方人民政府环境保护主管部门责令停止违法行为，限期采取治理措施，消除污染，处以罚款；逾期不采取治理措施的，环境保护主管部门可以指定有治理能力的单位代为治理，所需费用由违法者承担：

（六）违反国家有关规定或者标准，向水体排放……含病原体的污水的；

……

有前款第三项、第四项、第六项、第七项、第八项行为之一的，处二万元以上二十万元以下的罚款。

（10）利用渗井、渗坑、裂隙、溶洞，私设暗管，篡改、伪造监测数据，或者不正常运行水污染防治设施等逃避监管的方式排放水污染物

《水污染防治法》

第三十九条 禁止利用渗井、渗坑、裂隙、溶洞，私设暗管，篡改、伪造监测数据，或者不正常运行水污染防治设施等逃避监管的方式排放水污染物。

第八十三条 违反本法规定，有下列行为之一的，由县级以上人民政府环境保护主管部门责令改正或者责令限制生产、停产整治，并处十万元以上一百万元以下的罚款；情节严重的，报经有批准权的人民政府批准，责令停业、关闭：

（三）利用渗井、渗坑、裂隙、溶洞，私设暗管，篡改、伪造监测数据，或者不正常运行水污染防治设施等逃避监管的方式排放水污染物的。

（11）利用无防渗漏措施的沟渠、坑塘等输送或者贮存含有毒污染物的废水、含病原体的污水或者其他废弃物

《水污染防治法》

第四十条第三款 禁止利用无防渗漏措施的沟渠、坑塘等输送或者存贮含有毒污染物的废水、含病原体的污水和其他废弃物。

第八十五条 有下列行为之一的，由县级以上地方人民政府环境保护主管部门责令停止违法行为，限期采取治理措施，消除污染，处以罚款；逾期不采取治理措施的，环境保护主管部门可以指定有治理能力的单位代为治理，所需费用由违法者承担：

（九）未按照规定采取防护性措施，或者利用无防渗漏措施的沟渠、坑塘等输送或者存贮含有毒污染物的废水、含病原体的污水或者其他废弃物的。

……有前款第一项、第二项、第五项、第九项行为之一的，处十万元以上一百万元以下的罚款；情节严重的，报经有批准权的人民政府批准，责令停业、关闭。

（12）化学品生产企业以及工业集聚区、矿山开采区、尾矿库、危险废物处置场、垃圾填埋场等的运营、管理单位未采取防渗措施、未对地下水质进行监测

《水污染防治法》

第四十条第一款　化学品生产企业以及工业集聚区、矿山开采区、尾矿库、危险废物处置场、垃圾填埋场等的运营、管理单位，应当采取防渗漏等措施，并建设地下水水质监测井进行监测，防止地下水污染。

第八十五条　有下列行为之一的，由县级以上地方人民政府环境保护主管部门责令停止违法行为，限期采取治理措施，消除污染，处以罚款；逾期不采取治理措施的，环境保护主管部门可以指定有治理能力的单位代为治理，所需费用由违法者承担：

（七）未采取防渗漏等措施，或者未建设地下水水质监测井进行监测的；

……

有前款第三项、第四项、第六项、第七项、第八项行为之一的，处二万元以上二十万元以下的罚款。

（13）加油站等的地下油罐未使用双层罐或者采取建造防渗池等其他有效措施，或者未进行防渗漏监测

《水污染防治法》

第四十条第二款　加油站等的地下油罐应当使用双层罐或者采取建造防渗池等其他有效措施，并进行防渗漏监测，防止地下水污染。

第八十五条　有下列行为之一的，由县级以上地方人民政府环境保护主管部门责令停止违法行为，限期采取治理措施，消除污染，处以罚款；逾期不采取治理措施的，环境保护主管部门可以指定有治理能力的单位代为治理，所需费用由违法者承担：

（八）加油站等的地下油罐未使用双层罐或者采取建造防渗池等其他有效措施，或者未进行防渗漏监测的；

……

有前款第三项、第四项、第六项、第七项、第八项行为之一的，处二万元以上二十万元以下的罚款。

（14）未按照规定进行预处理，向污水集中处理设施排放不符合处理工艺要求的工业废水的

《水污染防治法》

第四十五条第三款　向污水集中处理设施排放工业废水的，应当按照国家有关规定进行预处理，达到集中处理设施处理工艺要求后方可排放。

第八十三条　违反本法规定，有下列行为之一的，由县级以上人民政府环境保护主管部门责令改正或者责令限制生产、停产整治，并处十万元以上一百万元以下的罚款；情节严重的，报经有批准权的人民政府批准，责令停业、关闭：

（四）未按照规定进行预处理，向污水集中处理设施排放不符合处理工艺要求的工业废水的。

（15）城镇污水集中处理设施的运营单位或者污泥处理处置单位，处理处置后的污泥不符合国家标准，或者对污泥去向等未进行记录的

《水污染防治法》

第五十一条　城镇污水集中处理设施的运营单位或者污泥处理处置单位应当安全处理处置污泥，保证处理处置后的污泥符合国家标准，并对污泥的去向等进行记录。

第八十八条　城镇污水集中处理设施的运营单位或者污泥处理处置单位，处理处置后的污泥不符合国家标准，或者对污泥去向等未进行记录的，由城镇排水主管部门责令限期采取治理措施，给予警告；造成严重后果的，处十万元以上二十万元以下的罚款；逾期不采取治理措施的，城镇排水主管部门可以指定有治理能力的单位代为治理，所需费用由违法者承担。

### 2.1.2.8　违反饮用水水源保护规定行为的认定和处罚依据

**【相关法律规定】**

（1）在饮用水水源一级保护区内从事网箱养殖或者组织进行旅游、垂钓或者其他可能污染饮用水水体的活动

《水污染防治法》

第六十五条第二款　禁止在饮用水水源一级保护区内从事网箱养殖、旅游、游泳、垂钓或者其他可能污染饮用水水体的活动。

第九十一条第二款　在饮用水水源一级保护区内从事网箱养殖或者组织进行旅游、垂钓或者其他可能污染饮用水水体的活动的，由县级以上地方人民政府环境保护主管部门责令停止违法行为，处二万元以上十万元以下的罚款。

（2）个人在饮用水水源一级保护区内游泳、垂钓或者从事其他可能污染饮用水水体的活动

《水污染防治法》

第六十五条第二款　禁止在饮用水水源一级保护区内从事网箱养殖、旅游、游泳、垂钓或者其他可能污染饮用水水体的活动。

第九十一条第二款　……个人在饮用水水源一级保护区内游泳、垂钓或者从事其他可能污染饮用水水体的活动的，由县级以上地方人民政府环境保护主管部门责令停止违法行为，可以处五百元以下的罚款。

（3）在饮用水水源保护区内违法进行建设项目

①在饮用水水源一级保护区内新建、改建、扩建与供水设施和保护水源无关的建设项目；

②在饮用水水源二级保护区内新建、改建、扩建排放污染物的建设项目；

③在饮用水水源准保护区内新建、扩建对水体污染严重的建设项目；

④在饮用水水源准保护区内进行增加排污量的扩建项目。

（详见建设项目违法行为认定）

（4）饮用水供水单位供水水质不符合国家规定标准的

《水污染防治法》

第七十一条第二款　饮用水供水单位应当对供水水质负责，确保供水设施安全可靠运行，保证供水水质符合国家有关标准。

第九十二条　饮用水供水单位供水水质不符合国家规定标准的，由所在地市、县级人民政府供水主管部门责令改正，处二万元以上二十万元以下的罚款；情节严重的，报经有批准权的人民政府批准，可以责令停业整顿；对直接负责的主管人员和其他直接责任人员依法给予处分。

#### 2.1.2.9　违反《太湖流域管理条例》的规定，在太湖、淀山湖、太浦河、新孟河、望虞河和其他主要入太湖河道岸线内以及岸线周边、两侧保护范围内新建、扩建化工、医药生产项目，或者设置剧毒物质、危险化学品的贮存、输送设施，或者设置废物回收场、垃圾场、水上餐饮经营设施的行为的认定和处罚依据

【相关法律规定】

《太湖流域管理条例》

第六十四条　违反本条例规定，在太湖、淀山湖、太浦河、新孟河、望虞河和其他主要入太湖河道岸线内以及岸线周边、两侧保护范围内新建、扩建化工、医药生产项目，或者设置剧毒物质、危险化学品的贮存、输送设施，或者设置废物回收场、垃圾场、水上餐饮经营设施的，由太湖流域县级以上地方人民政府环境保护主管部门责令改正，处 20 万元以上 50 万元以下罚款；拒不改正的，由太湖流域县级以上地方人民政府环境保护主管部门依法强制执行，所需费用由违法行为人承担；构成犯罪的，依法追究刑事责任。

违反本条例规定，在太湖、淀山湖、太浦河、新孟河、望虞河和其他主要入太湖河道线内以及岸线周边、两侧保护范围内新建、扩建高尔夫球场的，由太湖流域县级以上地方人民政府责令停止建设或者关闭。

## 2.2　水污染的典型案例分析及执法要点解析

### 案例十八：不正常使用污染防治设施，超标排放水污染物案

【案情介绍】

某市某食品工业有限公司的糖果制品生产项目配套建设水污染防治设施 1 套，生产废

水经厂区管道进入厂界外废水收集池收集后，回抽至水污染防治设施处理后外排。但是 2015 年 5 月 4 日晚，某市环境执法人员现场检查发现，部分生产废水并未经水污染防治设施处理，而是经厂界外废水收集池溢流口直接排放。现场检查时，该公司糖果制品生产项目在正常生产中，现场对该公司生产废水（收集池溢流口）进行取样。经该市环境保护监测站检测，该公司生产废水收集池溢流外排口排放的废水 COD 浓度为 1 560 mg/L（标准值 150 mg/L）、氨氮浓度 19.8 mg/L（标准值 15 mg/L）、pH 为 5.08（标准值为 6～9）。

该企业位于该市罗山街道许坑社区，糖果加工项目有依法报批项目环评审批手续且已通过环保竣工验收，并已申领排污许可证。但其不正常运行污染防治设施、违法排放污染物的行为已违反《水污染防治法》第二十一条第二款和《环境保护法》第四十二条第四款的规定，根据《环境保护法》第六十三条的规定，除依照有关法律法规予以处罚外，还可对其直接负责的主管人员和其他直接责任人员处行政拘留。

市环保局在调查取证后，在对该公司依据《水污染防治法》第七十三条进行行政处罚的同时，也确认了该公司的设备工程部经理冉某某、污水处理设施管理员方某某分别属于“直接负责的主管人员和其他直接责任人员”，应对该公司不正常运行防治污染设施违法排放污染物行为负责，遂将案件移送公安机关并将冉某某、方某某予以行政拘留。

**【执法思考】**

《水污染防治法》第七十三条规定，“不正常使用水污染物处理设施，或者未经环境保护主管部门批准拆除、闲置水污染物处理设施的，由县级以上人民政府环境保护主管部门责令限期改正，处应缴纳排污费数额一倍以上三倍以下的罚款”。

该案发生在 2015 年 1 月 1 日之后，在依据《水污染防治法》进行行政处罚的同时，还应依据《环境保护法》进行相应的处罚，包括必要时，采取查封、扣押或停产整治等。

常见“违法行为认定”的情况：

（1）应当安装而未安装污染防治设施不宜认定为逃避监管排污；

（2）重点排污单位应当安装、使用污染物自动监测设备而未安装、使用，应联网而未联网，不宜认定为逃避监管排污。

（3）该案应收集的证据应包括：

1）主要事实

指将部分或全部污水不经过处理设施而直接排入环境的事实。

2）必要证据（证明主要事实）

①当事人的身份证明；

②调查询问笔录，或者现场检查（勘察）笔录。

3）可收集的补充证据（证明裁量事实、印证主要事实）

①现场照片、录像；

②污染处理设施的操作规程要求，环保设施的设计使用要求、产品资料、设计图纸等；

③污染处理设施的运行记录；

④环境监察记录；

⑤环境监测报告，或者通过有效性审核的自动监控数据；

⑥环境影响评价文件、建设项目环保竣工验收监测或调查报告（表）；

⑦环保部门的环评批复、环保竣工验收批复；

⑧企业生产记录、排污记录、财务报表等材料；

⑨附近居（村）民或者受害人的证言；

⑩环保部门处理违法行为的行政决定；

⑪投诉、举报、信访材料。

**【相关法律规定】**

《环境保护法》

第四十二条第四款　严禁通过暗管、渗井、渗坑、灌注或者篡改、伪造监测数据，或者不正常运行防治污染设施等逃避监管的方式违法排放污染物。

第六十三条　企业事业单位和其他生产经营者有下列行为之一，尚不构成犯罪的，除依照有关法律法规规定予以处罚外，由县级以上人民政府环境保护主管部门或者其他有关部门将案件移送公安机关，对其直接负责的主管人员和其他直接责任人员，处十日以上十五日以下拘留；情节较轻的，处五日以上十日以下拘留：

（三）通过暗管、渗井、渗坑、灌注或者篡改、伪造监测数据，或者不正常运行防治污染设施等逃避监管的方式违法排放污染物的。

《行政主管部门移送适用行政拘留环境违法案件暂行办法》

第七条　《环境保护法》第六十三条第三项规定的通过不正常运行防治污染设施等逃避监管的方式违法排放污染物，包括以下情形：

（一）将部分或全部污染物不经过处理设施，直接排放的；

（二）非紧急情况下开启污染物处理设施的应急排放阀门，将部分或者全部污染物直接排放的；

（三）将未经处理的污染物从污染物处理设施的中间工序引出直接排放的；

（四）在生产经营或者作业过程中，停止运行污染物处理设施的；

（五）违反操作规程使用污染物处理设施，致使处理设施不能正常发挥处理作用的；

（六）污染物处理设施发生故障后，排污单位不及时或者不按规程进行检查和维修，致使处理设施不能正常发挥处理作用的；

（七）其他不正常运行污染防治设施的情形。

《环境保护法》第六十三条规定的直接负责的主管人员是指违法行为主要获利者和在生产、经营中有决定权的管理、指挥、组织人员；其他直接责任人员是指直接排放、倾倒、处置污染物或者篡改、伪造监测数据的工作人员等。

【相关资料】

### 环境保护部关于逃避监管违法排污情形认定有关问题的复函

（环政法函〔2016〕219 号）

广东省环境保护厅：

你厅《关于逃避监管非法排放污染物情形认定有关问题的请示》（粤环报〔2016〕68 号）收悉。经研究，现函复如下：

……

一、企业事业单位和其他生产经营者通过暗管、渗井、渗坑、灌注或者不正常运行防治污染设施等逃避监管的方式违法排放污染物，均应依法查处。排放污染物的建设项目是否通过环境影响评价审批和竣工环境保护验收，不影响对逃避监管违法排污行为性质的认定，但可以作为判定违法情节轻重的因素予以考虑。

二、企业事业单位和其他生产经营者未配套建设防治污染设施，直接排放污染物的，不属于“通过不正常运行防治污染设施逃避监管的方式违法排放污染物”的情形。《行政主管部门移送适用行政拘留环境违法案件暂行办法》第五条规定：“通过暗管、渗井、渗坑、灌注等逃避监管的方式违法排放污染物，是指通过暗管、渗井、渗坑、灌注等不经法定排放口排放污染物等逃避监管的方式违法排放污染物。”据此，如果排污单位未配套建设防治污染设施，直接排放污染物的行为符合“通过暗管、渗井、渗坑、灌注等逃避监管的方式违法排放污染物”的构成要件的，可以依照相关规定查处。

特此函复。

环境保护部

2016 年 10 月 27 日

## 案例十九：利用软管偷排废水案

**【案情介绍】**

2015 年 5 月 21 日，某市环保局工作人员接到群众举报，反映位于江苏凤凰镇的某化学有限公司有排放废水情况。环保局工作人员随即赶赴现场检查，发现在公司东侧正有一根软管往东面围墙边排水，围墙边有一个洞口，软管流出的水正通过洞口往河中排放。从排水的现状看，所排放的水应该是废水。环保局工作人员立即对排放水、排放河道进行采样，对排放、采样情况进行拍照、录像取证，并沿排水管走向调查排水来源。经查，排放水为某化学有限公司硬脂酸车间蒸馏工段集水池内废水。工作人员现场对该集水池进行了采样取证。查明相关情况后，环保局工作人员电话通知企业环保负责人到现场确认通过软管排放废水情况，要求企业整改，同时约见公司主要负责人及现场操作人员作调查询问笔录。

经进一步调查，该硬脂酸车间蒸馏工段集水池内水为抽真空废水，产生量约为 5 t/周，正常情况下该废水将抽至煤堆场作为浇煤补充水，排放废水管道为热电车间煤场烧水管道，已存在多年。经监测分析，公司通过软管外排水化学需氧量为 $2.5\times10^3$ mg/L，总磷为 2.26 mg/L，均超过相关标准。某市环保部门决定从 1 月 27 日起至 2 月 15 日对该公司产生污染的生产设备实施查封。

**【执法思考】**

《环境保护法》第二十五条　企业事业单位和其他生产经营者违反法律法规规定排放污染物，造成或者可能造成严重污染的，县级以上人民政府环境保护主管部门和其他负有环境保护监督管理职责的部门，可以查封、扣押造成污染物排放的设施、设备。

该案发生在 2015 年 1 月 1 日之后，因此适用《环境保护法》第二十五条，对企业造成环境污染的设备和设施实施了查封。同时依据《环境保护法》第六十三条对相关负责人员予以行政拘留。

另外，还应依据《水污染防治法》第七十五条进行行政处罚。

《水污染防治法》第七十五条第二款　除前款规定外，违反法律、行政法规和国务院环境保护主管部门的规定设置排污口或者私设暗管的，由县级以上地方人民政府环境保护主管部门责令限期拆除，处二万元以上十万元以下的罚款；逾期不拆除的，强制拆除，所需费用由违法者承担，处十万元以上五十万元以下的罚款；私设暗管或者有其他严重情节的，县级以上地方人民政府环境保护主管部门可以提请县级以上地方人民政府责令停产整顿。

2018 年《水污染防治法》修订后的执法要求：

私设暗管的行为是不正常使用污染治理设施的极端情况，主观恶意明显，对环境的影响和危害比较大。2018 年修订的《水污染防治法》用专门的条款做出规定，其目的在于加大对该种行为的惩处力度。因此，如本案中违法行为发生在 2018 年 1 月 1 日之后，依据《水污染防治法》第八十三条处罚将更准确、有力。

如排污者以逃避监管的方式违法排放污染物，受到罚款处罚，被责令改正，拒不改正的，还应按日连续处罚（《环境保护法》第五十九条，《水污染防治法》第九十五条）。

**【相关法律规定】**

《水污染防治法》

第八十三条　违反本法规定，有下列行为之一的，由县级以上人民政府环境保护主管部门责令改正或者责令限制生产、停产整治，并处十万元以上一百万元以下的罚款；情节严重的，报经有批准权的人民政府批准，责令停业、关闭：

（三）利用渗井、渗坑、裂隙、溶洞，私设暗管，篡改、伪造监测数据，或者不正常运行水污染防治设施等逃避监管的方式排放水污染物的。

《环境保护法》

第六十三条　企业事业单位和其他生产经营者有下列行为之一，尚不构成犯罪的，除依照有关法律法规规定予以处罚外，由县级以上人民政府环境保护主管部门或者其他有关部门将案件移送公安机关，对其直接负责的主管人员和其他直接责任人员，处十日以上十五日以下拘留；情节较轻的，处五日以上十日以下拘留：

（三）通过暗管、渗井、渗坑、灌注或者篡改、伪造监测数据，或者不正常运行防治污染设施等逃避监管的方式违法排放污染物的。

《行政主管部门移送适用行政拘留环境违法案件暂行办法》

第五条　《环境保护法》第六十三条第三项规定的通过暗管、渗井、渗坑、灌注等逃避监管的方式违法排放污染物，是指不经法定排放口排放污染物，而是通过暗管、渗井、渗坑、灌注等逃避监管的方式违法排放污染物。

暗管是指通过隐蔽的方式达到规避监管目的而设置的排污管道，包括埋入地下的水泥管、瓷管、塑料管等，以及地上的临时排污管道；

渗井、渗坑是指无防渗漏措施或起不到防渗作用的、封闭或半封闭的坑、池、塘、井和沟、渠等；

灌注是指通过高压深井向地下排放污染物。

《环境保护行政执法与刑事司法衔接工作办法》

第三十七条第二款　“外环境”，是指污染物排入的自然环境。满足下列条件之一的，视同为外环境。1. 排污单位停产或没有排污，但有依法取得的证据证明其有持续或间歇排污，而且无可处理相应污染因子的措施的，经核实生产工艺后，其产污环节之后的废水收集池（槽、罐、沟）内。2. 发现暗管，虽无当场排污，但在外环境有确认由该单位排放污染物的痕迹，此暗管连废水收集池（槽、罐、沟）内。3. 排污单位连通外环境的雨水沟（井、渠）中任何一处。4. 对排放含第一类污染物的废水，其产生车间或车间处理设施的排放口。无法在车间或者车间处理设施排放口对含第一类污染物的废水采样的，废水总排放口或查实由该企业排入其他外环境处。

## 案例二十：进水超标不能成为污水处理厂出水超标的免责事由案

【案情介绍】

武汉市环保局于 2015 年 10 月 29 日作出一份行政处罚决定书（武环罚〔2015〕105 号），认定位于新洲区邾城街武汉某投资有限公司的污水处理厂（一期）项目废水总排口在全省污染源自动监控综合管理平台国控污染源自动监控数据，总磷日均值超过国家规定的排放标准，违反了《水污染防治法》第九条的规定，依据《水污染防治法》《湖北省环境保护行政处罚自由裁量权细化标准》，决定对武汉某投资有限公司污水处理厂处以罚款 85 777.57 元。

武汉某投资有限公司污水处理厂不服处罚，向武汉市政府申请行政复议，武汉市政府于 2016 年 1 月 25 日作出行政复议决定（武政复决〔2016〕第 44 号），维持市环保局作出的行政处罚决定书（武环〔2015〕105 号）。

武汉某投资有限公司不服行政复议，向武汉市中级人民法院提起诉讼。

原告诉称：

被告市环保局作出的行政处罚决定书（武环罚〔2015〕105 号）处罚对象错误，应予撤销。

原告设计的污水处理能力系经被告市环保局认可，原告在处理能力范围内履行了污水处理义务。经过原告污水处理后的出水总磷浓度超标非因原告原因造成，系进水总磷浓度过高造成。被告市环保局应就进水污染问题依法行政，处罚造成排水超标的真正污染排放对象，而非处罚原告。

被告市政府作出的行政复议决定（武政复决〔2016〕第 44 号）未尊重客观事实及现实情况，应予撤销。原告与武汉市新洲区政府签订的 BOT 协议明确约定进水总磷浓度上限为 3 mg/L。如果进水总磷浓度未超标，则经过原告处理后的总磷浓度降低水平完全可以达到设计标准。被告应该尊重该客观事实。原告所受处罚的根本原因并不在原告。……

综上，请求撤销被告市政府作出的行政复议决定（武政复决〔2016〕第 44 号）；请求撤销被告市环保局作出的行政处罚决定书（武环罚〔2015〕105 号）；依据事实和法律正确裁决。

被告武汉市环保局辩称：

（1）原告武汉某投资有限公司超标排污事实清楚、证据确凿。2015 年 8 月 12 日，被告收到湖北省环境保护厅下达的《关于依法查处武汉市某水务发展有限公司污染源自动监控数据超标问题的监察通知》，主要内容为：全省污染源自动监控平台显示，某公司 2015 年 7 月废水排放口总磷日均值多次超标，要求被告对该公司的违法行为调查核实并予以处理。被告 2015 年 8 月 31 日至原告处进行调查，发现原告的污染源自动监控设备运行正常，使用试剂均在有效期内，且自动监控设备已通过有效性审核。根据自动监控数据显示，原告总磷日均值 7 月 1—5 日、9—16 日、20—23 日、30 日超过国家规定排放标准。依据《环境行政处罚办法》第三十六条规定："环境保护主管部门可以利用在线监控或者其他技术监控手段收集违法行为证据。经环境保护主管部门认定的有效性数据，可以作为认定违法事实的证据。"原告的超标排污事实清楚，证据确凿。

（2）被告作出的行政处罚决定（武环罚〔2015〕105 号）适用法律正确，程序合法。被告于 2015 年 9 月 6 日向原告作出了《责令改正违法行为决定书》，2015 年 9 月 28 日向原告下发了《行政处罚事先告知和听证告知书》。在听取了原告的陈述申辩后，认为原告的陈述申辩理由不成立，最终依法作出行政处罚决定。同时，依据《中华人民共和国水污染防治法》第七十四条以及《湖北省环境保护行政处罚自由裁量权细化标准》的规定，原告的总磷排放已超过排放标准的 50%以上，被告按照应缴纳排污费数额的三倍对其作出处罚决定合理合法。

（3）原告不能以进水水质问题为借口，超标排放，更不能因此而成为原告逃避行政处罚的正当理由。请求法院驳回原告的诉请。

被告市政府辩称：

（1）市政府收到原告的行政复议申请后，依法予以受理。经审理复议，市政府在法定期限 60 个工作日内作出了行政复议决定，并向原告邮寄送达《行政复议决定书》，故市政府作出行政复议决定程序合法。

（2）市环保局对原告作出的《武汉市环境保护局行政处罚决定书》（武环罚〔2015〕105 号）主体适格、适用法律正确、程序合法、证据确凿。原告提出因进水水质总磷浓度问题，系原告与新洲区政府就进水水质进行的约定，该约定属于双方之间的合同行为，与市环保局对原告行政处罚行为属于不同法律关系。综上，市政府作出行政复议决定程序合法，已依法履行行政复议职责。请求人民法院驳回原告的诉讼请求。

本案在审理过程中，原告、被告对原告的邾城污水处理厂进水水质总磷浓度超过 3.0 mg/L 的设计标准及出水水质总磷浓度超过《城镇污水处理厂污染物排放标准》（GB 18918—2002）中一级 B 标准限值（≤1.0 mg/L）的事实没有争议，案件争议的焦点为：①原告的污水处理厂排水超过规定标准系因进水超过设计标准造成，对原告的排水超标行为是否应该依法予以处罚；②被告市环保局对原告作出的行政处罚决定是否存在程序违法；③进水超标能否成为出水超标的免责事由。

武汉市中级人民法院认为：根据《水污染防治法》和《湖北省环境保护行政处罚自由裁量权细化标准》相关规定，本案中，湖北省污染物自动监控综合管理平台数据显示，原告污水处理厂尾水排放总磷浓度超过《城镇污水处理厂污染物排放标准》（GB 18918—2002）中一级 B 标准限值（≤1.0 mg/L）50%以上，被告市环保局对原告超标排放污水的行为进行处罚，处以原告应缴纳排污费数额三倍的罚款，符合上述法律规定。

原告认为其污水处理厂建设的环评报告是经过被告市环保局审批认可的，并通过了被告组织的建设项目竣工环境保护验收。原告按照取得审批的设施标准处理污水，经原告处理后的出水总磷超标，系由进水总磷浓度超过了设定指标 3.0 mg/L 造成，并非原告原因造成。进水总磷浓度超标并非原告可以控制和解决的，原告与新洲区政府签订的 BOT 协议约定，进水水质超标造成出水水质不达标，原告不承担经济责任，故被告市环保局不应对原告进行处罚。本院认为，原告的上述理由没有法律依据，本院不予支持。

因为，从前述法律规定看，排放水污染物不得超过国家或者地方规定的水污染物排放标准和重点水污染物排放总量控制指标是法律规定的强制性要求，违反该强制性规定，超过国家或者地方规定的水污染物排放标准或者超过重点水污染物排放总量控制指标排放水污染物的，被告市环保局必须依法进行调查和处罚，现行法律并没有规定任何可以免予处罚的例外情形和免责事由。

（1）关于原告与新洲区政府签订的 BOT 协议，属于双方之间的合同行为，与本案属于不同的法律关系，对本案被告市环保局依法处罚原告超标排放水污染物的行为不具有约束力。

（2）关于被告市环保局对原告作出的行政处罚决定是否存在程序违法。

武汉市中级人民法院认为：被告市环保局作出被诉行政处罚决定的程序符合《中华人民共和国行政处罚法》和《环境保护行政处罚办法》的相关规定。原告提出，其曾向被告市环保局提出听证申请，被告市环保局没有举行听证，属程序违法，但原告对其所述事实没有提供任何证据证明，故其陈述没有事实依据，本院不予支持。

综上所述，被告市环保局对原告所作的行政处罚决定，认定事实清楚，适用法律正确，程序合法。被告市政府在收到原告的复议申请后，查明了案件的基本事实，并在法律规定的期限内作出了维持被诉行政行为的复议决定，且告知了不服复议决定可以寻求的救济途径，被告市政府的复议行为并无不当，原告的诉讼请求没有事实和法律依据，本院不予支持。依据《中华人民共和国行政诉讼法》第六十九条的规定，判决如下：驳回原告武汉某投资有限公司的诉讼请求。

**【执法思考】**

近年来污水处理厂超标排放的问题时有发生，究其原因一方面是本案中所涉及的进水超标或超出处理能力导致的，另一方面污水处理厂管理不善导致的，但不管何种原因，达标排放是排污企业的法定义务，超标排放是应依法受到处罚的一种违法行为。

《水污染防治法》第五十条第二款规定，城镇污水集中处理设施的运营单位，应当对城镇污水集中处理设施的出水水质负责。

环境保护主管部门应当对城镇污水集中处理设施的出水水质和水量进行监督检查。

第八十三条规定，违反本法规定，有下列行为之一的，由县级以上人民政府环境保护主管部门责令改正或者责令限制生产、停产整治，并处十万元以上一百万元以下的罚款；

情节严重的，报经有批准权的人民政府批准，责令停业、关闭：

（二）超过水污染物排放标准或者超过重点水污染物排放总量控制指标排放水污染物的。

为了解决污水处理厂进水问题，对企业排放工业废水也提出了明确要求。

《水污染防治法》第四十五条第三款规定，向污水集中处理设施排放工业废水的，应当按照国家有关规定进行预处理，达到集中处理设施处理工艺要求后方可排放。

第五十条第一款规定，向城镇污水集中处理设施排放水污染物，应当符合国家或者地方规定的水污染物排放标准。

第八十三条规定，违反本法规定，有下列行为之一的，由县级以上人民政府环境保护主管部门责令改正或者责令限制生产、停产整治，并处十万元以上一百万元以下的罚款；情节严重的，报经有批准权的人民政府批准，责令停业、关闭：

（四）未按照规定进行预处理，向污水集中处理设施排放不符合处理工艺要求的工业废水的。

**【相关资料】**

## 关于废水纳管经城市污水处理厂排放行为行政处罚法律适用问题的复函

环办政法函〔2018〕122 号

宁波市环境保护局：

你局《关于企业废水超标排放但纳管经城市污水处理厂处理后达标排放行政处罚法律适用问题的请示》（甬环〔2017〕10 号）收悉。对企业事业单位和其他生产经营者向城镇排水设施违法排放污水行为的监管，经商住房城乡建设部，函复如下：

一、对违反《中华人民共和国水污染防治法》的规定排放污水的，由环境保护主管部门处罚；对只违反《城镇排水与污水处理条例》规定，未取得污水排入排水管网许可证或者不按照污水排入排水管网许可证要求向城镇排水设施排放污水的，由城镇排水主管部门根据《城镇排水与污水处理条例》有关规定予以处罚。

二、各级环境保护主管部门和城镇排水主管部门应加强工作联系，完善沟通协调和信息共享机制，共同打击违法排污行为。

特此函复。

环境保护部办公厅

2018 年 1 月 22 日

【相关资料】

## 关于向公共污水处理系统排放废水执行标准问题的复函

环函〔2011〕195号

山东省环境保护厅:

你厅《关于向污水处理厂排放废水执行标准有关问题的请示》(鲁环函〔2011〕359号)收悉。经研究,现函复如下:

一、2008年修订的《中华人民共和国水污染防治法》(以下简称《水污染防治法》)规定,采用向城镇污水集中处理设施排污等间接方式排放水污染物的,应当执行国家或地方规定的水污染物排放标准。

在《水污染防治法》出台前,一些国家排放标准中曾规定,控制间接排放可采用由排污企业、排污项目建设单位与公共污水处理系统运营单位(城镇污水处理厂等)商定其间接排放一般污染物控制要求的方式。为落实《水污染防治法》的规定,2009年我部制定并发布了《国家排放标准中水污染物排放监控方案》(以下简称《方案》)。《方案》对国家排放标准制定规则进行了修改,取消了上述做法,并明确规定国家排放标准中要设置间接排放限值。

二、为在充分利用公共污水处理系统处理能力的同时,防范环境风险,《方案》要求根据公共污水处理系统的特点和各种污染物处理的难易程度,设置不同的间接排放限值。对于易降解污染物,其间接排放限值,幅度可以适当宽于相应的直接排放限值。

环境保护部

二〇一一年七月二十二日

【相关资料】

## 《城镇排水与污水处理条例》

第五十条　违反本条例规定,排水户未取得污水排入排水管网许可证向城镇排水设施排放污水的,由城镇排水主管部门责令停止违法行为,限期采取治理措施,补办污水排入排水管网许可证,可以处50万元以下罚款;造成损失的,依法承担赔偿责任;构成犯罪的,依法追究刑事责任。

违反本条例规定，排水户不按照污水排入排水管网许可证的要求排放污水的，由城镇排水主管部门责令停止违法行为，限期改正，可以处 5 万元以下罚款；造成严重后果的，吊销污水排入排水管网许可证，并处 5 万元以上 50 万元以下罚款，可以向社会予以通报；造成损失的，依法承担赔偿责任；构成犯罪的，依法追究刑事责任。

第五十八条　依照《中华人民共和国水污染防治法》的规定，排水户需要取得排污许可证的，由环境保护主管部门核发；违反《中华人民共和国水污染防治法》的规定排放污水的，由环境保护主管部门处罚。

第二十一条　从事工业、建筑、餐饮、医疗等活动的企业事业单位、个体工商户（下称排水户）向城镇排水设施排放污水的，应当向城镇排水主管部门申请领取污水排入排水管网许可证。城镇排水主管部门应当按照国家有关标准，重点对影响城镇排水与污水处理设施安全运行的事项进行审查。

排水户应当按照污水排入排水管网许可证的要求排放污水。

第二十二条　排水户申请领取污水排入排水管网许可证应当具备下列条件：

（一）排放口的设置符合城镇排水与污水处理规划的要求；

（二）按照国家有关规定建设相应的预处理设施和水质、水量检测设施；

（三）排放的污水符合国家或者地方规定的有关排放标准；

（四）法律、法规规定的其他条件。

符合前款规定条件的，由城镇排水主管部门核发污水排入排水管网许可证；具体办法由国务院住房城乡建设主管部门制定。

## 案例二十一：超标或超总量排放——超标排污案

**【案情介绍】**

2010 年群众举报，某河面出现了一条数千米长的污染带，漂浮着大量白沫。环保部门经调查发现，是某纸业公司将大量未经处理的造纸废水与处理后废水混合后排入江中。环保部门对采样过程及该公司两条排水沟排放大量未经处理的造纸废水的事实进行了公证。环保部门认为，该公司存在故意不正常使用污水处理设施和恶意偷排污水的事实，决定对其进行行政处罚 10 万元，责令其封死排水沟，保障污水处理设施正常运转。该纸业公司申请进行处罚听证。

由于环保局采用了公证取证的办法，该公司对排放未经处理的废水及《水质监测报告单》废水超标的事实没有异议，但提出当时连降大雨，污水处理池中水量增大而导致废水外排，应属不可抗力，并非故意不正常使用污水处理设施。

环境监察人员认为，气象部门对降雨早有预报，该公司知道污水处理设施的设计要求无法满足生产和治污需要，应采取限产或停产措施。但该公司在明知后果的情况下，为节省运行成本，放任污染扩散，因而构成“故意”违法。而且，在污染事故发生后，该公司既未进行通报，也未采取任何措施，而是任由污染扩散，因此应当承担行政处罚的法律责任。

**【执法思考】**

因该案发生在《水污染防治法》修订前，故根据《水污染防治法》第七十三条规定，责令不正常使用水污染物处理设施并且排放污染物超过规定标准的排污单位限期恢复正常使用，并同时处以10万元以下罚款（处应缴排污费一倍以上，三倍以下罚款）。

本案中，由于该公司连续违法排污、排放的废水严重超标、行为后果严重，因此可以适用该条款的最高处罚，处以排污费三倍的罚款。

新修订的《环境保护法》实施后，如有上述情况，应考虑采取查封、扣押、停产整治、行政拘留等措施。

执法部门在对该企业进行处罚的同时，也应检查和了解其应急预案的制定和启动情况。

不可抗力主要指，不可预见、不可避免并不可克服的客观情况，在环境保护领域中，如地震、洪水、海啸、火灾自然灾害等情况。对于不可抗力发生水污染损害的免责，《水污染防治法》第八十五条规定，因水污染受到损害的当事人，有权要求排污方排除危害和赔偿损失。

由于不可抗力造成水污染损害的，排污方不承担赔偿责任；法律另有规定的除外。

造纸厂污水排放节点主要包括：备料车间破碎机冷却水排污；制浆车间有蒸煮废水、洗筛废水、漂白废水；浆板车间工艺废水；化学厂生产废水；热电站废水；公用设施废水。

对造纸企业的现场监察主要是针对生产工艺，包括备料、蒸煮、洗筛、氧脱木素、漂白工序，通过对这些关键工序的监察，以定性辨别企业的生产工艺先进程度，从而可以初步判断企业污染物的产生负荷情况，为进一步辨别企业现有污水处理设施是否能够将生产过程产生的污染物处理达标提供事实依据。

另外，造纸白水主要来源造纸车间纸张抄造过程。白水主要含有细小纤维、填料、涂料和溶解的木材成分，以及添加的胶料、湿强剂、防腐剂等，以不溶性COD为主，可生化性较低，其加入的防腐剂有一定的毒性。白水水量较大，但其含的有机污染负荷远远低于蒸煮黑液和中段废水。现在几乎所有的造纸厂造纸车间都采用了部分或全封闭系统以降低造纸耗水量，节约动力消耗，提高白水回用率，减少多余白水排放。因此在本案例中，对某纸业有限公司责令限期将现有污水处理能力扩大至4.5万t，生产中产生的污水必须经污水处理厂处理后方可排放的同时，可提高服务意识，引导企业提高白水回用率，减少多余白水排放。

**【相关法律规定】**

《水污染防治法》第七十三条 不正常使用水污染物处理设施，或者未经环境保护主管部门批准拆除、闲置水污染物处理设施的，由县级以上人民政府环境保护主管部门责令限期改正，处应缴纳排污费数额一倍以上三倍以下的罚款。

《水污染防治法》第八十三条 违反本法规定，有下列行为之一的，由县级以上人民政府环境保护主管部门责令改正或者责令限制生产、停产整治，并处十万元以上一百万元以下的罚款；情节严重的，报经有批准权的人民政府批准，责令停业、关闭：

（三）利用渗井、渗坑、裂隙、溶洞，私设暗管，篡改、伪造监测数据，或者不正常运行水污染防治设施等逃避监管的方式排放水污染物的。

### 案例二十二：监测数据造假案

**【案情介绍】**

2016 年 1 月 25 日，郑州市环保局执法人员对郑州某食品有限公司现场检查时发现，该公司污水处理站总排口中放置有一个蓝色清水桶，自动监控设施采样管直接从该清水桶中提取水样。执法人员当场下达了《限期改正环境违法行为通知书》（郑自环限改〔2016〕第 002 号），责令该公司立即停止违法行为，将污染源自动监控设施采样管路恢复正常。2016 年 2 月 17 日，执法人员对该单位进行了复查，清水桶已拆除，监控设施正常运行。针对该单位的违法行为，郑州市环保局根据《污染源自动监控设施现场监督检查办法》第二十条（一）、（五）和《水污染防治法》的规定，于 2016 年 3 月 10 日向该公司送达了《行政处罚事先（听证）告知书》（郑环罚先告字〔2016〕7 号）告知该公司违法事实、处罚依据和拟作出的处罚决定，并告知该公司有权进行陈述、申辩和要求听证。

2016 年 3 月 18 日，郑州市环境保护局针对郑州某食品有限公司规避污染源自动监控设施监控的行为作出了罚款 8 万元的处罚决定，于 3 月 21 日将行政处罚决定书送达该单位，同时将案件移送公安机关。2016 年 5 月 5 日，郑州市公安局马寨分局对公司直接责任人张某予以行政拘留 5 日。

**【执法思考】**

《污染源自动监控设施现场监督检查办法》第二十条 排污单位或者运营单位有下列行为之一的，依照《中华人民共和国水污染防治法》第七十条的规定处罚：（一）将部分或者全部污染物不经规范的排放口排放，规避污染源自动监控设施监控的；（五）其他欺骗现场监督检查人员，掩盖真实排污状况行为。

《水污染防治法》第七十条 拒绝环境保护主管部门或者其他依照本法规定行使监督管理权的部门的监督检查，或者在接受监督检查时弄虚作假的，由县级以上人民政府环境保护主管部门或者其他依照本法规定行使监督管理权的部门责令改正，处一万元以上十万元以下的罚款。

《环境保护法》第六十三条规定，企业事业单位和其他生产经营者有下列行为之一，尚不构成犯罪的，除依照有关法律法规规定予以处罚外，由县级以上人民政府环境保护主管部门或者其他有关部门将案件移送公安机关，对其直接负责的主管人员和其他直接责任人员，处十日以上十五日以下拘留；情节较轻的，处五日以上十日以下拘留：

（一）建设项目未依法进行环境影响评价，被责令停止建设，拒不执行的；

（二）违反法律规定，未取得排污许可证排放污染物，被责令停止排污，拒不执行的；

（三）通过暗管、渗井、渗坑、灌注或者篡改、伪造监测数据，或者不正常运行防治污染设施等逃避监管的方式违法排放污染物的；

（四）生产、使用国家明令禁止生产、使用的农药，被责令改正，拒不改正的。

关于《环境保护法》第六十三条规定适用行政拘留的情况，在此仅就第（三）项相关内容做一提示。

《行政主管部门移送适用行政拘留环境违法案件暂行办法》具体规定了行政拘留的情节：

（1）通过暗管、渗井、渗坑、灌注等不经法定排放口排放污染物

具体包括：

①暗管是指通过隐蔽的方式达到规避监管目的而设置的排污管道，包括埋入地下的水泥管、瓷管、塑料管等，以及地上的临时排污管道；

②渗井、渗坑是指无防渗漏措施或起不到防渗作用的、封闭或半封闭的坑、池、塘、井和沟、渠等；

③灌注是指通过高压深井向地下排放污染物。

（2）篡改、伪造监测数据

是指篡改、伪造用于监控、监测污染物排放的手工及自动监测仪器设备的监测数据，包括以下情形：

①违反国家规定，对污染源监控系统进行删除、修改、增加、干扰，或者对污染源监控系统中存储、处理、传输的数据和应用程序进行删除、修改、增加，造成污染源监控系统不能正常运行的；

②破坏、损毁监控仪器站房、通信线路、信息采集传输设备、视频设备、电力设备、空调、风机、采样泵及其他监控设施的，以及破坏、损毁监控设施采样管线，破坏、损毁监控仪器、仪表的；

③稀释排放的污染物故意干扰监测数据的；

④其他致使监测、监控设施不能正常运行的情形。

（3）不正常运行防治污染设施

具体包括如下情形：

①将部分或全部污染物不经过处理设施，直接排放的；

②非紧急情况下开启污染物处理设施的应急排放阀门，将部分或者全部污染物直接排放的；

③将未经处理的污染物从污染物处理设施的中间工序引出直接排放的；

④在生产经营或者作业过程中，停止运行污染物处理设施的；

⑤违反操作规程使用污染物处理设施，致使处理设施不能正常发挥处理作用的；

⑥污染物处理设施发生故障后，排污单位不及时或者不按规程进行检查和维修，致使处理设施不能正常发挥处理作用的；

⑦其他不正常运行污染防治设施的情形。

### 案例二十三：废水“零外排”被罚 30 万元案

**【案情介绍】**

某焦化企业位于新泰市经济开发区，占地 370 亩，总投资 3.2 亿元，员工 700 余人。2004 年公司启动建设年产 60 万 t 的焦炭项目，采用捣固式焦炉，并于 2007 年初经环保部门验收合格后正式投产。

据了解，炼焦熄焦工段产生的主要污染物有烟尘、$SO_2$、CO、$NO_x$、$H_2S$、苯并[$a$]芘等。熄焦系统采用湿法除尘，即在熄焦塔上部设折流板捕尘装置和喷洒洗涤装置，除尘率达 60%以上。2015 年又新建设了炉外脱硫设施，确保有组织气体稳定达标排放。在污水处理方面，设有污水处理站，采用 A2/O2 工艺，将熄焦废水、冷凝鼓风产生的剩余氨水、洗脱苯废水、生活废水等送入污水处理站，经处理后再送往熄焦工段重复使用，可实现全公司无生产废水外排。

2016 年 6 月 6 日，山东省环境监察总队开展独立调查时发现，该焦化在生产期间擅自拆除熄焦废水输送管道，熄焦废水未进入污水处理设施，直接回用于熄焦工段，部分生活污水也未进入污水处理设施。此外，厂区雨污未分流，焦炉老化，存在无组织排放现象。同时这家企业煤场露天存放，棚盖措施不到位，防风抑尘网不完善。经检测，熄焦废水池废水 COD、氨氮、挥发酚超过《炼焦化学工业污染物排放标准》（GB 16171—2012）中表 2 水污染物直接排放浓度限值，但不外排。厂界无组织废气和炼焦炉排气筒废气均未超过相应排放浓度限值。

据了解，熄焦环节是焦化生产企业的一个重要排污节点，污染物排放量较大。熄焦废水中含有高浓度的 COD 以及氰化物、氨氮、石油类有机物、硫化物等污染物，若直接回用于熄焦，将导致各类污染物随蒸汽气化外排，影响环境质量。对于“擅自拆除输送管道，熄焦废水直接回用”问题，该焦化企业相关生产负责人徐某解释，因原熄焦废水输送管道和水泵腐蚀严重造成炉顶漏水，形成安全隐患，公司于 5 月 18 日对其进行拆除修复，在此期间，将熄焦废水直接回用于熄焦工段。

山东省环境监察总队调查该焦化企业的违法行为后，将案件移交给了新泰市环保局。针对该焦化企业擅自拆除污染防治设施的环境违法行为，新泰市环保局已将其移送公安机关。

新泰市环保局经济开发区分局副局长万某某介绍，按照《水污染防治法》相关规定，企业事业单位和个体工商户排放水污染物的种类、数量和浓度有重大改变的，应当及时申报登记；其水污染物处理设施应当保持正常使用；拆除或者闲置水污染物处理设施的，应当事先报县级以上地方人民政府环境保护主管部门批准。对不正常使用水污染物处理设施，或者未经环保部门批准拆除、闲置水污染物处理设施的，由县级以上人民政府环境保护主管部门责令限期改正，处应缴纳排污费数额1倍以上、3倍以下的罚款。

该焦化企业并未向环保部门提交报告，擅自拆除了废水输送管道，并将未经污水处理设施处理的熄焦废水直接回用于熄焦，违反了上述规定。对此，新泰市环保局对该焦化企业做出行政处罚，责令其于6月22日前恢复熄焦废水处理设施（输送管道）的正常使用，并依法开出30.013 2万元的罚单。对于该焦化企业煤场未采取密闭措施、未设置不低于堆放物高度的严密围挡和采取有效的覆盖措施等环境违法行为，新泰市环保局责令其在两个月内建成煤场围挡，采取必要的覆盖措施，并处以罚款10万元。

近日，在该焦化企业厂区看到，企业新建设的熄焦废水输送管道已正常使用，经过污水处理设施处理后，源源不断地送往熄焦工段重复利用。公司煤场周边的防风抑尘网正在安装，厂区雨污分流改造已经完成并投入使用，生活污水已全部进入污水处理系统，焦炉炉体维修完毕。但在厂区焦炉车间、污水处理站等多处点位，还是闻到有明显的化工异味。

**【相关资料】**

## 关于执行《炼焦化学工业污染物排放标准》有关问题的复函

科技函〔2016〕66号

江苏省环境保护厅：

你厅《关于执行炼焦化学工业污染物排放标准有关问题的请示》（苏环办〔2016〕39号）收悉。经研究，现函复如下：

焦化企业产生的污染物成分复杂，废水毒性较大。《炼焦化学工业污染物排放标准》（GB 16171—2012）4.1.5条的主要目的是防止洗煤、熄焦和高炉冲渣等过程中水污染物转移扩散至大气中，造成大气污染。凡用于洗煤、熄焦和高炉冲渣等过程的废水水质均应符合《炼焦化学工业污染物排放标准》（GB 16171—2012）4.1.5的规定，包括熄焦循环水。

特此函复。

环境保护部

2016年4月8日

## 案例二十四：生活污水处理厂污染源监控弄虚作假案

【案情介绍】

环境保护部华南环境保护督查中心联合广东省环境保护厅于 2015 年 8 月 11—12 日、8 月 15 日对东莞市某生活污水处理厂（东莞市某水质净化有限公司）进行突击检查，发现该厂存在出水流量计和水质自动监测设施弄虚作假、私设暗管投放自来水稀释水样干扰人工采样监测等多种违法行为。一是经华南国家计量测试中心（广东省计量科学研究院）东莞分院多次排水实验测试，出水流量计实验误差超出最大允许误差，该厂流量计涉嫌造假、非法骗取污水处理费用。二是出水水质自动监测设施弄虚作假。经现场检查发现该厂出水口自动监测设施预处理器电磁阀被拆除，增加自来水管道。进水口三条进水管道设有手动控制阀门，可调节进水样稀释比例。三是该厂在监督性监测取样口附近埋设了稀释管道，可通过加注自来水稀释取样口水样。四是自动设备运维商严重失职，日常校准维护长期缺失，对仪器设施存在故障问题从未记录，日常管理存在重大疏漏。东莞市公安机关成立专案组对东莞某公司涉嫌出水流量计作假、骗取巨额污水处理费用等犯罪行为进行了立案侦查，并于 2015 年 10 月 24 日对 1 名犯罪嫌疑人采取了刑事拘留。东莞市暂停支付该公司 2015 年 5—9 月污水处理服务费共约 2 079 万元。东莞市环境保护局按照自动监控系统运营管理办法的规定，对第三方运营商进行约谈，要求其加强管理，完善运营工作，并扣减其 2015 年第一至第三季度的运营费合计共约 4.88 万元。

## 案例二十五：违规设立排污口案

【案情介绍】

某滨海化工厂建于 2008 年 12 月，东临海滩，厂外是还乡河，附近有水产养殖场的几千亩鱼塘，是渔业养殖密集区。滨海化工厂建厂时按环评报告的要求，投资安装了废水处理装置，废水经处理后排入东海。设计中只允许有 1 个排放口，往东海排污。但该厂在施工时却设置了 3 个排污口，1 个排向东海，2 个排向还乡河。农民张某承包了水产养殖场 200 亩鱼塘，养鱼用水除雨水外，全部从还乡河中抽取。2009 年 3 月，张某投入鱼苗 1 万多千克，几天内发现鱼苗相继大量死亡，损失 10 万元。张某立即向环保部门报告，要求调查处理。环保部门在调查中发现，滨海化工厂于 2009 年 2 月开始试生产，环保设施没有通过验收，致使硝基苯车间每小时排出的 100 t 冷却水中带有有毒性物质硝基苯。经测定，还乡河及张某承包的鱼塘里，硝基苯含量超过渔业标准 5～7 倍。对此，环保部门作出决定，责令滨海化工厂限期拆除排入还乡河的排污口，处 5 万元罚款。

【执法思考】

该案中的滨海化工厂擅自改变设计，将废水直接排入内河，造成渔业水体污染，违反了在风景名胜区水体、重要渔业水体和其他具有特殊经济文化价值的水体的保护区内，不得新建排污口的法律规定。依据《水污染防治法》第七十五条二款的规定，环保部门作出决定，责令滨海化工厂限期拆除排入还乡河的排污口，处5万元罚款。

此外，本案中的滨海化工厂于2009年2月开始试生产，环保设施没有通过验收，且硝基苯车间排出的冷却水中带有毒性物质硝基苯，说明该厂环保设施未达到国家规定要求。该厂除私设排污口外，还违反了环境影响评价制度和建设项目“三同时”制度。环保部门还应依据《环境影响评价法》第三十一条、《水污染防治法》第七十一条同时、分别对企业进行相应处罚。

该案事实依据应包括：

1．主要事实

排污口的设置要求及违反规定设置排污口的事实。

2．必要证据（证明主要事实）

（1）当事人的身份证明；

（2）调查询问笔录，或者现场检查（勘察）笔录。

3．可收集的补充证据（证明裁量事实、印证主要事实）

（1）现场照片、录像；

（2）环境监察记录；

（3）环境影响评价文件、建设项目环保竣工验收监测或调查报告（表）；

（4）环保部门的环评批复、环保竣工验收批复；

（5）企业生产记录、排污记录、财务报表等材料；

（6）环境监测报告，或者通过有效性审核的自动监控数据；

（7）环保部门处理违法行为的行政决定；

（8）附近居（村）民或者受害人的证言；

（9）投诉、举报、信访材料。

**【相关法律规定】**

《水污染防治法》

第七十一条　违反本法规定，建设项目的水污染防治设施未建成、未经验收或者验收不合格，主体工程即投入生产或者使用的，由县级以上人民政府环境保护主管部门责令停止生产或者使用，直至验收合格，处五万元以上五十万元以下的罚款。

第七十五条第二款　违反法律、行政法规和国务院环境保护主管部门的规定设置排污口或者私设暗管的，由县级以上地方人民政府环境保护主管部门责令限期拆除，处二万元以上十万元以下的罚款；逾期不拆除的，强制拆除，所需费用由违法者承担，处十万元以上五十万元以下的罚款；私设暗管或者有其他严重情节的，县级以上地方人民政府环境保护主管部门可以提请县级以上地方人民政府责令停产整顿。

《环境影响评价法》

第二十四条　建设项目的环境影响评价文件经批准后，建设项目的性质、规模、地点、采用的生产工艺或者防治污染、防止生态破坏的措施发生重大变动的，建设单位应当重新报批建设项目的环境影响评价文件。

第三十一条　建设单位未依法报批建设项目环境影响评价文件，或者未依照本法第二十四条的规定重新报批或者报请重新审核环境影响评价文件，擅自开工建设的，由有权审批该项目环境影响评价文件的环境保护行政主管部门责令停止建设，限期补办手续；逾期不补办手续的，可以处五万元以上二十万元以下的罚款，对建设单位直接负责的主管人员和其他直接责任人员，依法给予行政处分。

《环境行政处罚办法》

第五十三条二款　对同一当事人的两个或者两个以上环境违法行为，可以分别制作行政处罚决定书，也可以列入同一行政处罚决定书。

## 案例二十六：某混凝土公司诉奉贤区政府责令关闭行政决定案

**【案情介绍】**

上海某混凝土有限公司（以下简称该公司）成立于 2006 年 2 月，位于黄浦江上游沿岸，经营范围包括混凝土生产、加工、销售。2010 年 3 月，该公司住所地和实际生产经营地被划入上海市黄浦区上游饮用水水源二级保护区。2015 年 2 月，上海市奉贤区人民政府（以下简称区政府）以该公司在饮用水水源二级保护区内从事混凝土制品制造，在生产过程中排放粉尘、噪声等污染物为由，根据《水污染防治法》第五十九条第一款之规定，作出责令该公司关闭的决定。某公司不服诉至法院，要求撤销上述决定。

上海市第一中级人民法院一审认为，原告从事的利用混凝土搅拌站生产、加工、销售混凝土的建设项目具有排放废气等污染物的特征，属于《水污染防治法》第五十九条第一款规定的在二级饮用水水源保护区已建成排放污染物建设项目，被告责令其关闭，事实认定清楚，适用法律正确，遂判决驳回原告诉讼请求。原告不服，继而上诉到上海市高级人民法院，上海市高级人民法院二审审理认为，上诉人从事的混凝土生产客观上存在粉尘排放，按照常理具有对水体产生影响的可能性，现有证据不能证明该粉尘排放确实没有对水体产生影响，区政府责令其关闭，于法有据，故判决驳回上诉、维持原判。

**【相关资料】**

《水污染防治法》第五十七条（2017 年版第六十四条）：在饮用水水源保护区内，禁止设置排污口。

《水污染防治法》第五十八条（2017 年版第六十五条）：禁止在饮用水水源一级保护区内新建、改建、扩建与供水设施和保护水源无关的建设项目；已建成的与供水设施和保护水源无关的建设项目，由县级以上人民政府责令拆除或者关闭。

《水污染防治法》第七十五条（2017 年版为第八十四条）：在饮用水水源保护区内设置排污口的，由县级以上地方人民政府责令限期拆除，处十万元以上五十万元以下的罚款；逾期不拆除的，强制拆除，所需费用由违法者承担，处五十万元以上一百万元以下的罚款，并可以责令停产整顿（修改为停产整治）。

除前款规定外，违反法律、行政法规和国务院环境保护主管部门的规定设置排污口或者私设暗管的，由县级以上地方人民政府环境保护主管部门责令限期拆除，处二万元以上十万元以下的罚款；逾期不拆除的，强制拆除，所需费用由违法者承担，处十万元以上五十万元以下的罚款；私设暗管或者有其他严重情节的，县级以上地方人民政府环境保护主管部门可以提请县级以上地方人民政府责令停产整顿（修改为停产整治）。

未经水行政主管部门或者流域管理机构同意，在江河、湖泊新建、改建、扩建排污口的，由县级以上人民政府水行政主管部门或者流域管理机构依据职权，依照前款规定采取措施、给予处罚。

《水污染防治法》（2017 年版）第八十四条：在饮用水水源保护区内设置排污口的，由县级以上地方人民政府责令限期拆除，处十万元以上五十万元以下的罚款；逾期不拆除的，强制拆除，所需费用由违法者承担，处五十万元以上一百万元以下的罚款，并可以责令停产整治。

除前款规定外，违反法律、行政法规和国务院环境保护主管部门的规定设置排污口的，由县级以上地方人民政府环境保护主管部门责令限期拆除，处二万元以上十万元以下的罚款；逾期不拆除的，强制拆除，所需费用由违法者承担，处十万元以上五十万元以下的罚款；情节严重的，可以责令停产整治。

未经水行政主管部门或者流域管理机构同意，在江河、湖泊新建、改建、扩建排污口的，由县级以上人民政府水行政主管部门或者流域管理机构依据职权，依照前款规定采取措施、给予处罚。

《水污染防治法》（2017 年版）第八十三条：违反本法规定，有下列行为之一的，由县级以上人民政府环境保护主管部门责令改正或者责令限制生产、停产整治，并处十万元以上一百万元以下的罚款；情节严重的，报经有批准权的人民政府批准，责令停业、关闭：

（一）未依法取得排污许可证排放水污染物的；（增加）

（二）超过水污染物排放标准或者超过重点水污染物排放总量控制指标排放水污染物的；（2008 年版第七十四条）

（三）利用渗井、渗坑、裂隙、溶洞，私设暗管，篡改、伪造监测数据，或者不正常运行水污染防治设施等逃避监管的方式排放水污染物的。（2008 年版第七十六条（七）、第七十五条、第七十二条、第七十三条）

【相关资料】

**关于执行《水污染防治法》第五十九条有关问题的复函**

环函〔2009〕33 号

贵州省环境保护局：

你局《关于如何理解和执行〈水污染防治法〉第五十九条中有关问题的请示》（黔环呈〔2008〕100 号）收悉。经研究，函复如下：

一、《水污染防治法》第五十九条规定“禁止在饮用水源二级保护区内新建、改建、扩建排放污染物的建设项目；已建成的排放污染物的建设项目，由县级以上人民政府责令拆除或者关闭”。上述规定中“排放污染物的建设项目”并非特指排放水污染物的建设项目，也应包括排放大气污染物、固体废物等其他污染物的建设项目。

二、根据《水污染防治法》第五十九条第一款规定，在饮用水源二级保护区内禁止存在排放污染物的建设项目。即使建设项目将排放的水污染物经城市排污管网转移至保护区外处理并排放，仍存在事故性排放的危险，威胁饮用水安全，因此，原则上不应审批此类建设项目。

环境保护部

二〇〇九年二月六日

## 案例二十七：违法偷排禁排水污染物案

【案情介绍】

2009 年 12 月上旬，上海市环境监察总队接到热线举报，称位于上海松江区叶榭镇车亭公路的某化工有限公司经常通过槽罐车在夜间向市政污水泵站倾倒高浓度废水，对环境造成危害。

上海市环境监察总队当即作出限期办案的批示，并落实专人负责查办。

办案人员首先通过污染源普查信息库和排污申报资料，对这家企业的基本情况进行全面了解。资料显示，该公司成立于 1983 年，最初为村办企业，1996 年转制为私营企业，从事维生素 $B_6$ 生产，生产过程中产生的高浓度化工废水委托专业的废水处置单位处理，需外运处置。因此，这家公司存在非法倾倒废水的可能。随后，办案人员对公司周围环境进行认真排摸，并确定了定点观察、跟踪追击的具体方案。

12 月 17 日 18 时左右，办案人员驱车至该公司外的观察点，实施守候伏击。19 时 30

分左右，一辆额定载重 20 t 的槽罐车开出厂门，沿车亭公路向南行驶。办案人员立即实施跟踪追击。槽罐车开至金山区亭卫公路 A30 桥下隐蔽处后停了下来，车内两名人员将市政下水道窨井盖打开，通过管道将车内液体倒入窨井中。办案人员立即采取行动控制了两名实施偷排行为的人员。正在偷排的废水外观呈紫黑色，且散发出浓烈的刺激性气味。办案人员随即对废水采样，并通知公安机关到场协助调查工作。废水经检测分析，pH 大于 12，色度达 5 000 倍，化学需氧量达 82 200 mg/L，所有指标均已超出国家规定的排放标准数百倍。两名涉案人员及车辆被公安机关当场控制。

翌日，办案人员到该公司进行进一步调查。通过核查台账和原始凭证，公司承认自 2009 年 6 月 10 日至 12 月 18 日，共以上述方式偷排高浓度废碱液 3 600 余 t。

检查中还发现，这家公司存在多项违法行为：①违反饮用水水源保护区内禁设排污口的规定，私设多根排污管道，将厂区内的生活污水直接排入外环境；②将属于危险废物的 200 余 t 废活性炭、1.5 t 油水混合物提供给无危险废物处置资质的单位从事经营活动。

环保部门根据相关环保法律法规，对其分别进行了立案查处，并通过市级新闻媒体进行案件曝光。

**【执法思考】**

近年来，类似该公司的违法案件屡有发生。部分中小企业为了节约成本、降低开支，不惜铤而走险，肆意偷排。从查处案件的情况来看，向市政设施偷排废液的情况正逐渐成为一个新的趋势。与直接向环境偷排不同，此类案件的隐蔽性强，查处的难度大。

通过此次查处过程，有以下思考：

（1）环保数据信息的完善是日常执法工作的良好基础。在前期调查过程中，主要通过污染源普查数据、排污申报核定数据等基础资料，详细了解了企业的基本情况，并从中分析到企业偷排的可能性，为开展后续工作提供了指导。因此，应更好地发挥现有各类环保数据信息的作用，为执法工作服务。

（2）前期的排摸和准备是查处违法行为的有力保障。先期，对违法企业的周边情况进行了认真排摸和定点观察，基本掌握了企业槽罐车的进出情况，初步确定了追踪对象。同时，预先实施了几次分段追踪，既不打草惊蛇，又大致了解了槽罐车的行车线路和偷排区域。通过掌握其活动规律，执法人员在查处违法行为时才能准确“抓现行”，做到“人赃俱获”。

（3）对偷排行为必须严格执法，力求“抓现行”。查处企业偷排这类案件，当场查处可以让违法企业无可辩驳。同时，对此类企业的执法不能仅仅局限在查处偷排上，还要贯彻精细化执法的理念，全面了解企业各类污染物的处理处置情况，彻底查处企业的所有违法行为。正如对这起案件的查处，在全面检查时又查处了多项其他环境违法行为。

（4）“12369”环保热线可以为环境执法提供线索。上海市“12369”环保热线已运行了 10 年，已成为群众反映环境问题的有效途径。几年来，查处的很多案件都源于热线电话接到的举报线索。环境执法要充分发挥“12369”热线电话的作用，使其成为环境执法的信息之源。

（5）执法人员的办案能力还需不断提高。近年来，在执法过程中发现，一些企业的隐蔽性违法能力、反“侦查”能力在不断提高，这对环境监察人员提出了更高要求。因此，有必要在日常工作中，组织环境监察人员开展有关侦查技巧、犯罪心理等学习，改变之前较单一的执法手段，更好地适应环境执法新形势。

## 案例二十八：撤销对渗坑排污的具体行政行为、责令重新作出具体行政行为案

【案情介绍】

2000 年 6 月初，某县经贸公司向县环保局、工商局提出投资建设苦味酸（俗称黄色炸药）生产项目的申请。某县环保局和工商局分别于 2000 年 6 月 24 日、6 月 27 日批准了该经贸公司的申请。某县经贸公司于 2000 年 8 月正式投入生产。2000 年 11 月 24 日，某市环保局接到某县群众举报称：某县经贸公司生产苦味酸，排放污水，造成对其周围环境严重污染。某市环保局经过调查，认为某县经贸公司未按《化学危险物品安全管理条例》的规定程序报批，擅自投资生产苦味酸，利用渗坑排放污水，造成厂区附近土壤及饮用水井水质污染。据此，认定该经贸公司的行为违反了《化学危险物品安全管理条例》和《水污染防治法》（1996 年修正）的规定，决定对经贸公司处罚如下：①立即停止苦味酸生产，拆除苦味酸生产设施；②罚款人民币 5 万元；③在一个月内清除所排废液及已污染的土壤。某县经贸公司不服某市环保局的行政处罚决定，遂向某市政府申请行政复议，请求撤销某市环保局的行政处罚决定。

在审理过程中，复议机关围绕本案的焦点问题，即投资生产苦味酸是否具有合法的审批手续，进行了全面调查、取证，并对经贸公司生产苦味酸进行了实地勘查，认为：某县经贸公司投资建设苦味酸生产项目，虽然经过申请并得到某县环保局和工商局的审查批准，但根据《民用爆炸物品管理条例》的规定，建立民用爆炸器材工厂，必须符合法定的前置审批条件，某县环保局和工商局审批同意投资建设苦味酸生产项目，属于越权许可行为。因此，某县经贸公司实际上并未真正取得合法的苦味酸生产资格，且在生产过程中造成对周围环境的污染。上述行为违反了《民用爆炸物品管理条例》和《水污染防治法》（1996 年版），依法应予以处罚。

但某市环保局作出的行政处罚决定明显适用法律错误：责令拆除生产设施无法律依据；罚款人民币 5 万元不适当。为此，某市政府决定撤销某市环保局的行政处罚决定，责令其重新作出具体行政行为。

【执法思考】

本案是一起典型的撤销具体行政行为并责令重新作出具体行政行为的复议案件。

本案中，行政复议机关对事实认定的比较清楚，更重要的是在如何适用法律和作出行

政复议决定的处理上比较妥当。主要表现在以下两个方面：

一是查清本案的申请、审批、建设、生产各个环节及造成环境污染的原因，这是认定过错并确认由谁承担法律责任的主要根据。

2000年8月，某县经贸公司投产苦味酸项目，是经县工商局、环保局审查批准的。根据《民用爆炸物品管理条例》第九条规定："建立民用爆炸器材工厂，必须由其主管部门提请所在省、自治区、直辖市主管爆炸器材生产部门会同有关部门审查同意，由兵器工业部根据国家计划审查批准，持批准文件和设计图纸，向所在地县（市）公安局申请许可，经审查符合规定，发给《民用爆炸物品生产安全许可证》，并向所在地工商局办理登记手续，取得营业执照后方可生产。"某县环保局、工商局显然违背了上述法定审批前置条件的规定，擅自审批同意县经贸公司投产苦味酸项目，属于越权许可，其行为无效。县经贸公司在未真正取得生产苦味酸资格的情况下，擅自投产，并在生产过程中采取"渗坑排放污水"的方法，造成了周围土壤和饮用水井水质污染的违法事实。上述事实的查明，为本案的正确处理奠定了基础，由谁来承担法律责任也就明确了。

二是在审理查明本案事实的基础上，重点审查具体行政行为的合法性和适当性，是正确作出复议结论的关键。第一，《民用爆炸物品管理条例》对建立民用爆炸物品器材工厂，从申请、审批、建设、生产等环节都作出了明确规定，县经贸公司的行为，显然是违反了上述规定。某市环保局认定某县经贸公司的行为，违反了《化学危险物品安全管理条例》的规定，并以此予以处罚，是适用法律错误。第二，某市环保局责令县经贸公司"拆除生产设备"，因法律没有明确授权，其要求属于无法律依据。第三，县经贸公司违规建设，擅自生产苦味酸，造成环境污染，应依法给予行政处罚。某市环保局根据有关规定，在1万元至10万元的处罚幅度内，对该公司处以人民币5万元罚款虽然合法，但由于县环保局、工商局在审批环节上有过错，根据《行政处罚法》"过罚相当"的原则，复议机关认为，对某县经贸公司罚款人民币5万元的额度偏高。

根据上述理由，某市政府作出撤销某市环保局的行政处罚决定，责令其重新作出具体行政行为的决定，无疑是正确的。这样处理既维护了企业的合法权益，又很好地发挥了行政机关内部层级监督的作用，促进了行政机关依法行政，较好地解决了行政机关与管理相对人的争议，复议双方都很满意。

## 案例二十九：暗道排放生产废水污染地下水案

【案情介绍】

2009年4月17日，某市环境保护局"12369"环境举报热线接到群众举报，某食品有限公司通过暗道将生产废水排入厂西侧的自然坑内，污染地下水。

某市环保局立即责成市环保监察支队会同某县环保局进行联合查处。在现场检查中，执法人员发现该厂留有一处隐蔽暗道，直接将生产废水排入厂西侧自然坑内，水质较差，执法人员提取了水样。监测结果是：COD 449 mg/L。执法人员制作了调查笔录，该厂负责人在笔录上签了字。市环境保护局以该厂行为违反了《水污染防治法》（2008 年版）第二十一条第二款的有关规定，依据第七十三条对其作出了立即改正违法行为、罚款十万元的行政处罚。该企业立即进行了停产整改，建设了 7 km 长的排放废水专用管道，实施污水处理再提高工程，经验收合格后方可恢复生产，并按时足额缴纳了罚款。

【执法思考】

本案中的食品有限公司通过暗道将生产废水排入厂西侧的自然坑内，污染了地下水。在现场检查中，环境监察人员发现了将生产废水直接排入无防渗漏设施的自然坑内的隐蔽暗道，并当场提取了水样，监测结果是：COD 449mg/L，属超标排放。

该市环保局根据国家环保总局 2003 年 177 号函中"通过埋设暗管或者其他隐蔽排放的方式，将污水或者其他污染物不经处理而排入环境"的解释认定本案中食品有限公司不正常使用污染治理设施，并依据《水污染防治法》（2008 年版）第七十三条罚款 10 万元。

《水污染防治法》（2008 年版）第七十三条规定：违反本法规定，不正常使用水污染物处理设施……由县级以上人民政府环境保护主管部门责令限期改正，处应缴纳排污费数额一倍以上三倍以下的罚款。

市环境保护局作出罚款 10 万元的行政处罚，这 10 万元是否是应缴排污费一倍以上三倍以下罚款不得而知，因此 10 万元罚款数额的认定缺乏证据支持。而且，该食品有限公司偷排的生产废水是否符合《水污染防治法》（2008 年版）第三十五条所说"含有毒污染物的废水、含病原体的污水和其他废弃物"，没有明确鉴定。

该案若以违反《水污染防治法》（2008 年版）第二十二条二款规定，依据该法第七十五条处罚将更为适宜。

【相关法律规定】

《水污染防治法》（2008 年版）第三十五条规定：禁止利用渗井、渗坑、裂隙和溶洞排放、倾倒含有毒污染物的废水、含病原体的污水和其他废弃物。

第二十二条二款规定：禁止私设暗管或者采取其他规避监管的方式排放水污染物。

第七十五条二款规定：……违反法律、行政法规和国务院环境保护主管部门的规定设置排污口或者私设暗管的，由县级以上地方人民政府环境保护主管部门责令限期拆除，处二万元以上十万元以下的罚款；逾期不拆除的，强制拆除，所需费用由违法者承担，处十万元以上五十万元以下的罚款；私设暗管或者有其他严重情节的，县级以上地方人民政府环境保护主管部门可以提请县级以上地方人民政府责令停产整顿。

### 案例三十：非规模化畜禽养殖违法案

【案情介绍】

2016 年 7 月 22 日，山东省某市环保局某区环境监察大队对某肉鸭养殖经营户检查时发现，该养殖户虽采用生物垫料发酵床，但因管理不善，垫料变质、菌种死亡，已无法起到分解养殖粪便的作用。大量养殖污水、粪便未经处理，通过沟渠汇集至东南角的简易土坑中。土坑既未采取硬化、防渗处理，也未建设遮雨棚等配套设施，并与南侧暗渠连通直至下游河流。现场检查时，土坑内的污水虽没有在排放中，但暗渠中有明显污水流淌痕迹。

经取样监测，该土坑中废水 COD 为 $3.46\times10^{3}$ mg/L，氨氮为 968 mg/L，均超过《山东省半岛流域水污染物综合排放标准》（DB 37/676—2007）中规定的（COD≤50 mg/L，氨氮≤5 mg/L）的标准。

依据《环境保护法》第四十二条第四款、《水污染防治法》（2008 年版）第二十二条第二款规定，某市环保局对该养殖场不正常运行污染防治设施、养殖废弃物通过渗坑直接外排的违法行为进行立案调查，并责令该养殖场立即停止排污，消除环境污染。

2016 年 8 月 19 日，某市环保局依据《行政主管部门移送适用行政拘留环境违法案件暂行办法》第五条规定，将案件移送公安机关，某市公安局某区分局对该养殖场负责人依法作出行政拘留 10 日的处罚决定。

**【执法思考】**

（1）公安部治安管理局编写的《〈行政主管部门移送适用行政拘留环境违法案件暂行办法〉理解与适用》释义中指出："在实践中，对违法行为做出的处理虽不属于《行政处罚法》规定的处罚类型，但只要有专门的文书，并加盖县级以上部门公章的，应视为已作出行政处罚决定。"

针对该养殖经营户不正常运行污染防治设施、养殖废弃物通过渗坑直接外排的违法事实，在作出"责令停止排污"决定后，可依据《环境保护法》第六十三条第三款移送公安机关。

（2）《畜禽规模养殖污染防治条例》明确将综合利用作为治理畜禽污染的根本途径，同时"对配备相应设施"在第十三条做出了明确规定："畜禽养殖场、养殖小区应当根据养殖规模和污染防治需要，建设相应的畜禽粪便、污水与雨水分流设施，畜禽粪便、污水的贮存设施，粪污厌氧消化和堆沤、有机肥加工、制取沼气、沼渣沼液分离和输送、污水处理、畜禽尸体处理等综合利用和无害化处理设施。"

本条所述"根据养殖规模和污染防治需要"意思就是所述的各种设施都属于"综合利用和无害化处理设施"，且这类设施的配备都要根据"需要"，并非强制要求必须要配备某种设施，如污水处理设施。换句话说，就是只要能实现废弃物无害化和综合利用，具体建设什么设施，要视"需要"而定。

（3）《水污染防治法》（2018 年版）第五十六条：国家支持畜禽养殖场、养殖小区建设畜禽粪便、废水的综合利用或者无害化处理设施。

畜禽养殖场、养殖小区应当保证其畜禽粪便、废水的综合利用或者无害化处理设施正常运转，保证污水达标排放，防止污染水环境。

畜禽散养密集区所在地县、乡级人民政府应当组织对畜禽粪便污水进行分户收集、集中处理利用。

（4）规模化畜禽养殖管理的相关法律规定：

《固体废物污染环境防治法》第二十条：从事畜禽规模养殖应当按照国家有关规定收集、贮存、利用或者处置养殖过程中产生的畜禽粪便，防止污染环境。

第七十一条：从事畜禽规模养殖未按照国家有关规定收集、贮存、处置畜禽粪便，造成环境污染的，由县级以上地方人民政府环境保护行政主管部门责令限期改正，可以处五万元以下的罚款。

《水污染防治法》（2008 年版）第四十九条：国家支持畜禽养殖场、养殖小区建设畜禽粪便、废水的综合利用或者无害化处理设施。

畜禽养殖场、养殖小区应当保证其畜禽粪便、废水的综合利用或者无害化处理设施正常运转，保证污水达标排放，防止污染水环境。

《畜禽规模养殖污染防治条例》第二条：本条例适用于畜禽养殖场、养殖小区的养殖污染防治。

畜禽养殖场、养殖小区的规模标准根据畜牧业发展状况和畜禽养殖污染防治要求确定。

牧区放牧养殖污染防治，不适用本条例。

**【相关法律规定】**

《环境保护法》

第四十二条第四款　严禁通过暗管、渗井、渗坑、灌注或者篡改、伪造监测数据，或者不正常运行防治污染设施等逃避监管的方式违法排放污染物。

《水污染防治法》（2008 年版）

第二十二条第二款　禁止私设暗管或者采取其他规避监管的方式排放水污染物。

《环境保护法》

第六十三条　企业事业单位和其他生产经营者有下列行为之一，尚不构成犯罪的，除依照有关法律法规规定予以处罚外，由县级以上人民政府环境保护主管部门或者其他有关部门将案件移送公安机关，对其直接负责的主管人员和其他直接责任人员，处十日以上十五日以下拘留；情节较轻的，处五日以上十日以下拘留：

（三）通过暗管、渗井、渗坑、灌注或者篡改、伪造监测数据，或者不正常运行防治污染设施等逃避监管的方式违法排放污染物的。

《行政主管部门移送适用行政拘留环境违法案件暂行办法》

第五条　《环境保护法》第六十三条第三项规定的通过暗管、渗井、渗坑、灌注等逃避监管的方式违法排放污染物，是指通过暗管、渗井、渗坑、灌注等不经法定排放口排放污染物等逃避监管的方式违法排放污染物：

暗管是指通过隐蔽的方式达到规避监管目的而设置的排污管道，包括埋入地下的水泥管、瓷管、塑料管等，以及地上的临时排污管道；

渗井、渗坑是指无防渗漏措施或起不到防渗作用的、封闭或半封闭的坑、池、塘、井和沟、渠等；

灌注是指通过高压深井向地下排放污染物。

【相关资料】

1. 2014年1月1日起施行的《畜禽规模养殖污染防治条例》(以下简称《条例》)，是国家第一部专门针对畜禽养殖污染防治的行政法规，明确畜牧业发展规划应当统筹考虑环境承载能力以及畜禽养殖污染防治要求，合理布局，科学确定畜禽养殖的品种、规模、总量。《条例》明确了禁养区划分标准、适用对象（畜禽养殖场、养殖小区）、激励和法律责任。

2. 2015年1月1日起施行的新《环境保护法》明确畜禽养殖场、养殖小区、定点屠宰企业等的选址、建设和管理应当符合有关法律法规规定。

3. 2015年4月，国务院发布"水十条"，明确要求，要科学划定畜禽养殖禁养区，2017年底前，依法关闭或搬迁禁养区内的畜禽养殖场（小区）和养殖专业户，京津冀、长三角、珠三角等区域提前一年完成。

4. 2015年8月，农业部发文，要求各级畜牧兽医行政主管部门要积极配合环保部门做好禁养区划定工作，及时报送禁养区划定情况。

5. 2015年11月，农业部出台《关于促进南方水网地区生猪养殖布局调整优化的指导意见》。意见提出，主产县要制定生猪养殖规划，合理划定适宜养殖区域和禁止建设畜禽养殖场和养殖小区的区域。禁养区按照《水污染防治行动计划》时限要求，由地方政府依法关闭或搬迁生猪规模养殖场，引导生猪养殖向非超载区转移。

6. 2016年5月，国务院发布"土十条"，要求明确合理确定畜禽养殖布局和规模，强化畜禽养殖污染防治。

7. 2016年11月，环保部、农业部发布《畜禽养殖禁养区划定技术指南》，将作为全国各地划定禁养区的依据。文件要求禁养区划定完成后，地方环保、农牧部门要按照地方政府统一部署，积极配合有关部门，协助做好禁养区内确需关闭或搬迁的已有养殖场关闭或搬迁工作。

8. 2016年12月，国务院印发《"十三五"生态环境保护规划》，要求2017年底前，各地区依法关闭或搬迁禁养区内的畜禽养殖场（小区）和养殖专业户。

# 第 3 章　大气污染的典型案例及其执法要点解析

## 3.1　概述

### 3.1.1　大气污染防治的法律规定

表 3-1　我国大气污染防治的法律规定

| 类型 | 文件名称 | 发布（修订、修正）实施时间 |
|---|---|---|
| 法律 | 《中华人民共和国大气污染防治法》 | 1987 年 9 月 5 日第六届全国人民代表大会常务委员会第二十二次会议通过<br>1995 年 8 月 29 日第八届全国人民代表大会常务委员会第十五次会议第一次修正<br>2000 年 4 月 29 日第九届全国人民代表大会常务委员会第十五次会议第一次修订<br>2015 年 8 月 29 日第十二届全国人民代表大会常务委员会第十六次会议第二次修订<br>2018 年 10 月 26 日第十三届全国人民代表大会常务委员会第六次会议第二次修正 |
| 行政法规 | 《消耗臭氧层物质管理条例》 | 2010 年 4 月 8 日，中华人民共和国国务院令　第 573 号<br>2010 年 6 月 1 日实施<br>2018 年 3 月 19 日根据《国务院关于修改和废止部分行政法规的决定》修订 |
| 行政规章及规范性文件 | 《大气污染防治行动计划》 | 2013 年 9 月 10 日，国发〔2013〕37 号 |
| | 《国家发改委、国家环保总局关于印发〈燃煤发电机组脱硫电价及脱硫设施运行管理办法（试行）〉的通知》 | 2007 年 5 月 29 日，发改价格〔2007〕1176 号 |
| | 《燃煤发电机组脱硫电价及脱硫设施运行管理办法（试行）》 | 2007 年 5 月 29 日，发改价格〔2007〕1176 号 |
| | 《高污染燃料目录》 | 2017 年 3 月 27 日国环规大气〔2017〕2 号 |

| 类型 | 文件名称 | 发布（修订、修正）实施时间 |
|---|---|---|
| 行政规章及规范性文件 | 《秸秆禁烧和综合利用管理办法》 | 1999年4月12日，环发〔1999〕98号 |
| | 《汽车排气污染监督管理办法》 | 1990年8月15日，环管字〔1990〕第359号<br>2010年12月22日修正 |
| | 《关于推进大气污染联控联防工作改善区域空气环境质量的指导意见》 | 2010年5月11日，国办发〔2010〕33号 |
| | 《关于明确执行高污染燃料目录有关问题的复函》 | 2017年5月11日，环办大气函〔2017〕749号 |
| | 《关于禁止生产以一氟二氯乙烷（HCFC-141b）为发泡剂的冰箱冷柜产品、冷藏集装箱产品、电热水器产品的公告》 | 2018年10月18日，生态环境部公告2018年第49号 |
| | 《关于醇基燃料锅炉执行标准有关问题的复函》 | 2015年12月24日，环函〔2015〕319号 |
| 地方性法规、规章 | 略 | |

## 3.1.2 违反大气污染防治法律规定应承担的责任

表 3-2 大气污染违法行为的法律责任

| 违法行为 | 处罚依据 | 法律责任 | 责任承担方式 | | 监管部门 |
|---|---|---|---|---|---|
| 拒绝进入现场等方式拒不接受监督管理部门检查的 | 《大气污染防治法》第二十九条 生态环境主管部门及其环境监察机构和其他负有大气环境保护监督管理职责的部门，有权通过现场检查监测、自动监测、遥感监测、远红外摄像等方式，对排放大气污染物的企业事业单位和其他生产经营者进行监督检查。被检查者应当如实反映情况，提供必要的资料。实施检查的部门、机构及其工作人员应当为被检查者保守商业秘密 | 《大气污染防治法》第九十八条 违反本法规定，以拒绝进入现场等方式拒不接受生态环境主管部门及其环境监察机构或者其他负有大气环境保护监督管理职责的部门的监督检查，或者在接受监督检查时弄虚作假的，由县级以上人民政府生态环境主管部门或者其他负有大气环境保护监督管理职责的部门责令改正，处二万元以上二十万元以下的罚款；构成违反治安管理行为的，由公安机关依法予以处罚。<br>《行政处罚法》第二十三条<br>《环境保护法》第六十三条<br>《治安管理处罚法》第五十条、第五十二条 | 责令改正，处二万元以上二十万元 | 构成违反治安管理行为的，由公安机关依法予以处罚 | 县级以上人民政府生态环境主管部门，其他负有大气环境保护监督管理职责的部门 |

| 违法行为 | 处罚依据 | 法律责任 | 责任承担方式 | | 监管部门 |
|---|---|---|---|---|---|
| 未依法取得排污许可证排放大气污染物 | 《大气污染防治法》第十九条　排放工业废气或者本法第七十八条规定名录中所列有毒有害大气污染物的企业事业单位、集中供热设施的燃煤热源生产运营单位以及其他依法实行排污许可管理的单位，应当取得排污许可证。<br>排污许可的具体办法和实施步骤由国务院规定 | 《大气污染防治法》第九十九条　违反本法规定，有下列行为之一的，由县级以上人民政府生态环境主管部门责令改正或者限制生产、停产整治，并处十万元以上一百万元以下的罚款；情节严重的，报经有批准权的人民政府批准，责令停业、关闭：<br>（一）未依法取得排污许可证排放大气污染物的。<br>《环境保护法》第六十三条 | 责令改正或者限制生产、停产整治，并处十万元以上一百万元以下的罚款；情节严重的，责令停业、关闭 | 构成违反治安管理条例行为的，由公安机关依法予以处罚 | 县级以上人民政府生态环境主管部门；报经有批准权的人民政府批准 |
| 超标或者超总量排放大气污染物的 | 《大气污染防治法》第十八条　企业事业单位和其他生产经营者建设对大气环境有影响的项目，应当依法进行环境影响评价、公开环境影响评价文件；向大气排放污染物的，应当符合大气污染物排放标准，遵守重点大气污染物排放总量控制要求。<br>第二十一条　国家对重点大气污染物排放实行总量控制 | 《大气污染防治法》第九十九条　违反本法规定，有下列行为之一的，由县级以上人民政府生态环境主管部门责令改正或者限制生产、停产整治，并处十万元以上一百万元以下的罚款；情节严重的，报经有批准权的人民政府批准，责令停业、关闭：<br>（二）超过大气污染物排放标准或者超过重点大气污染物排放总量控制指标排放大气污染物的。<br>《环境保护法》第六十条 | 责令改正或者限制生产、停产整治，并处十万元以上一百万元以下的罚款；情节严重的，责令停业、关闭 | | 县级以上人民政府生态环境主管部门；报经有批准权的人民政府批准 |
| 以逃避监管的方式排放大气污染物 | 《大气污染防治法》第二十条　企业事业单位和其他生产经营者向大气排放污染物的，应当依照法律法规和国务院环境保护主管部门的规定设置大气污染物排放口。<br>禁止通过偷排、篡改或者伪造监测数据、以逃避现场检查为目的的临时停产、非紧急情况下开启应急排放通道、不正常运行大气污染防治设施等逃避监管的方式排放大气污染物。<br>《环境保护法》第四十二条第四款 | 《大气污染防治法》第九十九条　违反本法规定，有下列行为之一的，由县级以上人民政府生态环境主管部门责令改正或者限制生产、停产整治，并处十万元以上一百万元以下的罚款；情节严重的，报经有批准权的人民政府批准，责令停业、关闭：<br>（三）通过逃避监管的方式排放大气污染物的。<br>《环境保护法》第六十三条 | 责令改正或者限制生产、停产整治，并处十万元以上一百万元以下的罚款；情节严重的，责令停业、关闭 | | 县级以上人民政府生态环境主管部门；报经有批准权的人民政府批准 |

| 违法行为 | 处罚依据 | 法律责任 | 责任承担方式 | 监管部门 |
|---|---|---|---|---|
| 侵占、损毁或者擅自移动、改变大气环境质量监测设施或者大气污染物排放自动监测设备 | 《大气污染防治法》第二十六条　禁止侵占、损毁或者擅自移动、改变大气环境质量监测设施和大气污染物排放自动监测设备 | 《大气污染防治法》第一百条　违反本法规定，有下列行为之一的，由县级以上人民政府生态环境主管部门责令改正，处二万元以上二十万元以下的罚款；拒不改正的，责令停产整治：<br>（一）侵占、损毁或者擅自移动、改变大气环境质量监测设施或者大气污染物排放自动监测设备的 | 责令改正，处二万元以上二十万元以下的罚款；拒不改正的，责令停产整治 | 县级以上人民政府生态环境主管部门 |
| 未按规定监测并保存原始监测记录 | 《大气污染防治法》第二十四条第一款　企业事业单位和其他生产经营者应当按照国家有关规定和监测规范，对其排放的工业废气和本法第七十八条规定名录中所列有毒有害大气污染物进行监测，并保存原始监测记录。其中，重点排污单位应当安装、使用大气污染物排放自动监测设备，与环境保护主管部门的监控设备联网，保证监测设备正常运行并依法公开排放信息。监测的具体办法和重点排污单位的条件由国务院环境保护主管部门规定 | 《大气污染防治法》第一百条　违反本法规定，有下列行为之一的，由县级以上人民政府生态环境主管部门责令改正，处二万元以上二十万元以下的罚款；拒不改正的，责令停产整治：<br>（二）未按照规定对所排放的工业废气和有毒有害大气污染物进行监测并保存原始监测记录的 | 责令改正，处二万元以上二十万元以下的罚款；拒不改正的，责令停产整治 | 县级以上人民政府生态环境主管部门 |
| 未按规定安装、使用自动监测设备或者未按规定联网，并保证监测设备正常运行 | 《大气污染防治法》第二十四条第一款　企业事业单位和其他生产经营者应当按照国家有关规定和监测规范，对其排放的工业废气和本法第七十八条规定名录中所列有毒有害大气污染物进行监测，并保存原始监测记录。其中，重点排污单位应当安装、使用大气污染物排放自动监测设备，与环境保护主管部门的监控设备联网，保证监测设备正常运行并依法公开排放信息。监测的具体办法和重点排污单位的条件由国务院环境保护主管部门规定 | 《大气污染防治法》第一百条　违反本法规定，有下列行为之一的，由县级以上人民政府生态环境主管部门责令改正，处二万元以上二十万元以下的罚款；拒不改正的，责令停产整治：<br>（三）未按照规定安装、使用大气污染物排放自动监测设备或者未按照规定与环境保护主管部门的监控设备联网，并保证监测设备正常运行的 | 责令改正，处二万元以上二十万元以下的罚款；拒不改正的，责令停产整治 | 县级以上人民政府生态环境主管部门 |

| 违法行为 | 处罚依据 | 法律责任 | 责任承担方式 | | 监管部门 |
|---|---|---|---|---|---|
| 重点排污单位不公开或者不如实公开自动监测数据 | 《大气污染防治法》第二十四条第一款　企业事业单位和其他生产经营者应当按照国家有关规定和监测规范，对其排放的工业废气和本法第七十八条规定名录中所列有毒有害大气污染物进行监测，并保存原始监测记录。其中，重点排污单位应当安装、使用大气污染物排放自动监测设备，与生态环境主管部门的监控设备联网，保证监测设备正常运行并依法公开排放信息。监测的具体办法和重点排污单位的条件由国务院环境保护主管部门规定。<br>《大气污染防治法》第二十五条　重点排污单位应当对自动监测数据的真实性和准确性负责。生态环境主管部门发现重点排污单位的大气污染物排放自动监测设备传输数据异常，应当及时进行调查 | 《大气污染防治法》第一百条　违反本法规定，有下列行为之一的，由县级以上人民政府生态环境主管部门责令改正，处二万元以上二十万元以下的罚款；拒不改正的，责令停产整治：<br>（四）重点排污单位不公开或者不如实公开自动监测数据的 | 责令改正，处二万元以上二十万元以下的罚款；拒不改正的，责令停产整治 | | 县级以上人民政府生态环境主管部门 |
| 未按照规定设置大气污染物排放口 | 《大气污染防治法》第二十条第一款　企业事业单位和其他生产经营者向大气排放污染物的，应当依照法律法规和国务院环境保护主管部门的规定设置大气污染物排放口 | 《大气污染防治法》第一百条　违反本法规定，有下列行为之一的，由县级以上人民政府生态环境主管部门责令改正，处二万元以上二十万元以下的罚款；拒不改正的，责令停产整治：<br>（五）未按照规定设置大气污染物排放口的 | 责令改正，处二万元以上二十万元以下的罚款；拒不改正的，责令停产整治 | | 县级以上人民政府生态环境主管部门 |
| 燃用不符合质量标准的煤炭、石油焦 | 《大气污染防治法》第三十五条第一款　国家禁止进口、销售和燃用不符合质量标准的煤炭，鼓励燃用优质煤炭。<br>第三十七条　石油炼制企业应当按照燃油质量标准生产燃油。<br>禁止进口、销售和燃用不符合质量标准的石油焦 | 《大气污染防治法》第一百零五条　违反本法规定，单位燃用不符合质量标准的煤炭、石油焦的，由县级以上人民政府生态环境主管部门责令改正，处货值金额一倍以上三倍以下的罚款 | 责令改正，处货值金额一倍以上三倍以下的罚款 | | 县级以上人民政府生态环境主管部门 |

| 违法行为 | 处罚依据 | 法律责任 | 责任承担方式 | 监管部门 |
|---|---|---|---|---|
| 在禁燃区内新建、扩建燃用高污染燃料的设施，或者未按照规定停止销售、燃用高污染燃料<br>在城市集中供热管网覆盖地区新建、扩建分散燃煤供热锅炉<br>未按照规定拆除已建成的不能达标排放的燃煤供热锅炉的 | 《大气污染防治法》第三十八条第二款　在禁燃区内，禁止销售、燃用高污染燃料；禁止新建、扩建燃用高污染燃料的设施，已建成的，应当在城市人民政府规定的期限内改用天然气、页岩气、液化石，油气、电或者其他清洁能源。<br>第三十九条　城市建设应当统筹规划，在燃煤供热地区，推进热电联产和集中供热。在集中供热管网覆盖地区，禁止新建、扩建分散燃煤供热锅炉；已建成的不能达标排放的燃煤供热锅炉，应当在城市人民政府规定的期限内拆除 | 《大气污染防治法》第一百零七条第一款　违反本法规定，在禁燃区内新建、扩建燃用高污染燃料的设施，或者未按照规定停止燃用高污染燃料，或者在城市集中供热管网覆盖地区新建、扩建分散燃煤供热锅炉，或者未按照规定拆除已建成的不能达标排放的燃煤供热锅炉的 | 没收燃用高污染燃料的设施，组织拆除燃煤供热锅炉，并处二万元以上二十万元以下的罚款 | 县级以上地方人民政府生态环境主管部门 |
| 生产、进口、销售或者使用不符合规定标准或者要求的锅炉 | 《大气污染防治法》第四十条　县级以上人民政府市场监督管理部门应当会同环境保护主管部门对锅炉生产、进口、销售和使用环节执行环境保护标准或者要求的情况进行监督检查；不符合环境保护标准或者要求的，不得生产、进口、销售和使用 | 《大气污染防治法》第一百零七条第二款　违反本法规定，生产、进口、销售或者使用不符合规定标准或者要求的锅炉，由县级以上人民政府市场监督、生态环境主管部门责令改正，没收违法所得，并处二万元以上二十万元以下的罚款 | 责令改正，没收违法所得，并处二万元以上二十万元以下的罚款 | 县级以上人民政府市场监督和生态环境主管部门 |
| 产生含挥发性有机物废气的生产和服务活动，未在密闭空间或者设备中进行<br>未按照规定安装、使用污染防治设施，或者未采取减少废气排放措施 | 《大气污染防治法》第四十五条　产生含挥发性有机物废气的生产和服务活动，应当在密闭空间或者设备中进行，并按照规定安装、使用污染防治设施；无法密闭的，应当采取措施减少废气排放 | 《大气污染防治法》第一百零八条　违反本法规定，有下列行为之一的，由县级以上人民政府生态环境主管部门责令改正，处二万元以上二十万元以下的罚款；拒不改正的，责令停产整治：<br>（一）产生含挥发性有机物废气的生产和服务活动，未在密闭空间或者设备中进行，未按照规定安装、使用污染防治设施，或者未采取减少废气排放措施的 | 责令改正，处二万元以上二十万元以下的罚款<br>拒不改正的，责令停产整治 | 县级以上人民政府生态环境主管部门 |

| 违法行为 | 处罚依据 | 法律责任 | 责任承担方式 | 监管部门 |
| --- | --- | --- | --- | --- |
| 工业涂装企业未使用低挥发性有机物含量涂料或者未建立、保存台账 | 《大气污染防治法》第四十六条　工业涂装企业应当使用低挥发性有机物含量的涂料，并建立台账，记录生产原料、辅料的使用量、废弃量、去向以及挥发性有机物含量。台账保存期限不得少于三年 | 《大气污染防治法》第一百零八条　违反本法规定，有下列行为之一的，由县级以上人民政府生态环境主管部门责令改正，处二万元以上二十万元以下的罚款；拒不改正的，责令停产整治：<br>（二）工业涂装企业未使用低挥发性有机物含量涂料或者未建立、保存台账的 | 责令改正，处二万元以上二十万元以下的罚款<br>拒不改正的，责令停产整治 | 县级以上人民政府生态环境主管部门 |
| 生产和使用有机溶剂的企业，未采取措施对管道、设备进行日常维护、维修，减少物料泄漏或者对泄漏的物料未及时收集处理 | 《大气污染防治法》第四十七条第一款　石油、化工以及其他生产和使用有机溶剂的企业，应当采取措施对管道、设备进行日常维护、维修，减少物料泄漏，对泄漏的物料应当及时收集处理 | 《大气污染防治法》第一百零八条　违反本法规定，有下列行为之一的，由县级以上人民政府生态环境主管部门责令改正，处二万元以上二十万元以下的罚款；拒不改正的，责令停产整治：<br>（三）石油、化工以及其他生产和使用有机溶剂的企业，未采取措施对管道、设备进行日常维护、维修，减少物料泄漏或者对泄漏的物料未及时收集处理的 | 责令改正，处二万元以上二十万元以下的罚款<br>拒不改正的，责令停产整治 | 县级以上人民政府生态环境主管部门 |
| 储油储气库、加油加气站和油罐车、气罐车等，未按照国家有关规定安装并正常使用油气回收装置 | 《大气污染防治法》第四十七条第二款　储油储气库、加油加气站、原油成品油码头、原油成品油运输船舶和油罐车、气罐车等，应当按照国家有关规定安装油气回收装置并保持正常使用 | 《大气污染防治法》第一百零八条　违反本法规定，有下列行为之一的，由县级以上人民政府生态环境主管部门责令改正，处二万元以上二十万元以下的罚款；拒不改正的，责令停产整治：<br>（四）储油储气库、加油加气站和油罐车、气罐车等，未按照国家有关规定安装并正常使用油气回收装置的 | 责令改正，处二万元以上二十万元以下的罚款<br>拒不改正的，责令停产整治 | 县级以上人民政府生态环境主管部门 |
| 未采取集中收集处理、密闭、围挡、遮盖、清扫、洒水等措施，控制、减少粉尘和气态污染物排放 | 《大气污染防治法》第四十八条　钢铁、建材、有色金属、石油、化工、制药、矿产开采等企业，应当加强精细化管理，采取集中收集处理等措施，严格控制粉尘和气态污染物的排放。<br>工业生产企业应当采取密闭、围挡、遮盖、清扫、洒水等措施，减少内部物料的堆存、传输、装卸等环节产生的粉尘和气态污染物的排放 | 《大气污染防治法》第一百零八条　违反本法规定，有下列行为之一的，由县级以上人民政府生态环境主管部门责令改正，处二万元以上二十万元以下的罚款；拒不改正的，责令停产整治：<br>（五）钢铁、建材、有色金属、石油、化工、制药、矿产开采等企业，未采取集中收集处理、密闭、围挡、遮盖、清扫、洒水等措施，控制、减少粉尘和气态污染物排放的 | 责令改正，处二万元以上二十万元以下的罚款<br>拒不改正的，责令停产整治 | 县级以上人民政府生态环境主管部门 |

| 违法行为 | 处罚依据 | 法律责任 | 责任承担方式 | | 监管部门 |
|---|---|---|---|---|---|
| 未回收利用产生的可燃性气体 | 《大气污染防治法》第四十九条　工业生产、垃圾填埋或者其他活动产生的可燃性气体应当回收利用，不具备回收利用条件的，应当进行污染防治处理。<br>可燃性气体回收利用装置不能正常作业的，应当及时修复或者更新。在回收利用装置不能正常作业期间确需排放可燃性气体的，应当将排放的可燃性气体充分燃烧或者采取其他控制大气污染物排放的措施，并向当地环境保护主管部门报告，按照要求限期修复或者更新 | 《大气污染防治法》第一百零八条　违反本法规定，有下列行为之一的，由县级以上人民政府生态环境主管部门责令改正，处二万元以上二十万元以下的罚款；拒不改正的，责令停产整治：<br>（六）工业生产、垃圾填埋或者其他活动中产生的可燃性气体未回收利用，不具备回收利用条件未进行防治污染处理，或者可燃性气体回收利用装置不能正常作业，未及时修复或者更新的 | 责令改正，处二万元以上二十万元以下的罚款<br>拒不改正的，责令停产整治 | | 县级以上人民政府生态环境主管部门 |
| 不具备回收利用条件且未进行防治污染处理 | | | | | |
| 可燃性气体回收利用装置不能正常作业，未及时修复或者更新 | | | | | |
| 生产、进口、销售或者使用国家综合性产业政策目录中禁止的设备和产品，采用国家综合性产业政策目录中禁止的工艺 | 《大气污染防治法》第二十七条　国家对严重污染大气环境的工艺、设备和产品实行淘汰制度。<br>国务院经济综合主管部门会同国务院有关部门确定严重污染大气环境的工艺、设备和产品淘汰期限，并纳入国家综合性产业政策目录。<br>生产者、进口者、销售者或者使用者应当在规定期限内停止生产、进口、销售或者使用列入前款规定目录中的设备和产品。工艺的采用者应当在规定期限内停止采用列入前款规定目录中的工艺。<br>被淘汰的设备和产品，不得转让给他人使用 | 《大气污染防治法》第一百零一条　违反本法规定，生产、进口、销售或者使用国家综合性产业政策目录中禁止的设备和产品，采用国家综合性产业政策目录中禁止的工艺，或者将淘汰的设备和产品转让给他人使用的，由县级以上人民政府经济综合主管部门、海关按照职责责令改正，没收违法所得，并处货值金额一倍以上三倍以下的罚款；拒不改正的，报经有批准权的人民政府批准，责令停业、关闭。进口行为构成走私的，由海关依法予以处罚 | 责令改正，没收违法所得，并处货值金额一倍以上三倍以下的罚款<br>拒不改正的，责令停业、关闭 | 进口行为构成走私的，由海关依法予以处罚；构成犯罪的，追究刑事责任 | 县级以上人民政府经济综合主管部门<br>海关<br>报经有批准权的人民政府批准 |
| 将淘汰的设备和产品转让给他人使用 | | | | | |
| 煤矿未按照规定建设配套煤炭洗选设施的 | 《大气污染防治法》第三十三条第一款　国家推行煤炭洗选加工，降低煤炭的硫分和灰分，限制高硫分、高灰分煤炭的开采。新建煤矿应当同步建设配套的煤炭洗选设施，使煤炭的硫分、灰分含量达到规定标准；已建成的煤矿除所采煤炭属于低硫分、低灰分或者根据已达标排放的燃煤电厂要求不需要洗选的以外，应当限期建成配套的煤炭洗选设施 | 《大气污染防治法》第一百零二条第一款　违反本法规定，煤矿未按照规定建设配套煤炭洗选设施的，由县级以上人民政府能源主管部门责令改正，处十万元以上一百万元以下的罚款；拒不改正的，报经有批准权的人民政府批准，责令停业、关闭 | 责令改正，处十万元以上一百万元以下的罚款；<br>拒不改正的责令停业、关闭 | | 县级以上人民政府能源主管部门<br>报经有批准权的人民政府批准 |

| 违法行为 | 处罚依据 | 法律责任 | 责任承担方式 | | 监管部门 |
|---|---|---|---|---|---|
| 开采含放射性和砷等有毒有害物质超过规定标准的煤炭 | 《大气污染防治法》第三十三条第二款　禁止开采含放射性和砷等有毒有害物质超过规定标准的煤炭 | 《大气污染防治法》第一百零二条第二款　违反本法规定，开采含放射性和砷等有毒有害物质超过规定标准的煤炭的，由县级以上人民政府按照国务院规定的权限责令停业、关闭 | 停业、关闭 | | 国务院规定的权限的县级以上人民政府 |
| 销售不符合质量标准的煤炭、石油焦 | 《大气污染防治法》第三十五条　国家禁止进口、销售和燃用不符合质量标准的煤炭，鼓励燃用优质煤炭。<br>第三十七条第二款　禁止进口、销售和燃用不符合质量标准的石油焦 | 《大气污染防治法》第一百零三条<br>(一)销售不符合质量标准的煤炭、石油焦的 | 责令改正，没收原材料、产品和违法所得，并处货值金额一倍以上三倍以下的罚款 | | 由县级以上地方人民政府市场监督管理部门 |
| 生产、销售挥发性有机物含量不符合质量标准或者要求的原材料和产品 | 《大气污染防治法》第四十四条　生产、进口、销售和使用含挥发性有机物的原材料和产品的，其挥发性有机物含量应当符合质量标准或者要求。国家鼓励生产、进口、销售和使用低毒、低挥发性有机溶剂 | 《大气污染防治法》第一百零三条<br>(二)生产、销售挥发性有机物含量不符合质量标准或者要求的原材料和产品的 | | | |
| 生产、销售不符合标准的机动车船和非道路移动机械用燃料 | 《大气污染防治法》第六十五条　禁止生产、进口、销售不符合标准的机动车船、非道路移动机械用燃料；<br>禁止向汽车和摩托车销售普通柴油以及其他非机动车用燃料；<br>禁止向非道路移动机械、内河和江海直达船舶销售渣油和重油 | 《大气污染防治法》第一百零三条<br>(三)生产、销售不符合标准的机动车船和非道路移动机械用燃料、发动机油、氮氧化物还原剂、燃料和润滑油添加剂以及其他添加剂的 | | | |
| 销售不符合标准的发动机油、氮氧化物还原剂、燃料和润滑油添加剂以及其他添加剂 | 第六十六条　发动机油、氮氧化物还原剂、燃料和润滑油添加剂以及其他添加剂的有害物质含量和其他大气环境保护指标，应当符合有关标准的要求，不得损害机动车船污染控制装置效果和耐久性，不得增加新的大气污染物排放 | | | | |
| 在禁燃区内销售高污染燃料 | 《大气污染防治法》第三十八条第二款　在禁燃区内，禁止销售、燃用高污染燃料；禁止新建、扩建燃用高污染燃料的设施，已建成的，应当在城市人民政府规定的期限内改用天然气、页岩气、液化石油气、电或者其他清洁能源 | 《大气污染防治法》第一百零三条<br>(四)在禁燃区内销售高污染燃料的 | | | |

<table>
<tr><th>违法行为</th><th>处罚依据</th><th>法律责任</th><th colspan="2">责任承担方式</th><th>监管部门</th></tr>
<tr><td>进口不符合质量标准的煤炭、石油焦</td><td>《大气污染防治法》第三十五条　国家禁止进口、销售和燃用不符合质量标准的煤炭，鼓励燃用优质煤炭。<br>第三十七条第二款　禁止进口、销售和燃用不符合质量标准的石油焦</td><td>《大气污染防治法》第一百零四条<br>（一）进口不符合质量标准的煤炭、石油焦的</td><td rowspan="3">责令改正，没收原材料、产品和违法所得，并处货值金额一倍以上三倍以下的罚款</td><td rowspan="3">构成走私的，由海关依法予以处罚</td><td rowspan="3">海关</td></tr>
<tr><td>进口挥发性有机物含量不符合质量标准或者要求的原材料和产品</td><td>《大气污染防治法》第四十四条　生产、进口、销售和使用含挥发性有机物的原材料和产品的，其挥发性有机物含量应当符合质量标准或者要求。<br>国家鼓励生产、进口、销售和使用低毒、低挥发性有机溶剂</td><td>《大气污染防治法》第一百零四条<br>（二）进口挥发性有机物含量不符合质量标准或者要求的原材料和产品的</td></tr>
<tr><td>进口不符合标准的机动车船和非道路移动机械用燃料、发动机油、氮氧化物还原剂、燃料和润滑油添加剂以及其他添加剂</td><td>《大气污染防治法》第六十五条　禁止生产、进口、销售不符合标准的机动车船、非道路移动机械用燃料；<br>禁止向汽车和摩托车销售普通柴油以及其他非机动车用燃料；<br>禁止向非道路移动机械、内河和江海直达船舶销售渣油和重油</td><td>《大气污染防治法》第一百零四条<br>（三）进口不符合标准的机动车船和非道路移动机械用燃料、发动机油、氮氧化物还原剂、燃料和润滑油添加剂以及其他添加剂的</td></tr>
<tr><td>使用不符合标准或者要求的船舶用燃油</td><td>《大气污染防治法》第六十三条　内河和江海直达船舶应当使用符合标准的普通柴油。远洋船舶靠港后应当使用符合大气污染物控制要求的船舶用燃油</td><td>《大气污染防治法》第一百零六条　违反本法规定，使用不符合标准或者要求的船舶用燃油的，由海事管理机构、渔业主管部门按照职责处一万元以上十万元以下的罚款</td><td>处一万元以上十万元以下的罚款</td><td></td><td>海事管理机构、渔业主管部门</td></tr>
<tr><td>生产超过污染物排放标准的机动车、非道路移动机械</td><td>《大气污染防治法》第五十一条　机动车船、非道路移动机械不得超过标准排放大气污染物。<br>禁止生产、进口或者销售大气污染物排放超过标准的机动车船、非道路移动机械</td><td>《大气污染防治法》第一百零九条第一款　违反本法规定，生产超过污染物排放标准的机动车、非道路移动机械的，由省级以上人民政府生态环境主管部门责令改正，没收违法所得，并处货值金额一倍以上三倍以下的罚款，没收销毁无法达到污染物排放标准的机动车、非道路移动机械；<br>拒不改正的，责令停产整治，并由国务院机动车生产主管部门责令停止生产该车型</td><td>责令改正，没收违法所得，并处货值金额一倍以上三倍以下的罚款，没收销毁无法达到污染物排放标准的机动车、非道路移动机械；<br>拒不改正的，责令停产整治，并责令停止生产该车型</td><td></td><td>省级以上人民政府生态环境主管部门国务院机动车生产主管部门</td></tr>
</table>

| 违法行为 | 处罚依据 | 法律责任 | 责任承担方式 | | 监管部门 |
|---|---|---|---|---|---|
| 对发动机、污染控制装置弄虚作假、以次充好，冒充排放检验合格产品出厂销售 | 《大气污染防治法》第五十二条第一款　机动车、非道路移动机械生产企业应当对新生产的机动车和非道路移动机械进行排放检验。经检验合格的，方可出厂销售。检验信息应当向社会公开。<br>第五十九条　在用重型柴油车、非道路移动机械未安装污染控制装置或者污染控制装置不符合要求，不能达标排放的，应当加装或者更换符合要求的污染控制装置 | 《大气污染防治法》第一百零九第二款　违反本法规定，机动车、非道路移动机械生产企业对发动机、污染控制装置弄虚作假、以次充好，冒充排放检验合格产品出厂销售的，由省级以上人民政府环境保护主管部门责令停产整治，没收违法所得，并处货值金额一倍以上三倍以下的罚款，没收销毁无法达到污染物排放标准的机动车、非道路移动机械，并由国务院机动车生产主管部门责令停止生产该车型 | 责令停产整治，没收违法所得，并处货值金额一倍以上三倍以下的罚款，没收销毁无法达到污染物排放标准的机动车、非道路移动机械，并责令停止生产该车型 | | 省级以上人民政府生态环境主管部门国务院机动车生产主管部门 |
| 进口、销售超过污染物排放标准的机动车、非道路移动机械 | 《大气污染防治法》第五十一条　机动车船、非道路移动机械不得超过标准排放大气污染物。<br>禁止生产、进口或者销售大气污染物排放超过标准的机动车船、非道路移动机械。<br>(《进出口商品检验法实施条例》《海关法》相关规定) | 《大气污染防治法》第一百一十条　违反本法规定，进口、销售超过污染物排放标准的机动车、非道路移动机械的，由县级以上人民政府市场监督管理部门按照职责没收违法所得，并处货值金额一倍以上三倍以下的罚款，没收销毁无法达到污染物排放标准的机动车、非道路移动机械；进口行为构成走私的，由海关依法予以处罚。<br>违反本法规定，销售的机动车、非道路移动机械不符合污染杨徘放标准的，销售者应当负责修理、更换、退货；给购买者造成损失的，销售者应当赔偿损失 | 没收违法所得，并处货值金额一倍以上三倍以下的罚款，没收销毁无法达到污染物排放标准的机动车、非道路移动机械 | 进口行为构成走私的，由海关依法予以处罚 | 县级以上人民政府市场监督管理部门、出入境检验检疫机构 |

| 违法行为 | 处罚依据 | 法律责任 | 责任承担方式 | | 监管部门 |
|---|---|---|---|---|---|
| 机动车生产、进口企业未按照规定向社会公布其生产、进口机动车车型的排放检验信息或者污染控制技术信息 | 《大气污染防治法》第五十四条　机动车排放检验机构应当依法通过计量认证，使用经依法检定合格的机动车排放检验设备，按照国务院环境保护主管部门制定的规范，对机动车进行排放检验，并与环境保护主管部门联网，实现检验数据实时共享。机动车排放检验机构及其负责人对检验数据的真实性和准确性负责。<br>生态环境主管部门和认证认可监督管理部门应当对机动车排放检验机构的排放检验情况进行监督检查。<br>第五十五条　机动车生产、进口企业应当向社会公布其生产、进口机动车车型的排放检验信息、污染控制技术信息和有关维修技术信息 | 《大气污染防治法》第一百一十一条一款　违反本法规定，机动车生产、进口企业未按照规定向社会公布其生产、进口机动车车型的排放检验信息或者污染控制技术信息的，由省级以上人民政府环境保护主管部门责令改正，处五万元以上五十万元以下的罚款 | 责令改正，处五万元以上五十万元以下的罚款 | | 省级以上人民政府生态环境主管部门 |
| 机动车生产、进口企业未按照规定向社会公布其生产、进口机动车车型的有关维修技术信息 | 《大气污染防治法》第五十四条　机动车排放检验机构应当依法通过计量认证，使用经依法检定合格的机动车排放检验设备，按照国务院环境保护主管部门制定的规范，对机动车进行排放检验，并与环境保护主管部门联网，实现检验数据实时共享。机动车排放检验机构及其负责人对检验数据的真实性和准确性负责。<br>生态环境主管部门和认证认可监督管理部门应当对机动车排放检验机构的排放检验情况进行监督检查。<br>第五十五条　机动车生产、进口企业应当向社会公布其生产、进口机动车车型的排放检验信息、污染控制技术信息和有关维修技术信息 | 《大气污染防治法》第一百一十一条二款　违反本法规定，机动车生产、进口企业未按照规定向社会公布其生产、进口机动车车型的有关维修技术信息的，由省级以上人民政府交通运输主管部门责令改正，处五万元以上五十万元以下的罚款 | 责令改正，处五万元以上五十万元以下的罚款 | | 省级以上人民政府交通运输主管部门 |

| 违法行为 | 处罚依据 | 法律责任 | 责任承担方式 | 监管部门 |
|---|---|---|---|---|
| 伪造机动车、非道路移动机械排放检验结果<br>出具虚假排放检验报告的 | 《大气污染防治法》第五十二条第一款 机动车、非道路移动机械生产企业应当对新生产的机动车和非道路移动机械进行排放检验。经检验合格的，方可出厂销售。检验信息应当向社会公开。<br>第五十三条第一款 在用机动车应当按照国家或者地方的有关规定，由机动车排放检验机构定期对其进行排放检验。经检验合格的，方可上道路行驶。未经检验合格的，公安机关交通管理部门不得核发安全技术检验合格标志 | 《大气污染防治法》第一百一十二条第一款 违反本法规定，伪造机动车、非道路移动机械排放检验结果或者出具虚假排放检验报告的，由县级以上人民政府生态环境主管部门没收违法所得，并处十万元以上五十万元以下的罚款；<br>情节严重的，由负责资质认定的部门取消其检验资格 | 没收违法所得，并处十万元以上五十万元以下的罚款；<br>情节严重的取消其检验资格 | 县级以上人民政府生态环境主管部门<br>负责资质认定的部门 |
| 伪造船舶排放检验结果或者出具虚假排放检验报告 | 《大气污染防治法》第六十二条 船舶检验机构对船舶发动机及有关设备进行排放检验。经检验符合国家排放标准的，船舶方可运营 | 《大气污染防治法》第一百一十二条第二款 违反本法规定，伪造船舶排放检验结果或者出具虚假排放检验报告的，由海事管理机构依法予以处罚 | 依法予以处罚 | 海事管理机构 |
| 以临时更换机动车污染控制装置等弄虚作假的方式通过机动车排放检验<br>破坏机动车车载排放诊断系统 | 《大气污染防治法》第五十五条第三款 禁止机动车所有人以临时更换机动车污染控制装置等弄虚作假的方式通过机动车排放检验。禁止机动车维修单位提供该类维修服务。禁止破坏机动车车载排放诊断系统 | 《大气污染防治法》第一百一十二条第三款 违反本法规定，以临时更换机动车污染控制装置等弄虚作假的方式通过机动车排放检验或者破坏机动车车载排放诊断系统的，由县级以上人民政府环境保护主管部门责令改正，对机动车所有人处五千元的罚款；对机动车维修单位处每辆机动车五千元的罚款 | 责令改正，对机动车所有人处五千元的罚款；<br>对机动车维修单位处每辆机动车五千元的罚款 | 县级以上人民政府生态环境主管部门 |

| 违法行为 | 处罚依据 | 法律责任 | 责任承担方式 | 监管部门 |
|---|---|---|---|---|
| 机动车驾驶人驾驶排放检验不合格的机动车上道路行驶 | 《大气污染防治法》第五十三条　在用机动车应当按照国家或者地方的有关规定，由机动车排放检验机构定期对其进行排放检验。经检验合格的，方可上道路行驶。未经检验合格的，公安机关交通管理部门不得核发安全技术检验合格标志。<br>县级以上地方人民政府环境保护主管部门可以在机动车集中停放地、维修地对在用机动车的大气污染物排放状况进行监督抽测；在不影响正常通行的情况下，可以通过遥感监测等技术手段对在道路上行驶的机动车的大气污染物排放状况进行监督抽测，公安机关交通管理部门予以配合。<br>《道路交通安全法》；<br>地方性法规：如《北京市大气污染防治条例》第115条、《天津市大气污染防治条例》第84条 | 《大气污染防治法》第一百一十三条　违反本法规定，机动车驾驶人驾驶排放检验不合格的机动车上道路行驶的，由公安机关交通管理部门依法予以处罚 | 依法予以处罚 | 公安机关交通管理部门 |
| 使用排放不合格的非道路移动机械 | 《大气污染防治法》第五十一条一款　机动车船、非道路移动机械不得超过标准排放大气污染物。<br>第五十六条　环境保护主管部门应当会同交通运输、住房城乡建设、农业行政、水行政等有关部门对非道路移动机械的大气污染物排放状况进行监督检查，排放不合格的，不得使用。<br>第五十九条　在用重型柴油车、非道路移动机械未安装污染控制装置或者污染控制装置不符合要求，不能达标排放的，应当加装或者更换符合要求的污染控制装置 | 《大气污染防治法》第一百一十四条一款　违反本法规定，使用排放不合格的非道路移动机械，或者在用重型柴油车、非道路移动机械未按照规定加装、更换污染控制装置的，由县级以上人民政府环境保护等主管部门按照职责责令改正，处五千元的罚款 | 责令改正，处五千元的罚款 | 县级以上人民政府生态环境等主管部门 |
| 在用重型柴油车、非道路移动机械未按照规定加装、更换污染控制装置 | | | | |

| 违法行为 | 处罚依据 | 法律责任 | 责任承担方式 | 监管部门 |
|---|---|---|---|---|
| 在禁止使用高排放非道路移动机械的区域使用高排放非道路移动机械 | 《大气污染防治法》第六十一条　城市人民政府可以根据大气环境质量状况，划定并公布禁止使用高排放非道路移动机械的区域 | 《大气污染防治法》第一百一十四条二款　反本法规定，在禁止使用高排放非道路移动机械的区域使用高排放非道路移动机械的，由城市人民政府生态环境等主管部门依法予以处罚 | 依法予以处罚 | 城市人民政府生态环境等主管部门 |
| 施工工地未设置硬质密闭围挡，或者未采取覆盖、分段作业、择时施工、洒水抑尘、冲洗地面和车辆等有效防尘降尘措施 | 《大气污染防治法》第六十九条三款　建筑土方、工程渣土、建筑垃圾应当及时清运；在场地内堆存的，应当采用密闭式防尘网遮盖。工程渣土、建筑垃圾应当进行资源化处理 | 《大气污染防治法》第一百一十五条<br>（一）施工工地未设置硬质密闭围挡，或者未采取覆盖、分段作业、择时施工、洒水抑尘、冲洗地面和车辆等有效防尘降尘措施的 | 责令改正，处一万元以上十万元以下的罚款；<br>拒不改正的，责令停工整治 | 县级以上人民政府住房城乡建设等主管部门 |
| 建筑土方、工程渣土、建筑垃圾未及时清运，或者未采用密闭式防尘网遮盖 | 《大气污染防治法》第六十九条三款　……建筑土方、工程渣土、建筑垃圾应当及时清运；在场地内堆存的，应当采用密闭式防尘网遮盖 | 《大气污染防治法》第一百一十五条<br>（二）建筑土方、工程渣土、建筑垃圾未及时清运，或者未采用密闭式防尘网遮盖的 | | |
| 建设单位未对暂时不能开工的建设用地的裸露地面进行覆盖 | 《大气污染防治法》第六十五条第五款　暂时不能开工的建设用地，建设单位应当对裸露地面进行覆盖；超过三个月的，应当进行绿化、铺装或者遮盖 | 《大气污染防治法》第一百一十五条　违反本法规定，建设单位未对暂时不能开工的建设用地的裸露地面进行覆盖，或者未对超过三个月不能开工的建设用地的裸露地面进行绿化、铺装或者遮盖的，由县级以上人民政府住房城乡建设等主管部门依照前款规定予以处罚 | | |
| 未对超过三个月不能开工的建设用地的裸露地面进行绿化、铺装或者遮盖 | | | | |
| 运输煤炭、垃圾、渣土、砂石、土方、灰浆等散装、流体物料的车辆，未采取密闭或者其他措施防止物料遗撒 | 《大气污染防治法》第七十条一款　运输煤炭、垃圾、渣土、砂石、土方、灰浆等散装、流体物料的车辆应当采取密闭或者其他措施防止物料遗撒造成扬尘污染，并按照规定路线行驶 | 《大气污染防治法》第一百一十六条　违反本法规定，运输煤炭、垃圾、渣土、砂石、土方、灰浆等散装、流体物料的车辆，未采取密闭或者其他措施防止物料遗撒的，由县级以上地方人民政府确定的监督管理部门责令改正，处二千元以上二万元以下的罚款；拒不改正的，车辆不得上道路行驶 | 责令改正，处二千元以上二万元以下的罚款；<br>拒不改正的，车辆不得上道路行驶 | 县级以上地方人民政府确定的监督管理部门 |

| 违法行为 | 处罚依据 | 法律责任 | 责任承担方式 | 监管部门 |
| --- | --- | --- | --- | --- |
| 未密闭煤炭、煤矸石、煤渣、煤灰、水泥、石灰、石膏、砂土等易产生扬尘的物料 | 《大气污染防治法》第七十二条第一款　贮存煤炭、煤矸石、煤渣、煤灰、水泥、石灰、石膏、砂土等易产生扬尘的物料应当密闭；不能密闭的，应当设置不低于堆放物高度的严密围挡，并采取有效覆盖措施防治扬尘污染 | 《大气污染防治法》第一百一十七条　违反本法规定，有下列行为之一的，由县级以上人民政府生态环境等主管部门按照职责责令改正，处一万元以上十万元以下的罚款；拒不改正的，责令停工整治或者停业整治：<br>（一）未密闭煤炭、煤矸石、煤渣、煤灰、水泥、石灰、石膏、砂土等易产生扬尘的物料的 | 责令改正，处一万元以上十万元以下的罚款；<br>拒不改正的，责令停工整治或者停业整治 | 县级以上人民政府生态环境等主管部门 |
| 对不能密闭的易产生扬尘的物料，未设置不低于堆放物高度的严密围挡，或者未采取有效覆盖措施防治扬尘污染 | 《大气污染防治法》第七十二条第一款　贮存煤炭、煤矸石、煤渣、煤灰、水泥、石灰、石膏、砂土等易产生扬尘的物料应当密闭；不能密闭的，应当设置不低于堆放物高度的严密围挡，并采取有效覆盖措施防治扬尘污染 | 《大气污染防治法》第一百一十七条<br>（二）对不能密闭的易产生扬尘的物料，未设置不低于堆放物高度的严密围挡，或者未采取有效覆盖措施防治扬尘污染的 | | |
| 装卸物料未采取密闭或者喷淋等方式控制扬尘排放 | 《大气污染防治法》第七十条第二款　装卸物料应当采取密闭或者喷淋等方式防治扬尘污染 | 《大气污染防治法》第一百一十七条<br>（三）装卸物料未采取密闭或者喷淋等方式控制扬尘排放的 | | |
| 存放煤炭、煤矸石、煤渣、煤灰等物料，未采取防燃措施 | 《大气污染防治法》第三十五条第二款　单位存放煤炭、煤矸石、煤渣、煤灰等物料，应当采取防燃措施，防止大气污染 | 《大气污染防治法》第一百一十七条<br>（四）存放煤炭、煤矸石、煤渣、煤灰等物料，未采取防燃措施的 | | |
| 码头、矿山、填埋场和消纳场未采取有效措施防治扬尘污染 | 《大气污染防治法》第七十二条第二款　码头、矿山、填埋场和消纳场应当实施分区作业，并采取有效措施防治扬尘污染 | 《大气污染防治法》第一百一十七条<br>（五）码头、矿山、填埋场和消纳场未采取有效措施防治扬尘污染的 | | |

| 违法行为 | 处罚依据 | 法律责任 | 责任承担方式 | | 监管部门 |
|---|---|---|---|---|---|
| 排放有毒有害大气污染物的企业事业单位未按照规定建设环境风险预警体系 | 《大气污染防治法》第七十八条　国务院环境保护主管部门应当会同国务院卫生行政部门，根据大气污染物对公众健康和生态环境的危害和影响程度，公布有毒有害大气污染物名录，实行风险管理。<br>排放前款规定名录中所列有毒有害大气污染物的企业事业单位，应当按照国家有关规定建设环境风险预警体系，对排放口和周边环境进行定期监测，评估环境风险，排查环境安全隐患，并采取有效措施防范环境风险 | 《大气污染防治法》第一百一十七条<br>（六）排放有毒有害大气污染物名录中所列有毒有害大气污染物的企业事业单位，未按照规定建设环境风险预警体系或者对排放口和周边环境进行定期监测、排查环境安全隐患并采取有效措施防范环境风险的 | 责令改正，处一万元以上十万元以下的罚款；<br>拒不改正的，责令停工整治或者停业整治 | | |
| 排放有毒有害大气污染物的企业事业单位未按照规定对排放口和周边环境进行定期监测 | | | | | |
| 排放有毒有害大气污染物的企业事业单位未按照规定排查环境安全隐患 | | | | | |
| 排放有毒有害大气污染物的企业事业单位未按照规定采取有效措施防范环境风险 | | | | | |
| 未按照国家有关规定采取有利于减少持久性有机污染物排放的技术方法和工艺，配备净化装置 | 《大气污染防治法》第七十九条　向大气排放持久性有机污染物的企业事业单位和其他生产经营者以及废弃物焚烧设施的运营单位，应当按照国家有关规定，采取有利于减少持久性有机污染物排放的技术方法和工艺，配备有效的净化装置，实现达标排放 | 《大气污染防治法》第一百一十七条<br>（七）向大气排放持久性有机污染物的企业事业单位和其他生产经营者以及废弃物焚烧设施的运营单位，未按照国家有关规定采取有利于减少持久性有机污染物排放的技术方法和工艺，配备净化装置的 | | | |
| 未采取措施防止恶臭气体排放 | 《大气污染防治法》第八十条　企业事业单位和其他生产经营者在生产经营活动中产生恶臭气体的，应当科学选址，设置合理的防护距离，并安装净化装置或者采取其他措施，防止排放恶臭气体 | 《大气污染防治法》第一百一十七条<br>（八）未采取措施防止排放恶臭气体的 | | | |

| 违法行为 | 处罚依据 | 法律责任 | 责任承担方式 | | 监管部门 |
| --- | --- | --- | --- | --- | --- |
| 排放油烟的餐饮服务业经营者未安装油烟净化设施超过排放标准排放油烟 | 《大气污染防治法》第八十一条第一款　排放油烟的餐饮服务业经营者应当安装油烟净化设施并保持正常使用，或者采取其他油烟净化措施，使油烟达标排放，并防止对附近居民的正常生活环境造成污染 | 《大气污染防治法》第一百一十八条第一款　违反本法规定，排放油烟的餐饮服务业经营者未安装油烟净化设施、不正常使用油烟净化设施或者未采取其他油烟净化措施，超过排放标准排放油烟的，由县级以上地方人民政府确定的监督管理部门责令改正，处五千元以上五万元以下的罚款；拒不改正的，责令停业整治 | 责令改正，处五千元以上五万元以下的罚款；拒不改正的，责令停业整治 | | 县级以上地方人民政府确定的监督管理部门 |
| 排放油烟的餐饮服务业经营者不正常使用油烟净化设施超过排放标准排放油烟 | | | | | |
| 排放油烟的餐饮服务业经营者未采取其他油烟净化措施超过排放标准排放油烟 | | | | | |
| 在居民住宅楼、未配套设立专用烟道的商住综合楼、商住综合楼内与居住层相邻的商业楼层内新建、改建、扩建产生油烟、异味、废气的餐饮服务项目 | 《大气污染防治法》第八十一条第二款　禁止在居民住宅楼、未配套设立专用烟道的商住综合楼以及商住综合楼内与居住层相邻的商业楼层内新建、改建、扩建产生油烟、异味、废气的餐饮服务项目。<br>任何单位和个人不得在当地人民政府禁止的区域内露天烧烤食品或者为露天烧烤食品提供场地 | 《大气污染防治法》第一百一十八条第二款　违反本法规定，在居民住宅楼、未配套设立专用烟道的商住综合楼、商住综合楼内与居住层相邻的商业楼层内新建、改建、扩建产生油烟、异味、废气的餐饮服务项目的，由县级以上地方人民政府确定的监督管理部门责令改正；拒不改正的，予以关闭，并处一万元以上十万元以下的罚款 | 责令改正；拒不改正的，予以关闭，并处一万元以上十万元以下的罚款 | | 县级以上地方人民政府确定的监督管理部门 |

| 违法行为 | 处罚依据 | 法律责任 | 责任承担方式 | 监管部门 |
| --- | --- | --- | --- | --- |
| 在当地人民政府禁止的时段和区域内露天烧烤食品或者为露天烧烤食品提供场地 | 《大气污染防治法》第八十一条第三款　任何单位和个人不得在当地人民政府禁止的区域内露天烧烤食品或者为露天烧烤食品提供场地。<br>第九十六条第一款　县级以上地方人民政府应当依据重污染天气的预警等级，及时启动应急预案，根据应急需要可以采取责令有关企业停产或者限产、限制部分机动车行驶、禁止燃放烟花爆竹、停止工地土石方作业和建筑物拆除施工、停止露天烧烤、停止幼儿园和学校组织的户外活动、组织开展人工影响天气作业等应急措施 | 《大气污染防治法》第一百一十八第三款　违反本法规定，在当地人民政府禁止的时段和区域内露天烧烤食品或者为露天烧烤食品提供场地的，由县级以上地方人民政府确定的监督管理部门责令改正，没收烧烤工具和违法所得，并处五百元以上二万元以下的罚款 | 责令改正，没收烧烤工具和违法所得，并处五百元以上二万元以下的罚款 | 县级以上地方人民政府确定的监督管理部门 |
| 在人口集中地区对树木、花草喷洒剧毒、高毒农药 | 《大气污染防治法》第七十四条第二款　禁止在人口集中地区对树木、花草喷洒剧毒、高毒农药 | 《大气污染防治法》第一百一十九条　违反本法规定，在人口集中地区对树木、花草喷洒剧毒、高毒农药，或者露天焚烧秸秆、落叶等产生烟尘污染的物质的，由县级以上地方人民政府确定的监督管理部门责令改正，并可以处五百元以上二千元以下的罚款 | 责令改正，并可以处五百元以上二千元以下的罚款 | 县级以上地方人民政府确定的监督管理部门 |
| 露天焚烧秸秆、落叶等产生烟尘污染的物质 | 《大气污染防治法》第七十七条　省、自治区、直辖市人民政府应当划定区域，禁止露天焚烧秸秆、落叶等产生烟尘污染的物质 | | | |
| 在人口集中地区和其他依法需要特殊保护的区域内，焚烧沥青、油毡、橡胶、塑料、皮革、垃圾以及其他产生有毒有害烟尘和恶臭气体的物质 | 《大气污染防治法》第八十二条第一款　禁止在人口集中地区和其他依法需要特殊保护的区域内焚烧沥青、油毡、橡胶、塑料、皮革、垃圾以及其他产生有毒有害烟尘和恶臭气体的物质 | 《大气污染防治法》第一百一十九条第二款　违反本法规定，在人口集中地区和其他依法需要特殊保护的区域内，焚烧沥青、油毡、橡胶、塑料、皮革、垃圾以及其他产生有毒有害烟尘和恶臭气体的物质的，由县级人民政府确定的监督管理部门责令改正，对单位处一万元以上十万元以下的罚款，对个人处五百元以上二千元以下的罚款 | 责令改正，对单位处一万元以上十万元以下的罚款，对个人处五百元以上二千元以下的罚款 | 县级人民政府确定的监督管理部门 |

| 违法行为 | 处罚依据 | 法律责任 | 责任承担方式 | | 监管部门 |
|---|---|---|---|---|---|
| 在城市人民政府禁止的时段和区域内燃放烟花爆竹 | 《大气污染防治法》第八十二条第二款　禁止生产、销售和燃放不符合质量标准的烟花爆竹。任何单位和个人不得在城市人民政府禁止的时段和区域内燃放烟花爆竹 | 《大气污染防治法》第一百一十九条第三款　违反本法规定，在城市人民政府禁止的时段和区域内燃放烟花爆竹的，由县级以上地方人民政府确定的监督管理部门依法予以处罚 | 依法予以处罚 | | 县级以上地方人民政府确定的监督管理部门 |
| 从事服装干洗未设置异味和废气处理装置等污染防治设施并保持正常使用 | 《大气污染防治法》第八十四条　从事服装干洗和机动车维修等服务活动的经营者，应当按照国家有关标准或者要求设置异味和废气处理装置等污染防治设施并保持正常使用，防止影响周边环境 | 《大气污染防治法》第一百二十条　违反本法规定，从事服装干洗和机动车维修等服务活动，未设置异味和废气处理装置等污染防治设施并保持正常使用，影响周边环境的，由县级以上地方人民政府生态环境主管部门责令改正，处二千元以上二万元以下的罚款；拒不改正的，责令停业整治 | 责令改正，处二千元以上二万元以下的罚款；拒不改正的，责令停业整治 | | 县级以上地方人民政府生态环境主管部门 |
| 机动车维修等服务活动未设置异味和废气处理装置等污染防治设施并保持正常使用 | | | | | |
| 擅自向社会发布重污染天气预报预警信息 | 《大气污染防治法》第九十五条第一款　省、自治区、直辖市、设区的市人民政府环境保护主管部门应当会同气象主管机构建立会商机制，进行大气环境质量预报。可能发生重污染天气的，应当及时向本级人民政府报告。省、自治区、直辖市、设区的市人民政府依据重污染天气预报信息，进行综合研判，确定预警等级并及时发出预警。预警等级根据情况变化及时调整。任何单位和个人不得擅自向社会发布重污染天气预报预警信息。<br>《治安管理处罚法》第二十五条 | 《大气污染防治法》第一百二十一条第一款　违反本法规定，擅自向社会发布重污染天气预报预警信息，构成违反治安管理行为的，由公安机关依法予以处罚 | 依法予以处罚 | 构成违反治安管理行为的，由公安机关依法予以处罚 | 公安机关 |

| 违法行为 | 处罚依据 | 法律责任 | 责任承担方式 | 监管部门 |
|---|---|---|---|---|
| 拒不执行停止工地土石方作业或者建筑物拆除施工等重污染天气应急措施 | 《大气污染防治法》第九十六条　县级以上地方人民政府应当依据重污染天气的预警等级，及时启动应急预案，根据应急需要可以采取责令有关企业停产或者限产、限制部分机动车行驶、禁止燃放烟花爆竹、停止工地土石方作业和建筑物拆除施工、停止露天烧烤、停止幼儿园和学校组织的户外活动、组织开展人工影响天气作业等应急措施。<br>应急响应结束后，人民政府应当及时开展应急预案实施情况的评估，适时修改完善应急预案 | 《大气污染防治法》第一百二十一条二款　违反本法规定，拒不执行停止工地土石方作业或者建筑物拆除施工等重污染天气应急措施的，由县级以上地方人民政府确定的监督管理部门处一万元以上十万元以下的罚款 | 处一万元以上十万元以下的罚款 | 县级以上地方人民政府确定的监督管理部门 |
| 造成大气污染事故 | | 《大气污染防治法》第一百二十二条　违反本法规定，造成大气污染事故的，由县级以上人民政府环境保护主管部门依照本条第二款的规定处以罚款；对直接负责的主管人员和其他直接责任人员可以处上一年度从本企业事业单位取得收入百分之五十以下的罚款。<br>对造成一般或者较大大气污染事故的，按照污染事故造成直接损失的一倍以上三倍以下计算罚款；对造成重大或者特大大气污染事故的，按照污染事故造成的直接损失的三倍以上五倍以下计算罚款 | 对直接负责的主管人员和其他直接责任人员可以处上一年度从本企业事业单位取得收入百分之五十以下的罚款。<br>对造成一般或者较大大气污染事故的，按照污染事故造成直接损失的一倍以上三倍以下计算罚款；<br>造成重大或者特大大气污染事故的，按照污染事故造成的直接损失的三倍以上五倍以下计算罚款 | 县级以上人民政府生态环境主管部门 |

| 违法行为 | 处罚依据 | 法律责任 | 责任承担方式 | | 监管部门 |
|---|---|---|---|---|---|
| 未依法取得排污许可证排放大气污染物 | 《大气污染防治法》第十八条、第十九条<br>第九十九条　违反本法规定，有下列行为之一的，由县级以上人民政府环境保护主管部门责令改正或者限制生产、停产整治，并处十万元以上一百万元以下的罚款；情节严重的，报经有批准权的人民政府批准，责令停业、关闭：<br>（一）未依法取得排污许可证 | 《大气污染防治法》第一百二十三条　违反本法规定，企业事业单位和其他生产经营者有下列行为之一，受到罚款处罚，被责令改正，拒不改正的，依法作出处罚决定的行政机关可以自责令改正之日的次日起，按照原处罚数额按日连续处罚：<br>（一）未依法取得排污许可证排放大气污染物的 | | | |
| 超过大气污染物排放标准或者超过重点大气污染物排放总量控制指标排放大气污染物 | 排放大气污染物的；<br>（二）超过大气污染物排放标准或者超过重点大气污染物排放总量控制指标排放大气污染物的；<br>（三）通过逃避监管的方式排放大气污染物的。 | 《大气污染防治法》第一百二十三条<br>（二）超过大气污染物排放标准或者超过重点大气污染物排放总量控制指标排放大气污染物的 | | | |
| 通过逃避监管的方式排放大气污染物 | 《大气污染防治法》第六十九条　……施工单位应当制定具体的施工扬尘污染防治实施方案。<br>…… | 第一百二十三条<br>（三）通过逃避监管的方式排放大气污染物的 | 按日连续处罚 | | 依法作出处罚决定的行政机关 |
| 建筑施工或者贮存易产生扬尘的物料未采取有效措施防治扬尘污染 | 施工单位应当在施工工地设置硬质围挡，并采取覆盖、分段作业、择时施工、洒水抑尘、冲洗地面和车辆等有效防尘降尘措施。建筑土方、工程渣土、建筑垃圾应当及时清运；在场地内堆存的，应当采用密闭式防尘网遮盖。工程渣土、建筑垃圾应当进行资源化处理。<br>施工单位应当在施工工地公示扬尘污染防治措施、负责人、扬尘监督管理主管部门等信息。<br>暂时不能开工的建设用地，建设单位应当对裸露地面进行覆盖；超过三个月的，应当进行绿化、铺装或者遮盖 | 第一百二十三条<br>（四）建筑施工或者贮存易产生扬尘的物料未采取有效措施防治扬尘污染的 | | | |

| 违法行为 | 处罚依据 | 法律责任 | 责任承担方式 | | 监管部门 |
|---|---|---|---|---|---|
| 排放大气污染物造成损害 | | 《大气污染防治法》第一百二十五条　排放大气污染物造成损害的，应当依法承担侵权责任 | 承担侵权责任 | | |
| 违反《大气污染防治法》规定构成犯罪 | | 《大气污染防治法》第一百二十七条　违反本法规定，构成犯罪的，依法追究刑事责任 | 依法追究刑事责任 | | |
| 负有大气环境保护监督管理职责的部门及其工作人员滥用职权、玩忽职守、徇私舞弊、弄虚作假 | | 《大气污染防治法》第一百二十六条　地方各级人民政府、县级以上人民政府生态环境主管部门和其他负有大气环境保护监督管理职责的部门及其工作人员滥用职权、玩忽职守、徇私舞弊、弄虚作假的，依法给予处分 | 依法给予处分 | | |

## 3.2　大气污染的典型案例分析及执法要点解析

### 案例三十一：未采取有效措施向大气排放恶臭气体案

**【案情介绍】**

2007 年 5 月，某市群众举报某精细化工厂在生产过程中产生臭气环境污染。某市环保局环境监察分局接举报后遂对某精细化工厂进行现场检查，发现其确有排放臭气的情况，遂委托市环境监测站在该厂正常生产的情况下，对其排放的臭气浓度进行监测并出具监测报告。监测结果显示，除第一个监测点有一次未超标，其余监测点位的厂界臭气浓度均超过了《恶臭污染物排放标准》（GB 14554—93）规定的二级限值（臭气浓度≤20，量纲一）。

据此，某市环保局于 2007 年 12 月对该精细化工厂作出行政处罚决定。该处罚决定认定：某精细化工厂的上述行为违反了《大气污染防治法》（2000 年版）第十三条的规定，依据该法第四十八条的规定，对其罚款人民币 5 万元。

某精细化工厂则认为，厂界周围存在大量与恶臭有关的高污染源，市环境监测站进行监测时，未排除这些干扰因素；且监测点为该厂界外，不能证明恶臭来自于该厂。该监测报告不具有科学性，不能作为处罚决定中认定该厂排放恶臭超标的证据。故某精细化工厂认为某市环保局所作行政处罚决定事实不清、证据不足，遂向某市人民法院提起行政诉讼，请求法院撤销某市环保局所作出的行政处罚决定。

某市人民法院经审理认为：根据《环境保护法》（1989 年版）第七条第二款、《大气污染防治法》（2000 年版）第四条第一款的规定，某市环保局依法具有环境保护行政管理职权，有权对造成大气污染的行为作出行政处罚。某市环境监测站具有监测资质，在规范的监测点内作出监测，该站作出的测试报告是真实有效的，对处罚决定认定的事实具有证明效力。某市环保局对某精细化工厂作出的行政处罚，认定事实清楚，证据确凿，适用法律正确，执法程序合法，判决维持某市环保局对该厂作出的行政处罚决定。

一审判决后，该厂不服，向某市中级人民法院提起上诉。某市中级人民法院认为，某市环保局所作行政处罚，认定事实清楚，适用法律正确，程序合法。某精细化工厂的上诉请求，本法院不予支持。据此，依据《行政诉讼法》（1989 年版）第六十一条第一款规定，判决驳回上诉，维持原判。

**【执法思考】**

该案是一起经群众举报，环保局进行现场检查后进行处罚的案例。案中的某精细化工厂在正常生产情况下排放恶臭类物质影响周边环境，环保局依据《大气污染防治法》（2000 年版）第十三条、第四十八条对该厂处 5 万元罚款。处罚的主要依据是其超标排放臭气［超过《恶臭污染物排放标准》（GB 14554—93）规定的臭气浓度的二级限值］。恶臭污染物厂界标准值是对无组织排放源排放臭气的浓度的限值，因此，环保部门在其厂界进行监测是符合标准要求的。

环境行政处罚的目的是使排污单位回归到守法状态。该案处罚后对企业缺乏进一步的要求，如依据《大气污染防治法》（2000 年版）第四十八条处罚，还应申请人民政府要求其限期治理。笔者认为，在进行现场检查时，可进一步了解其污染治理设施使用情况，是否有不正常使用现象，如属于无组织排放是否采取措施防止对周围居民区受到污染。在充分收集证据的基础上，依据《大气污染防治法》第四十条和第五十六条规定，要求企业停止违法行为，限期改正，并对企业进行罚款。源头控制和全过程控制才是环境管理的最基本要求，是执法者应追求的目标。

该案发生在 2007 年，在《大气污染防治法》（2016 年版）实施后，环保要求和处罚力度上比 2007 年更大。对类似的违法行为环保部门可以要求企业限制生产、停产整治。

执行污染物排放标准时，应关注企业所在区域及企业设立时间等。

如《恶臭污染物排放标准》（GB 14554—93）规定，排入 GB 3095 中二类区即城镇规划中确定的居住区、商业交通居民混合区、文化区、一般工业区的执行二级标准；排入 GB 3095 中三类区即特定工业区的执行三级标准。关于企业设立时间，GB 14554—93 规定，1994 年 6 月 1 日起立项的新、扩、改建设项目及其建成后投产的企业执行二、三级标准中的相应标准值。本案中如企业设立为 1994 年 6 月 1 日之后，地处 GB 3095 二类区，应执行的标准值为 20；如在此之前设立，应执行的标准值为 30；如地处三类区，依据设立时间，执行的标准值为 60、70。

目前我国制定的大多数大气污染物排放标准都是高类别区域高保护、低类别区域低保护，因此在执行大气污染物排放标准时应充分考虑企业所在功能区。根据 GB 3095 规定，环境质量功能区的划分由地级市以上环境保护行政主管部门划分，报同级人民政府批准实施。

在监测时应注意环境本底值，如类似企业较多距离较近，应考虑类似或相关企业的污染贡献率。

**【相关法律规定】**

《大气污染防治法》（2000 年版）第十三条　向大气排放污染物的，其污染物排放浓度不得超过国家和地方规定的排放标准。

第四十条　向大气排放恶臭气体的排污单位，必须采取措施防止周围居民区受到污染。

第四十八条　违反本法规定，向大气排放污染物超过国家和地方规定排放标准的，应当限期治理，并由所在地县级以上地方人民政府环境保护行政主管部门处一万元以上十万元以下罚款。限期治理的决定权限和违反限期治理要求的行政处罚由国务院规定。

第五十六条　违反本法规定，有下列行为之一的，由县级以上地方人民政府环境保护行政主管部门或者其他依法行使监督管理权的部门责令停止违法行为，限期改正，可以处五万元以下罚款：

（一）未采取有效污染防治措施，向大气排放粉尘、恶臭气体或者其他含有有毒物质气体的。

《大气污染防治法》第十八条　企业事业单位和其他生产经营者……向大气排放污染物的，应当符合大气污染物排放标准，遵守重点大气污染物排放总量控制要求。

第八十条　企业事业单位和其他生产经营者在生产经营活动中产生恶臭气体的，应当科学选址，设置合理的防护距离，并安装净化装置或者采取其他措施，防止排放恶臭气体。

第九十九条　违反本法规定，有下列行为之一的，由县级以上人民政府环境保护主管部门责令改正或者限制生产、停产整治，并处十万元以上一百万元以下的罚款；情节严重的，报经有批准权的人民政府批准，责令停业、关闭：

（二）超过大气污染物排放标准或者超过重点大气污染物排放总量控制指标排放大气污染物的。

第一百一十七条　违反本法规定，有下列行为之一的，由县级以上人民政府环境保护等主管部门按照职责责令改正，处一万元以上十万元以下的罚款；拒不改正的，责令停工整治或者停业整治：

（八）未采取措施防止排放恶臭气体的。

【相关资料】

**恶臭污染物排放标准**（GB 14554—93）

……

5. 标准的实施

5.1 排污单位排放（包括泄漏和无组织排放）的恶臭污染物。在排污单位边界上规定监测点（无其他干扰因素）的一次最大监测值（包括臭气浓度）都必须低于或等于恶臭污染物厂界标准值。

5.2 排污单位经烟、气排气筒（高度在 15 m 以上）排放的恶臭污染物的排放量和臭气浓度都必须低于或等于恶臭污染物排放标准。

5.3 排污单位经排水排出并散发的恶臭污染物和臭气浓度必须低于或等于恶臭污染物厂界标准值。

## 案例三十二：某市某精细材料有限公司诉某市顺德区人民政府环保行政处罚案

【案情介绍】

2011 年 12 月 2 日，广东省某市顺德区环境运输和城市管理局（以下简称区环运局）以某市某精细材料有限公司（以下简称该公司）在生产过程中排放废气的臭气浓度超标为由，对该公司作出《限期治理决定书》，要求 2012 年 1 月 31 日前完成排放臭气浓度治理达到《恶臭污染物排放标准》的要求，并经环运局验收合格；逾期未申请验收或未完成限期治理任务，将按规定责令停业、关闭；要求该公司分析臭气浓度超标排放原因，制订限期治理达标计划以及落实各项污染防治措施，确保污染物达标排放。

2012 年 2 月 9 日，该公司向区环运局申请治理验收。顺德区环境保护监测站受区环运局委托，于同年 4 月 26 日和 6 月 28 日对该公司进行臭气排放监测，两次监测报告均显示臭气浓度未达标。区环运局遂于 2012 年 8 月 29 日组织现场验收，并对法定代表人进行调查询问，告知该公司验收结果，即存在未提交限期治理方案、废气处理技术不能确保无组织废气达标排放、排放废气的臭气浓度超标、使用的燃油不符合环保要求等四个方面的问题，未通过限期治理验收。

2013 年 1 月 11 日，顺德区人民政府作出《行政处罚事先告知书》，同年 3 月 18 日经听证后作出《行政处罚决定书》，责令该公司自收到行政处罚决定书之日起停业、关闭。该公司不服、提起行政诉讼，请求法院撤销上述《行政处罚决定书》。

某市中级人民法院一审认为，该公司对顺德区人民政府作出处罚决定的职权依据及行政程序并无异议。原告认为上述两次臭气排放监测的采样点与频次不符合法定要求，未能排除其他干扰因素，故监测报告的结论不能作为定案依据。经查，顺德区环境保护监测站具有废气污染物检测的法定资质，该监测站两次臭气采样点即监测位置为该公司厂界敏感点，符合《恶臭污染物排放标准》及原国家环境保护总局《关于恶臭物无组织排放检测问题的复函》的规定。原告认为臭气监测采样点的设置不合法的主张于法无据，其亦未提供充分证据证明上述臭气监测采样点存在其他干扰因素。至于采样频次问题，该监测站两次臭气监测均采用了 4 次×3 点的监测频次并取其中最大测定值，但频次间隔不足 2 小时，存在一定瑕疵。但该瑕疵不足以推翻监测报告结论的正确性。由于原告在限期治理期限届满后，经两次监测臭气排放浓度仍未达到《恶臭污染物排放标准》的要求，且存在其他相关环保问题，经区环运局报请顺德区人民政府依照《广东省珠江三角洲大气污染防治办法》有关规定对原告作出停业、关闭的行政处罚决定，认定事实清楚，证据充分，适用法律正确，遂判决驳回原告诉讼请求。原告上诉后，广东省高级人民法院二审判决驳回上诉，维持原判。

**【执法思考】**

从上述法律规定看，修订后的《大气污染防治法》更强调采取的治理措施是否有效，因此在进行现场执法时要进一步了解企业是否有治理措施，治理措施的有效性如何。当然，监测报告也是行政处罚的重要证据，要注意采样、监测是否符合规范和标准要求。

**【相关法律规定】**

《大气污染防治法》

第八十条　企业事业单位和其他生产经营者在生产经营活动中产生恶臭气体的，应当科学选址，设置合理的防护距离，并安装净化装置或者采取其他措施，防止排放恶臭气体。

第一百一十七条　违反本法规定，有下列行为之一的，由县级以上人民政府生态环境等主管部门按照职责责令改正，处一万元以上十万元以下的罚款；拒不改正的，责令停工整治或者停业整治：

（八）未采取措施防止排放恶臭气体的。

【相关资料】

## 关于恶臭污染物无组织排放监测问题的复函

环函〔2004〕83号

上海市环境保护局:

你局《关于〈恶臭污染物排放标准〉执行中有关问题的请示》（沪环保法〔2004〕69号）收悉。经研究，现函复如下:

按照《恶臭污染物排放标准》（GB 14554—93）的规定，对工厂无组织排放恶臭污染物实施监测，监测采样点应设置在工厂厂界下风向侧或有臭气方位的边界线上。根据恶臭污染物的排放、扩散规律，当受条件限制，无法按上述要求布设监测采样点时，也可将监测采样点设于工厂厂界内侧靠近厂界的位置。

国家环境保护总局

二〇〇四年四月一日

## 案例三十三：某公司在人口集中地区露天存放煤炭，烟气自动监控数据不准确案

【案情介绍】

2010年2月23日，环境保护部环境投诉受理中心接到群众来电，反映安徽滁州某盐化股份有限公司（以下简称该公司）新建的电厂使用劣质煤，燃煤露天堆放，脱硫设备未正常运行，仅在环保部门检查时开启。居民区位于盐矿中心，粉尘污染严重。接到转办件后，安徽省环境监察局立即对企业进行了调查。经查，该公司有3台链条炉和3台循环流化床锅炉。3台链条炉已关停1台，另外两台仍在使用；3台循环流化床锅炉为新建项目，分两期建设。目前污染治理设施尚未调试完毕，自动监控设施尚未安装。

2010年3月30日，检查组对企业脱硫设施运行进行了现场检查，3台循环流化床锅炉均处于生产状态。130 t锅炉烟气分析仪出口二氧化硫量程及浓度与工控机电脑出口不一致；污染源自动监控室内标气瓶过期。3台锅炉共用一套脱硫控制系统，目前已投入运行，但尚未按相关文件要求记录出口二氧化硫浓度、脱硫剂输送风机电流等参数，且无历史记录。企业燃煤主要为淮南煤，因此，群众举报企业燃烧劣质燃煤情况不属实。但企业燃煤临时露天堆放，粉尘污染的情况属实。对此，检查组提出调查处理意见：一是要求企业对临时露天堆放燃煤及时采取“三防”措施；二是要求企业立即整改，保证烟气自动监控数

据的准确性和有效性；三是要求企业完善脱硫控制系统，记录重要参数，并将历史数据保存一年以上。

【执法思考】

该案是根据群众投诉而调查处理的案件。群众反映该企业新建的电厂使用劣质煤，脱硫设备未正常运行，仅在环保部门检查时开启；居民区位于盐矿中心，粉尘污染严重。调查后发现企业新建电厂露天堆放燃煤确造成粉尘污染。安徽省环境监察局检查组提出一系列整改意见，并未对该厂进行处罚。根据《大气污染防治法》（2000 年版）还可以责令限期改正，给予警告或者处以五万元以下罚款。第三十一条规定，在人口集中地区存放煤炭、煤矸石、煤渣、煤灰、砂石、灰土等物料，必须采取防燃、防尘措施，防止污染大气。第四十六条规定，违反本法规定，有下列行为之一的，环境保护行政主管部门或者本法第四条第二款规定的监督管理部门可以根据不同情节，责令停止违法行为，限期改正，给予警告或者处以五万元以下罚款。……（四）未采取防燃、防尘措施，在人口集中地区存放煤炭、煤矸石、煤渣、煤灰、砂石、灰土等物料的。

目前我国很多企业由于各种原因露天存放原材物料、燃料无组织排放粉尘，造成污染的问题较多，特别是北方地区。若遇此类情况，按现行《大气污染防治法》处罚要比《大气污染防治法》（2000 年版）严厉得多。现行《大气污染防治法》第三十五条第二款规定，单位存放煤炭、煤矸石、煤渣、煤灰等物料，应当采取防燃措施，防止大气污染。第七十二条第一款规定，贮存煤炭、煤矸石、煤渣、煤灰、水泥、石灰、石膏、砂土等易产生扬尘的物料应当密闭；不能密闭的，应当设置不低于堆放物高度的严密围挡，并采取有效覆盖措施防治扬尘污染。第一百一十七条规定，违反本法规定，有下列行为之一的，由县级以上人民政府生态环境等主管部门按照职责责令改正，处一万元以上十万元以下的罚款；拒不改正的，责令停工整治或者停业整治：（一）未密闭煤炭、煤矸石、煤渣、煤灰、水泥、石灰、石膏、砂土等易产生扬尘的物料的；（二）对不能密闭的易产生扬尘的物料，未设置不低于堆放物高度的严密围挡，或者未采取有效覆盖措施防治扬尘污染的；……（四）存放煤炭、煤矸石、煤渣、煤灰等物料，未采取防燃措施的。

## 案例三十四：电力有限公司超标排放污染物拒不改正，按日连续处罚案

【案情介绍】

某市新力电力有限公司共有 5 个发电机组。按照 2014 年 7 月 1 日起执行的《火电厂大气污染物排放标准》，该单位的 3#、4#、5#机组应执行 200mg/m$^3$ 的排放标准。但该单位 3#、4#、5#机组一直未实施脱硝工程，生产过程中氮氧化物超标排放。

2015 年 1 月 1 日，新《环境保护法》实施后，针对该单位 3#、4#、5#机组超标排放违法行为，某市环保局对其实施了行政处罚，其中 3#机组罚款 4 万元，4#、5#机组分别罚款 3 万元。2015 年 1 月 15 日，某市环保局分别对该公司 3#、4#、5#机组超标排放违法行为下

达了责令改正违法行为决定书，要求该单位立即停止超标排污行为，否则将承担按日连续处罚的责任，同时根据新《环境保护法》的规定，针对企业超标排污的行为，环保部门可实施限制生产、停产整治等措施。但该公司是负责某市西区居民冬季集中供暖的企业，属于《环境保护主管部门实施限制生产、停产整治办法》第七条第二项“生产经营业务涉及基本民生、公共利益”的情形，可不予实施停产整治。根据以上规定，某市环保局没有对该公司实施停产整治，而是对超标行为实施了按日连续处罚。$3^{\#}$机组按日连续罚款 330 万元，$4^{\#}$机组按日连续罚款 228 万元，$5^{\#}$机组按日连续罚款 328 万元，累计对某市新力电力有限公司超标排污按日连续处罚 886 万元。3 月 15 日某市冬季供暖期结束后，该公司超标的 $3^{\#}$、$4^{\#}$、$5^{\#}$机组陆续自行停运，按日连续处罚终止。

**【执法思考】**

在冬季采暖期，对供暖企业违法超标排放污染物的行为，既不宜采取查封扣押的手段，也不宜采取限制生产、停产整治等，所以按《环境保护法》的规定，环保部门对供暖企业拒不改正违法行为适用了按日连续处罚。单纯从法律适用的角度看，环保部门的行政执法行为无可厚非。但笔者认为，罚款不是目的，环保部门对这类企业是否可以把监管行为提前到冬季供暖前，提前对企业提出要求，并监督企业提前改正可能出现的违法行为，可能更有利于蓝天保卫战的实施。

**【相关法律规定】**

《环境保护法》第五十九条规定，企业事业单位和其他生产经营者违法排放污染物，受到罚款处罚，被责令改正，拒不改正的，依法作出处罚决定的行政机关可以自责令改正之日的次日起，按照原处罚数额按日连续处罚。前款规定的罚款处罚，依照有关法律法规按照防治污染设施的运行成本、违法行为造成的直接损失或者违法所得等因素确定的规定执行。

《大气污染防治法》第十八条规定，企业事业单位和其他生产经营者……向大气排放污染物的，应当符合大气污染物排放标准，遵守重点大气污染物排放总量控制要求。

第九十九条规定，违反本法规定，有下列行为之一的，由县级以上人民政府生态环境主管部门责令改正或者限制生产、停产整治，并处十万元以上一百万元以下的罚款；情节严重的，报经有批准权的人民政府批准，责令停业、关闭：

（二）超过大气污染物排放标准或者超过重点大气污染物排放总量控制指标排放大气污染物的。

第一百二十三条规定，违反本法规定，企业事业单位和其他生产经营者有下列行为之一，受到罚款处罚，被责令改正，拒不改正的，依法作出处罚决定的行政机关可以自责令改正之日的次日起，按照原处罚数额按日连续处罚：

（二）超过大气污染物排放标准或者超过重点大气污染物排放总量控制指标排放大气污染物的。

【相关资料】

## 关于循环流化床锅炉燃煤机组脱硝设施有关问题的复函

环办函〔2015〕1123 号

黑龙江省环境保护厅：

你厅《关于循环流化床锅炉燃煤机组脱硝设施的请示》（黑环发〔2015〕104 号）收悉。经研究，现函复如下：

《火电厂大气污染物排放标准》是国家强制标准，循环流化床锅炉也必须达到规定的排放浓度限值。排放浓度高于排放限值要求的，应认定为超标排放，并依法予以处罚。

《大气污染防治行动计划》中“除循环流化床锅炉以外的燃煤机组均应安装脱硝设施”的规定，并非指循环流化床锅炉可以不安装脱硝设施，只要排放浓度超标，就应当采用低氮燃烧技术、安装脱硝设施等，确保实现达标排放。

特此函复。

环境保护部办公厅

2015 年 7 月 8 日

【相关资料】

## 关于环境行政处罚过程中有关问题的复函

环办环监函〔2018〕719 号

河北省环境保护厅：

你厅《关于环境行政处罚过程中有关问题的请示》(冀环办函〔2018〕790 号)收悉。经研究，函复如下：

一、关于未取得排污许可证非法排污的处罚

根据国务院办公厅印发的《控制污染物排放许可制实施方案》(国办发〔2016〕81 号)，排污许可制是覆盖所有固定污染源和多污染物协同控制的“一证制”管理制度。排污企业未取得排污许可证，同时非法排放大气污染物和水污染物的，属于一个违法行为。现行的《中华人民共和国大气污染防治法》和《中华人民共和国水污染防治法》对未依法取得排污许可证排放污染物的违法行为，规定了相同的处罚措施。因此，可以根据《中华人民共和国大气污染防治法》或者《中华人民共和国水污染防治法》予以处罚。

二、关于按日连续处罚中“拒不改正”的认定

《中华人民共和国环境保护法》第五十九条第一款规定：“企业事业单位和其他生产经营者违法排放污染物，受到罚款处罚，被责令改正，拒不改正的，依法作出处罚决定的行政机关可以自责令改正之日的次日起，按照原处罚数额按日连续处罚。”

《中华人民共和国水污染防治法》第九十五条规定：“企业事业单位和其他生产经营者违法排放水污染物，受到罚款处罚，被责令改正的，依法作出处罚决定的行政机关应当组织复查，发现其继续违法排放水污染物或者拒绝、阻挠复查的，依照《中华人民共和国环境保护法》的规定按日连续处罚。”

根据上述规定，企业因废水化学需氧量排放超标被环保部门责令改正违法行为并依法处罚，环保部门复查时，发现该企业仍继续违法排放水污染物，即使废水化学需氧量排放达标但氨氮等其他水污染物排放超标的，属于拒不改正违法排放污染物行为，可以依据《中华人民共和国水污染防治法》《环境保护主管部门实施按日连续处罚办法》相关条款对该企业实施按日连续处罚。

特此函复。

生态环境部办公厅

2018年7月20日

## 案例三十五：江苏某钢铁有限公司废气超标被按日连续处罚案

**【案情介绍】**

2015年1月10—12日，溧阳市环境监测站监测发现，江苏某钢铁有限公司焦化工段1#、2#、3#、4#排气筒排放的颗粒物，4#排气筒排放的二氧化硫和烧结工段机头1#线排气筒排放的颗粒物浓度均超标。1月16日，溧阳市环保局送达责令改正违法行为决定书，责令该钢铁公司立即改正违法行为，确保达标排放；如拒不改正违法行为，将实施按日连续处罚。2月5日，溧阳市环保局作出行政处罚决定书，对该钢铁公司废气超标排放行为处以罚款10万元。2月2日，溧阳市环保局组织对该钢铁公司废气排放情况进行复查，监测结果表明焦化工段1#、3#等排气筒排放的颗粒物浓度仍超标。3月3日，溧阳市环保局作出行政处罚决定书，对该公司实施按日连续处罚，罚款基数10万元，计罚天数17天（起止时间1月17日—2月2日），罚款总额170万元。

**【相关法律规定】**

《环境保护法》第五十九条规定，企业事业单位和其他生产经营者违法排放污染物，受到罚款处罚，被责令改正，拒不改正的，依法作出处罚决定的行政机关可以自责令改正

之日的次日起，按照原处罚数额按日连续处罚。

《大气污染防治法》第九十九条规定，违反本法规定，有下列行为之一的，由县级以上人民政府环境保护主管部门责令改正或者限制生产、停产整治，并处十万元以上一百万元以下的罚款；情节严重的，报经有批准权的人民政府批准，责令停业、关闭：

（二）超过大气污染物排放标准或者超过重点大气污染物排放总量控制指标排放大气污染物的。

第一百二十三条规定，违反本法规定，企业事业单位和其他生产经营者有下列行为之一，受到罚款处罚，被责令改正，拒不改正的，依法作出处罚决定的行政机关可以自责令改正之日的次日起，按照原处罚数额按日连续处罚：

（二）超过大气污染物排放标准或者超过重点大气污染物排放总量控制指标排放大气污染物的。

**案例三十六：涂装作业违规排放挥发性有机物废气，某涂料企业被罚 20 万元案**

**【案情介绍】**

2016 年 6 月 27 日，某市环保局对位于该市的某机车有限公司进行检查，发现该单位将涂料调配间及涂装业务整体外包给某涂料公司。该涂料调配间（调漆房）未密闭作业，且未安装大气污染防治设施，涂料调配过程中产生的含挥发性有机物（VOCs）废气直接向大气排放。

某市环保局认为，该涂料公司的上述行为违反了《污染防治法》第四十五条的规定。市环保局于 2016 年 8 月 22 日告知该单位违法事实、处罚依据和拟作出的处罚决定，并告知该单位有要求听证和陈述申辩的权利。该涂料公司未要求听证，也未提出陈述申辩意见。

11 月 9 日，依据《大气污染防治法》第一百零八条第一款的规定，某市环保局对该涂料公司作出处罚决定：责令停止违法行为，限 3 日内改正，处二十万元罚款。

**【相关法律规定】**

《大气污染防治法》第四十五条　产生含挥发性有机物废气的生产和服务活动，应当在密闭空间或者设备中进行，并按照规定安装、使用污染防治设施；无法密闭的，应当采取措施减少废气排放。

第四十六条　工业涂装企业应当使用低挥发性有机物含量的涂料，并建立台账，记录生产原料、辅料的使用量、废弃量、去向以及挥发性有机物含量。台账保存期限不得少于三年。

第一百零八条　违反本法规定，有下列行为之一的，由县级以上人民政府生态环境主管部门责令改正，处二万元以上二十万元以下的罚款；拒不改正的，责令停产整治：

（一）产生含挥发性有机物废气的生产和服务活动，未在密闭空间或者设备中进行，未按照规定安装、使用污染防治设施，或者未采取减少废气排放措施的。

## 案例三十七：环保监测数据造假，遭100万元顶格处罚案

【案情介绍】

2016年12月20日，宜宾市环境监察执法支队会同市监测中心站对宜宾某盐化有限公司实施了突击检查。在对分析仪通标试验中发现，通入5 800 mg/m³的二氧化硫标准气体时，分析仪上仅显示为124 mg/m³；监测人员实测企业排放二氧化硫数据为114 mg/m³，分析仪上仅显示为7 mg/m³，涉嫌自动监测数据造假。

执法人员立即就此情况询问企业及运维单位人员，对方否认对仪器"动过手脚"，辩称设备出现了故障。执法人员当即对自动监控设备及站房进行了查封，并将现场检查情况报告省环境监察执法总队，请求技术支持。

12月21日，四川省环境监察执法总队邀请专家，组织宜宾市环境监察执法支队、长宁县环境监察执法大队再次来到该公司进行检查。在对仪器进行通标试验时，发现设备恢复正常，数据误差在允许范围内，未出现前一天存在的巨大差异。执法人员现场调取了自动监控系统软件登录日志，发现该设备在查封期间（12月20日23：00左右）有过管理员登录记录。执法人员通过讨论、分析，在排除远程登录操作的可能性后，初步判定查封期间有人进入监控站房对仪器进行了操作。

经仔细比对20日查封时和21日启封时的封条照片，发现封条的位置有轻微挪动。执法人员当即进行了取证，并对相关人员调查询问。在证据面前，企业无法抵赖，承认了此前有篡改自动监测数据行为，并在环保部门查封后，擅自揭开封条进入站房将设备调回正常状态，试图销毁证据。

长宁县环境保护局依据《中华人民共和国大气污染防治法》的规定，对该公司篡改自动监测数据逃避监管的行为处以100万元的顶格处罚；长宁县公安局对涉案的一名责任人行政拘留五日，并处500元罚款。

【执法思考】

本案中，企业恶意篡改自动监测数据，主观恶意大，性质恶劣，在环保部门调查后，仍不配合，不思悔改并试图销毁证据，应依法严惩。本案依法顶格处罚是适当的，对同类案件起到了警示作用。

【相关法律规定】

《环境保护法》

第四十二条　重点排污单位应当按照国家有关规定和监测规范安装使用监测设备，保证监测设备正常运行，保存原始监测记录。

严禁……伪造监测数据……

《行政主管部门移送适用行政拘留环境违法案件暂行办法》第六条和《环境保护法》

第六十三条第三项规定的通过篡改、伪造监测数据等逃避监管的方式违法排放污染物，是指篡改、伪造用于监控、监测污染物排放的手工及自动监测仪器设备的监测数据，包括以下情形：

（一）违反国家规定，对污染源监控系统进行删除、修改、增加、干扰，或者对污染源监控系统中存储、处理、传输的数据和应用程序进行删除、修改、增加，造成污染源监控系统不能正常运行的；

（二）破坏、损毁监控仪器站房、通信线路、信息采集传输设备、视频设备、电力设备、空调、风机、采样泵及其他监控设施的，以及破坏、损毁监控设施采样管线，破坏、损毁监控仪器、仪表的；

（三）稀释排放的污染物故意干扰监测数据的；

（四）其他致使监测、监控设施不能正常运行的情形。

《环境保护法》第六十三条　企业事业单位和其他生产经营者有下列行为之一，尚不构成犯罪的，除依照有关法律法规规定予以处罚外，由县级以上人民政府环境保护主管部门或者其他有关部门将案件移送公安机关，对其直接负责的主管人员和其他直接责任人员，处十日以上十五日以下拘留；情节较轻的，处五日以上十日以下拘留：

（三）通过暗管、渗井、渗坑、灌注或者篡改、伪造监测数据，或者不正常运行防治污染设施等逃避监管的方式违法排放污染物的。

《大气污染防治法》第一百条　违反本法规定，有下列行为之一的，由县级以上人民政府环境保护主管部门责令改正，处二万元以上二十万元以下的罚款；拒不改正的，责令停产整治：

（一）侵占、损毁或者擅自移动、改变大气环境质量监测设施或者大气污染物排放自动监测设备的；

（二）未按照规定对所排放的工业废气和有毒有害大气污染物进行监测并保存原始监测记录的；

（三）未按照规定安装、使用大气污染物排放自动监测设备或者未按照规定与环境保护主管部门的监控设备联网，并保证监测设备正常运行的；

（四）重点排污单位不公开或者不如实公开自动监测数据的。

# 第 4 章　固体废物污染的典型案例及其执法要点解析

## 4.1　概述

### 4.1.1　固体废物污染防治的法律规定

固体废物，是指在生产、生活和其他活动中产生的丧失原有利用价值或者虽未丧失利用价值但被抛弃或者放弃的固态、半固态和置于容器中的气态物品、物质，以及法律、行政法规规定纳入固体废物管理的物品、物质（见《固体废物污染环境防治法》第八十八条）。

《固体废物污染环境防治法》所指控制和防治产生污染的固体废物，主要包括：工业固体废物、生活垃圾以及有关的危险废物。其中危险废物是指列入国家危险废物名录或者根据国家规定的危险废物鉴别标准和鉴别方法认定的具有危险特性的固体废物。

表 4-1　固体废物污染防治法律、法规

| | 文件名称 | 发布（修订、修正）实施时间 |
|---|---|---|
| 生态环境法律 | 《固体废物污染环境防治法》 | 1995 年 10 月 30 日第八届全国人民代表大会常务委员会第十六次会议通过<br>2004 年 12 月 29 日第十届全国人民代表大会常务委员会第十三次会议修订<br>2013 年 6 月 29 日第十二届全国人民代表大会常务委员会第三次会议第一次修正<br>2015 年 4 月 24 日第十二届全国人民代表大会常务委员会第十四次会议第二次修正<br>2016 年 11 月 7 日中华人民共和国主席令　第 57 号《全国人大常委会关于修改〈中华人民共和国对外贸易法〉等十二部法律的决定》修改 |

| | 文件名称 | 发布（修订、修正）实施时间 |
|---|---|---|
| 行政法规 | 《医疗废物管理条例》<br>（自 2011 年 1 月 8 日起，《医疗废物管理条例》中关于治安管理处罚的规定作出修改：将《医疗废物管理条例》第五十条中引用的“治安管理处罚条例”修改为“治安管理处罚法”） | 2003 年 6 月 16 日发布、施行<br>2011 年 1 月 8 日依据《国务院关于废止和修改部分行政法规的决定》（中华人民共和国国务院令　第 588 号）修改 |
| | 《海洋倾废管理条例》<br>（依据《国务院关于废止和修改部分行政法规的决定》（中华人民共和国国务院令　第 588 号）修改，自 2011 年 1 月 8 日起，《中华人民共和国海洋倾废管理条例》中引用的法律、行政法规条文序号作出修改：将《中华人民共和国海洋倾废管理条例》第十五条第一款中的“凡属《中华人民共和国海洋环境保护法》第四十三条规定的情形”修改为“凡属《中华人民共和国海洋环境保护法》第九十条、第九十二条规定的情形”） | 1985 年 3 月 6 日发布<br>1985 年 4 月 1 日起施行<br>2011 年 1 月 8 日依据《国务院关于废止和修改部分行政法规的决定》（中华人民共和国国务院令　第 588 号）修改 |
| 生态环境部门规章及规范性文件 | 《危险废物出口核准管理办法》 | 2008 年 1 月 25 日，国家环境保护总局令　第 47 号<br>2008 年 3 月 1 日起施行 |
| | 《电子废物污染环境防治管理办法》 | 2007 年 7 月 29 日，国家环境保护总局令　第 40 号<br>2008 年 2 月 1 日起施行 |
| | 《医疗废物管理行政处罚办法》 | 2004 年 5 月 27 日，国家环境保护总局令　第 21 号<br>2004 年 6 月 1 日起施行<br>2010 年 12 月 22 日依据《关于废止、修改部分环保部门规章和规范性文件的决定》（环境保护部令　第 16 号）修改 |
| | 《危险废物转移联单管理办法》 | 1999 年 6 月 22 日，国家环境保护总局令　第 5 号<br>1999 年 10 月 1 日起施行 |
| | 《防治尾矿污染环境管理规定》 | 1992 年 8 月 17 日，国家环境保护总局令　第 11 号<br>1992 年 10 月 1 日起施行<br>2010 年 12 月 22 日依据《关于废止、修改部分环保部门规章和规范性文件的决定》（环境保护部令　第 16 号）修改 |
| | 《危险废物经营许可证管理办法》<br>（2013 年 12 月 4 日第一次修订：十、删去《危险废物经营许可证管理办法》第七条第二款；第五款改为第四款，并删去其中的“第四款”。<br>2016 年 2 月 6 日第二次修改：四十二、删去《危险废物经营许可证管理办法》第九条第三款、第二十九条第一款） | 2004 年 5 月 30 日，国务院令　第 408 号<br>2013 年 12 月 7 日根据《国务院关于修改部分行政法规的决定》（国务院令　第 645 号）第一次修订<br>2016 年 2 月 6 日根据《国务院关于修改部分行政法规的决定》（国务院令　第 666 号）第二次修订 |

| | 文件名称 | 发布（修订、修正）实施时间 |
|---|---|---|
| 生态环境部门规章及规范性文件 | 《国家危险废物名录》 | 1998 年 1 月 4 日发布，2008 年 8 月 1 日废止<br>2008 年 8 月 1 日重新发布、施行；<br>2016 年 3 月 30 日修订，2016 年 8 月 1 日起实施 |
| | 《医疗废物分类目录》 | 2003 年 10 月 10 日，卫医发〔2003〕287 号 |
| | 《固体废物进口管理办法》 | 2011 年 4 月 8 日，环境保护部部令　第 12 号<br>2011 年 8 月 1 日起施行 |
| | 《最高人民法院、最高人民检察院关于办理环境污染刑事案件适用法律若干问题的解释》 | 2017 年 1 月 1 日起实施 |
| | 《关于坚决遏制固体废物非法转移和倾倒进一步加强危险废物全过程监管的通知》 | 2018 年 5 月 10 日，环办土壤函〔2018〕266 号 |
| 地方性法规和规章 | 略 | |

## 4.1.2　违反固体废物污染法律规定应承担的责任

### 4.1.2.1　一般固体废物管理规定

**表 4-2　违反一般固体废物管理规定应承担的法律责任**

| 违法行为认定 | 法律依据 | 《固体废物污染环境防治法》规定的法律责任 | | |
|---|---|---|---|---|
| | | 行政命令 | 行政处罚 | 处罚机关 |
| （1）未建工业固体废物贮存的设施、场所；<br>（2）未进行无害化处置 | 《固体废物污染环境防治法》第三十三条规定，企业事业单位应当根据经济、技术条件对其产生的工业固体废物加以利用；对暂不能利用或者不能利用的，必须按照国务院环境保护部门的规定建设贮存设施、场所，安全分类存放，或者采取无害化处置措施 | 责令停止违法为，限期改正 | 处 1 万～10 万罚款<br>［第六十八条（二）］ | 县级以上环境保护行政主管部门 |
| 将工业固体废物集中贮存、处置的设施、场所、生活垃圾填埋场建在需要特殊保护的区域内 | 《固体废物污染环境防治法》第二十二条规定，在国务院和有关主管部门及省级政府划定的自然保护区、风景名胜区、饮用水水源保护区、基本农田保护区和其他需要特殊保护的区域内，禁止建设工业固体废物集中贮存、处置的设施、场所和生活垃圾填埋场 | 责令停止违法行为，限期改正 | 处 1 万～10 万元罚款<br>［第六十八条（五）］ | 县级以上环境保护行政主管部门 |

| 违法行为认定 | 法律依据 | 《固体废物污染环境防治法》规定的法律责任 | | |
|---|---|---|---|---|
| | | 行政命令 | 行政处罚 | 处罚机关 |
| （1）造成工业固体废物扬散、流失、渗漏；（2）工业固体造成环境污染 | 《固体废物污染环境防治法》第三十条规定，产生工业固体废物的单位应当建立、健全污染环境防治责任制度，采取防治工业固体废物污染环境的措施。 | 责令停止违法行为，限期改正 | 处 1 万～10 万元罚款［第六十八条（七）］ | 县级以上环境保护行政主管部门 |
| 在运输途过程中沿途丢弃、遗撒工业固体废物 | 第十七条第一款规定，收集、贮存、运输、利用、处置固体废物的单位和个人，必须采取防扬散、防流失、防渗漏或者其他防止污染环境的措施；不得擅自倾倒、堆放、丢弃、遗撒固体废物 | 责令停止违法行为，限期改正 | 处 5 千元～5 万元罚款［第六十八条（八）］ | 县级以上环境保护行政主管部门 |

## 4.1.2.2　矿山固体废物管理规定

表 4-3　违反矿山固体废物管理规定应承担的法律责任

| 违法行为认定 | 法律依据 | 《固体废物污染环境防治法》规定的法律责任 | | |
|---|---|---|---|---|
| | | 行政命令 | 行政处罚 | 处罚机关 |
| 矿业固体废物贮存设施停止使用后，未进行封场造成环境污染和生态破坏 | 《固体废物污染环境防治法》第三十六条规定，矿山企业应当采取科学的开采方法和选矿工艺，减少尾矿、矸石、废石等矿业固体废物的产生量和贮存量。尾矿、矸石、废石等矿业固体废物贮存设施停止使用后，矿山企业应当按照国家有关环保的规定进行封场，防止造成环境污染和生态破坏 | 责令限期改正 | 可以处 5 万元以上 20 万元以下的罚款（第七十三条） | 县级以上环境保护行政主管部门 |

## 4.1.2.3　固体废物转移许可的管理

表 4-4　违反一般固体废物的转移许可管理制度应承担的法律责任

| 违法行为认定 | 法律依据 | 《固体废物污染环境防治法》规定的法律责任 | | |
|---|---|---|---|---|
| | | 行政命令 | 行政处罚 | 处罚机关 |
| 擅自转移固体废物出省、自治区、直辖市行政区域贮存、处置 | 《固体废物污染环境防治法》第二十三条规定，转移固体废物出省、自治区、直辖市行政区域贮存、处置的，应当向固体废物移出地的省级政府环保部门提出申请。移出地的省级政府环保部门批准同意后，方可转移该固体废物出省。未经批准的，不得转移 | 责令停止违法行为，限期改正 | 处 1 万元以上 10 万元以下罚款［第六十八条（六）］ | 县级以上环境保护行政主管部门 |

表 4-5　违反危险废物转移许可管理制度应承担的法律责任

| 违法行为认定 | 法律依据 | 《固体废物污染环境防治法》规定的法律责任 | | |
|---|---|---|---|---|
| | | 行政命令 | 行政处罚 | 处罚机关 |
| （1）未按规定填写危险废物转移联单；<br>（2）未经批准擅自转移危险废物 | 《固体废物污染环境防治法》第五十九条规定，转移危险废物的，必须按照国家有关规定填写危险废物转移联单。跨省、自治区、直辖市转移危险废物的，应当向危险废物移出地省、自治区、直辖市人民政府环境保护行政主管部门申请 | 责令停止违法行为，限期改正 | 处 1 万元以上 10 万元以下的罚款［第七十五条（六）］ | 县级以上环境保护行政主管部门 |

### 4.1.2.4　危险废物经营许可管理

表 4-6　违反危险废物经营许可证制度应承担的法律责任

<table>
<tr><th rowspan="2">违法行为认定</th><th rowspan="2">法律依据</th><th colspan="3">《固体废物污染环境防治法》规定的法律责任</th></tr>
<tr><th>行政命令</th><th>行政处罚</th><th>处罚机关</th></tr>
<tr><td>无经营危险废物经营或者利用许可证从事收集、贮存、利用、处置危险废物经营活动<br>（注：利用自身产生的危险废物不需要许可）</td><td rowspan="3">《固体废物污染环境防治法》第五十七条规定，从事收集、贮存、处置危险废物经营活动的单位，必须向县级以上人民政府环境保护行政主管部门申请领取经营许可证；从事利用危险废物经营活动的单位，必须向国务院环境保护行政主管部门或者省、自治区、直辖市人民政府环境保护行政主管部门申请领取经营许可证。具体管理办法由国务院规定。<br>禁止无经营许可证或者不按照经营许可证规定从事危险废物收集、贮存、利用、处置的经营活动。<br>禁止将危险废物提供或者委托给无经营许可证的单位从事收集、贮存、利用、处置的经营活动</td><td>责令停止违法行为</td><td>没收违法所得，可以并处违法所得 3 倍以下的罚款（第七十七条）</td><td>县级以上环境保护行政主管部门</td></tr>
<tr><td>不按照经营许可证规定从事收集、贮存、利用、处置危险废物经营活动<br>（注：处置一般废物也需相应资质）</td><td>责令停止违法行为</td><td>吊销经营许可证（第七十七条）</td><td>县级以上环境保护行政主管部门</td></tr>
<tr><td>将危险废物提供或者委托给无经营许可证的单位从事经营活动</td><td>责令停止违法行为，限期改正</td><td>处以 1 万元～10 万元罚款［第七十五条（五）］</td><td>县级以上环境保护行政主管部门</td></tr>
</table>

### 4.1.2.5　危险废物安全管理制度

表 4-7　违反危险废物安全性管理制度应承担的法律责任

| 违法行为认定 | 法律依据 | 《固体废物污染环境防治法》规定的法律责任 | | |
|---|---|---|---|---|
| | | 行政命令 | 行政处罚 | 处罚机关 |
| 不设置危险废物识别标志，包括：①装贮危险废物的容器；②装贮危险废物的包装物；③收集、贮存场所；④运输设施；⑤处置设施、场所 | 《固体废物污染环境防治法》第五十二条规定，对危险废物的容器和包装物以及收集、贮存、运输、处置危险废物的设施、场所，必须设置危险废物识别标志 | 责令停止违法行为，限期改正 | 处 1 万元以上 10 万元以下罚款[第七十五条（一）] | 县级以上环境保护行政主管部门 |
| 未消除污染即将收集、贮存、运输、处置危险废物的场所、设施、设备和容器、包装物及其他物品转作他用 | 《固体废物污染环境防治法》第六十一条规定，收集、贮存、运输、处置危险废物的场所、设施、设备和容器、包装物及其他物品转做他用时，必须经过消除污染的处理，方可使用 | 责令停止违法行为，限期改正 | 处以 1 万元以上 10 万元以下罚款［第七十五条（十）] | 县级以上环境保护行政主管部门 |
| 危险废物禁混管理规定和要求 | | | | |
| 将危险废物混入非危险废物中贮存 | 《固体废物污染环境防治法》第五十八条三款规定，禁止将危险废物混入非危险废物中贮存 | 责令停止违法行为，限期改正 | 处以 1 万元以上 10 万元以下罚款［第七十五条（七）] | 县级以上环境保护行政主管部门 |
| 将性质不相容的危险废物未经安全性处置，混合收集、贮存、运输、处置 | 《固体废物污染环境防治法》第五十八条一款规定，收集、贮存危险废物，必须按照危险废物特性分类进行。禁止混合收集、贮存、运输、处置性质不相容而未经安全性处置的危险废物 | 责令停止违法行为，限期改正 | 处以 1 万元以上 10 万元以下罚款［第七十五条（八）] | 县级以上环境保护行政主管部门 |
| 将危险废物与旅客在同一运输工具上载运 | 《固体废物污染环境防治法》第六十条二款规定，禁止将危险废物与旅客在同一运输工具上载运 | 责令停止违法行为，限期改正 | 处以 1 万元以上 10 万元以下罚款[第七十五条（九）] | 县级以上环境保护行政主管部门 |

### 4.1.2.6 行政代执行制度

表 4-8 违反法律规定应处置而不处置危险废物应承担的法律责任

| 违法行为认定 | 法律依据 | 《固体废物污染环境防治法》规定的法律责任 | | |
|---|---|---|---|---|
| | | 行政强制措施 | 行政处罚 | 处罚机关 |
| 危险废物的产生者不处置其产生的危险废物，又不承担处置费用 | 《固体废物污染环境防治法》第五十五条规定，产生危险废物的单位必须按照国家有关规定处置危险废物，不得擅自倾倒、堆放；不处置的，由所在地县级以上环保部门责令限期改正；逾期不处置或者处置不符合国家有关规定的，由所在地环保部门指定单位代为处置，处置费用由产生危险废物的单位承担。<br>第五十八条第二款规定，贮存危险废物必须采取符合国家环境保护标准的防护措施，并不得超过一年；确需延长期限的，必须报经原批准经营许可证的环境保护行政主管部门批准；法律、行政法规另有规定的除外 | 责令限期改正 | 处代为处置费用1～3 倍的罚款（第七十六条） | 县级以上环境保护行政主管部门 |

### 4.1.2.7 危险废物污染防治管理

表 4-9 违反危险废物管理规定造成环境污染事故应承担的法律责任

| 违法行为认定 | 法律依据 | 《固体废物污染环境防治法》规定的法律责任 | | |
|---|---|---|---|---|
| | | 行政命令 | 行政处罚 | 处罚机关 |
| 在运输过程中未采取防范措施，沿途丢弃、遗撒危险废物造成环境污染 | 《固体废物污染环境防治法》第六十条一款规定，运输危险废物，必须采取防止污染环境的措施，并遵守国家有关危险货物运输管理的规定 | 责令停止违法行为，限期改正 | 处以 1 万元以上 10 万元以下罚款［第七十五条（十二）］ | 县级以上环境保护行政主管部门 |
| 未采取相应的防范措施，擅自倾倒、堆放危险废物，造成环境污染 | 《固体废物污染环境防治法》第五十五条规定，产生危险废物的单位，必须按照国家有关规定处置危险废物，不得擅自倾倒、堆放 | 责令停止违法行为，限期改正 | 处以 1 万元以上 10 万元以下罚款［第七十五条（十一）］ | 县级以上环境保护行政主管部门 |

| 违法行为认定 | 法律依据 | 《固体废物污染环境防治法》规定的法律责任 | | |
|---|---|---|---|---|
| | | 行政命令 | 行政处罚 | 处罚机关 |
| 未制定危险废物意外事故防范措施和应急预案 | 《固体废物污染环境防治法》第六十二条规定，产生、收集、贮存、运输、利用、处置危险废物的单位，应当制定意外事故的防范措施和应急预案，并向所在地环保部门备案；环保部门应当进行检查 | 责令停止违法行为，限期改正 | 处以 1 万元以上 10 万元以下罚款［第七十五条（十三）］ | 县级以上环境保护行政主管部门 |
| 造成危险废物严重污染环境 | 《固体废物污染环境防治法》第六十三条规定，因发生事故或者其他突发性事件，造成危险废物严重污染环境的单位，必须立即采取措施消除或者减轻对环境的污染危害，及时通报可能受到污染危害的单位和居民，并向所在地县级以上环保部门和有关部门报告，接受调查处理 | 限期治理 | 逾期未完成治理任务：停业或者关闭（第八十一条） | 县级以上环境保护行政主管部门，本级人民政府，县级以上人民政府 |
| 造成固体废物污染环境事故 | | | 处 2 万～20 万元罚款（第八十二条） | |
| 造成重大损失 | | | 按照直接经济损失的 30%罚款，最高不超过 100 万元（第八十二条） | |
| 造成固体废物污染环境重大事故 | | | 停业、关闭（第八十二条） | |

## 4.1.2.8　危险废物出口核准管理

**表 4-10　违反危险废物出口核准制度应承担的法律责任**

| 违法行为认定 | 法律依据 | 《固体废物污染环境防治法》规定的法律责任 | | |
|---|---|---|---|---|
| | | 行政命令 | 行政处罚 | 处罚机关 |
| 无危险废物出口核准通知单或者不按危险废物出口核准通知单出口危险废物的 | 《危险废物出口核准管理办法》第三条规定，产生、收集、贮存、处置、利用危险废物的单位，向中华人民共和国境外《巴塞尔公约》缔约方出口危险废物，必须取得危险废物出口核准 | 责令改正 | 并处 3 万元以下的罚款（《危险废物出口核准管理办法》第二十一条） | 县级以上环境保护行政主管部门 |
| | | | 情节严重的，还可以撤销危险废物出口核准通知单（《危险废物出口核准管理办法》第二十一条） | 国务院环境保护行政主管部门 |

| 违法行为认定 | 法律依据 | 《固体废物污染环境防治法》规定的法律责任 | | |
|---|---|---|---|---|
| | | 行政命令 | 行政处罚 | 处罚机关 |
| 申请危险废物出口核准的单位隐瞒有关情况或者提供虚假材料 | 《危险废物出口核准管理办法》第五条规定，申请出口危险废物，应当向国务院环境保护行政主管部门提交下列材料：…… | | 不予受理其申请或者不予核准其申请，给予警告，并记载其不良记录责令改正<br>（《危险废物出口核准管理办法》第二十二条） | 国务院环境保护行政主管部门 |
| 以欺骗、贿赂等不正当手段取得危险废物出口核准通知单 | 《中华人民共和国行政许可法》第七十九条规定，被许可人以欺骗、贿赂等不正当手段取得行政许可的，行政机关应当依法给予行政处罚 | | 撤销危险废物出口核准通知单，并处3万元以下罚款（《危险废物出口核准管理办法》第二十六条） | 国务院环境保护行政主管部门 |
| 未按规定填写转移单据<br>未按规定运行转移单据<br>未按规定的存档期限保管转移单据 | 《危险废物出口核准管理办法》第十二条规定，危险废物出口者应当对每一批出口的危险废物，填写《危险废物越境转移—转移单据》，一式二份。<br>转移单据应当随出口的危险废物从转移起点直至处置或者利用地点，并由危险废物出口者、承运人和进口国（地区）的进口者、处置者或者利用者及有关国家（地区）海关部门填写相关信息。<br>危险废物出口者应当将信息填写完整的转移单据，一份报国务院环境保护行政主管部门，一份自留存档。<br>危险废物出口者应当妥善保存自留存档的转移单据，不得擅自损毁。转移单据的保存期应不少于5年。国务院环境保护行政主管部门要求延长转移单据保存期限的，有关单位应当按照要求延长转移单据的保存期限 | 责令改正 | 并处以3万元以下罚款；<br>情节严重的撤销危险废物出口核准通知单<br>（《危险废物出口核准管理办法》第二十三条）<br>并处以处3万元以下罚款；<br>（《危险废物出口核准管理办法》第二十三条） | 县级以上环境保护行政主管部门<br>国务院环境保护行政主管部门<br>县级以上环境保护行政主管部门 |
| 拒绝接受环境保护行政主管部门对转移单据执行情况进行检查 | 《危险废物出口核准管理办法》第十三条规定，国务院环境保护行政主管部门有权检查转移单据的运行情况，也可以委托县级以上地方人民政府环境保护行政主管部门检查转移单据的运行情况。被检查单位应当接受检查，如实汇报情况 | 责令限期改正 | 拒不改正或者在检查时弄虚作假的，处二千元以上二万元以下的罚款<br>（《固体废物污染环境防治法》第七十条）<br>情节严重的；<br>撤销危险废物出口核准通知单<br>（《危险废物出口核准管理办法》第二十三条） | 执行现场检查的部门<br>国务院环境保护行政主管部门 |

## 4.2　固体废物污染的典型案例分析及执法要点解析

### 案例三十八：某光学眼镜公司固体废物污染民事公益诉讼案

【案情介绍】

江苏省丹阳市号称是“眼镜之都”，是全球最大的树脂镜片生产基地，其年产树脂镜片量占全球产量的 50%以上。同时，眼镜在加工过程中产生的大量树脂镜片粉末也带来了环境污染问题。被告江苏某光学眼镜公司是丹阳市一家生产树脂眼镜镜片的合资企业，在树脂镜片磨边、修边工段等过程中也产生了树脂玻璃质粉末。原告镇江市生态环境某协会向镇江中级人民法院提起环境民事公益诉讼，诉称 2014 年 4 月至 7 月被告将约 5.5 t 的树脂玻璃质粉末交给 3 名货车司机，将上述废物倾倒于丹阳市的一处拆迁空地，造成了环境污染。根据丹阳市环境保护科技咨询服务中心作出的环境影响报告表认定这些废物为危险废物，因此请求判令被告采取措施消除环境污染，承担暂存、前期清理以及验收合格的费用，或赔偿因其环境污染造成的损失，相关费用合计人民币 23.44 万元。

截至 2015 年本案发生之前，整个丹阳市树脂镜片在切边、打磨过程中产生的废物，在整个丹阳都被环评认定为危险废物（HW13），归类于“饱和或者废弃的离子交换树脂（900-015-13）”，需依法交由具有危废处置资质的单位进行处理处置。本案审理中，原、被告双方争论的焦点就是被告产生的树脂玻璃粉末是不是危险废物。原告认为是危险废物，但是被告认为该类废物属一般固体废物，但是不敢一直坚持。在审理中双方曾和解。

江苏省镇江市中级人民法院一审经委托鉴定查明，案涉树脂玻璃质粉末不在《国家危险废物名录》（2008 年版）之列，环评报告将其评定为危险废物不符合法律规定，遂向丹阳市环境保护局、当地眼镜商会发出司法建议，建议依法重新评定该类固体废物的属性，准确定性。后经组织评定，确认该类废物不具有危险特性，可交由第三方综合利用或者以无害化焚烧等方式进行处置。

一审法院根据评定报告再次提出司法建议，建议为该类固体废物建立集中收集处置。丹阳市眼镜商会采纳了该建议，参照固体废物相关环保管理要求，采取转移“五联单”的办法管理，并将该类废物运交垃圾发电厂焚烧发电。丹阳市环境保护局对新的评定报告予以认可，同意丹阳市眼镜商会提出的该类废物集中处置方案，并表示愿意监督该公司依法处置剩余废物。

一审法院遂判令该公司在丹阳市环境保护局的监督下按照一般固体废物依法处置涉案废物。宣判后，双方均未上诉，一审判决已生效。

【执法思考】

对于固体废物的管理，要求从“摇篮”到“坟墓”进行全过程控制。对于一般的工业固体废物应按照《固体废物污染环境防治法》第三十三条的规定，“企业事业单位应当根据经济、技术条件对其产生的工业固体废物加以利用；对暂时不利用或者不能利用的，必须按照国务院环境保护行政主管部门的规定建设贮存设施、场所，安全分类存放，或者采取无害化处置措施”，不得随意倾倒和堆放。对于危险废物应遵照《固体废物污染环境防治法》第五十五条的规定，“产生危险废物的单位，必须按照国家有关规定处置危险废物，不得擅自倾倒、堆放；不处置的，由所在地县级以上地方人民政府环境保护行政主管部门责令限期改正；逾期不处置或者处置不符合国家有关规定的，由所在地县级以上地方人民政府环境保护行政主管部门指定单位按照国家有关规定代为处置，处置费用由产生危险废物的单位承担”。不管是何种性质的工业固体废物都应依法处理处置，而不得随意倾倒或堆放。但因二者的处理成本相差很大，所以应首先确定废物的属性。

因此，在处理关于固体废物问题时应首先明确其属性。

《固体废物鉴别标准　通则》（GB 34330—2017）规定固体废物的范围包括：

（1）丧失原有利用价值的物质，包括（但不限于）以下种类：

a）在生产过程中产生的因为质量原因无法满足原有使用要求的产品，如不合格产品、残次品、废品等，但符合国家或行业制定的产品标准中等外品要求的除外；

b）因为不符合国家或行业制定的产品标准/规范，而不能在市场出售、流通或者不能按照原用途使用的产品（商品）；

c）因为超过质量保证期，而不能在市场出售、流通或者不能按照原用途使用的产品（商品）；

d）因为沾染、掺入、混杂无用或有害物质使其质量无法满足使用要求，而不能在市场出售、流通或者不能按照原用途使用的产品（商品）；

e）在消费或使用过程中产生的，因为使用寿命到期而不能继续按照原用途使用的产品（商品）；

f）执法机关查处没收的需报废、销毁等无害化处理的假冒伪劣产品；

g）以处置废物为目的生产的，不存在市场需求或不能在市场上出售、流通的产品（商品）；

h）因火灾、地震、洪水、泥石流、雪灾、龙卷风、飓风、海啸等灾难损害而无法继续按照原用途使用的产品（商品）；

i）因丧失原有功能而无法继续使用的产品（商品）；

j）由于其他原因而不能在市场出售、流通或者不能按照原用途使用的产品（商品）。

（2）在生产过程中产生的副产物，包括（但不限于）以下种类：

a）产品加工过程中产生的下脚料、边角料、残余物等；

b）在物质提取、提纯、净化、改性、表面处理以及其他处理过程中产生的残余物质；

c）在物质合成、裂解、分馏、电解、电积、沉淀、溶解以及其他过程中产生的残余物质；

d）金属矿、非金属矿和煤炭开采、选矿过程中产生的废石、尾矿、矸石等；

e）石油、天然气、地热开采过程中产生的钻井泥浆、废压裂液、油泥、油脚和油田溅溢物等；

f）热能或燃烧设施中，燃料燃烧产生的残余物；

g）在设施设备维护和检修过程中，从炉窑、反应釜、反应槽、管道、容器以及其他设施设备中清理出的残余物质和损毁物质；

h）在破碎、粉碎、筛分、碾磨、切割、包装等加工处理过程中产生的不能直接作为产品或正常的原材料或作为现场返料的回收粉尘、粉末；

i）在建筑、工程等施工和作业过程中产生的报废料、残余物等建设废物；

j）其他生产过程中产生的满足下列条件的副产物。

1）不是生产工艺过程中产生的首要产物之一；

2）不能单独产生，只能伴随首要产物产生。

（3）环境治理过程中产生的物质，包括（但不限于）以下种类：

a）烟气、废气净化用除尘器收集的烟尘、粉尘；

b）烟气脱硫产生的脱硫石膏；

c）煤气净化产生的煤焦油；

d）废水处理污泥；

e）废水或废液处理过程中产生的浓缩液；

f）水净化处理产生的污泥、废弃物质；

g）化粪池污泥、厕所粪便；

h）禽畜养殖场产生的禽畜粪便；

i）固体废物填埋场产生的渗滤液的浓缩液；

j）固体废物焚烧炉产生的炉渣、飞灰、底渣等；

k）堆肥生产过程中产生的残余物；

l）动物尸体；

m）绿化和园林管理中清理产生的植物枝叶；

n）河道、沟渠、湖泊、航道等水体环境中清理出的漂浮物和疏浚污泥；

o）在污染场地修复过程中，采用下列任何一种方式处理的污染土壤：

1）填埋；

2）焚烧；

3）水泥窑协同处置；

4）生产建筑材料。

p）在其他环境治理过程中和污染修复活动中产生的各类物质。

（4）其他：

1）被法律禁止使用的任何物质；

2）国务院环境保护行政主管部门认定为固体废物的物质。

一般情况下，环境行政执法过程中对危险废物的管理和控制应按照环评报告的要求，但因 2017 年前环保部门并未对环评报告中危险废物的确定依据作出明确规定，所以才会出现本案中的情况。因此在环境执法时对于环评报告编制较早的单位，应结合企业原辅材料使用情况及生产工艺，全面分析各类固体废物的产生环节、主要成分、有害成分、理化性质，综合判定固体废物的性质。

2017 年，环境保护部发布了《建设项目危险废物环境影响评价指南》，指南要求对固体废物属性判定应根据《中华人民共和国固体废物污染环境防治法》和《固体废物鉴别标准　通则》（GB 34330—2017）来确定。看其是否列入了《国家危险废物名录》；而对环评阶段不具备开展危险特性鉴别条件又可能含有危险特性的固体废物，环境影响报告书（表）中应明确疑似危险废物的名称、种类、可能的有害成分，并明确暂按危险废物从严管理，并要求在该类固体废物产生后开展危险特性鉴别，环境影响报告书（表）中应按《危险废物鉴别技术规范》（HJ/T 298）、《危险废物鉴别标准 通则》（GB 5085.7）等要求给出详细的危险废物特性鉴别方案建议。

**【相关资料】**

### 固体废物的管理

固体废物在以下述任何一种方式进行处置的全过程中作为固体废物进行管理：

a）进行填埋处置；

b）直接施用于土地进行土壤改良、场地改造、场地修复以及其他土地利用方式，以及生产施用于土地的产品；

c）进行焚烧处置，包括带有能量回收功能的焚烧和垃圾衍生燃料的生产与焚烧；

d）为了能量回收的燃烧，或用于生产燃料，或包含于燃料中；

e）永久贮存；

f）其他处置方式。

固体废物生产的产品属于下述任何一种仍然作为固体废物进行管理：

a）产品不符合该产品国家或行业通用的质量标准；

b）固体废物在综合利用过程中带入所替代原料没有的污染物质，而且其产品不符合国家或行业的固体废物综合利用产品专用质量标准；

c）产品的市场价值为负，或者不存在特定的用途，或者不存在实际已有的市场需求，或者不存在固定的终行业用户；

d）产品的用途与其他固体废物综合利用相同，或者产品与其他固体废物一同进行处理生产综合利用终产品；

e）除上述情况外，在固体废物综合利用过程中，其终产品产生之前的中间产物。

以下物质不作为固体废物管理：

a）放射性废物；

b）满足相关排放标准可直接排入环境水体或市政污水管网的废水、污水，或者在产生企业内，利用物理处理、化学处理、物理化学处理和生物处理等废水处理工艺进行处理，达到相关排放标准后排入环境水体或市政污水管网的废水、污水、废液；

c）不经过贮存或堆积过程，而在现场直接返回到原生产过程或返回其产生过程的物质；

d）任何用于其原始用途的物质；

e）实验用样品，包括实验室化验分析用样品，实验室工艺实验用样品，中试工程用样品，以及工程环境保护竣工验收之前的试运行用样品。

按照以下方式进行处理的物质，不作为固体废物进行管理：

a）失效产品返回该产品生产企业进行再生处理使其恢复原有使用功能，同时该企业拥有经过环境影响评价批复和其他环境保护审批手续的失效产品再生设施和再生能力；

b）自然元素矿物、卤化物矿物、氧化物及氢氧化物矿物、含氧盐矿物采选过程中直接留在或返回到原开采位置的采矿废石和尾矿，但是带入采矿废石和尾矿以外物质的除外；

c）返回到煤炭开采位置的粉煤灰、燃煤炉渣等煤炭燃烧残渣以及煤矸石；

d）工程施工中开挖出的可按照国家标准就地处置的物质。

**【相关资料】**

## 危险废物

《固体废物污染环境防治法》第八十八条

（四）危险废物，是指列入国家危险废物名录或者根据国家规定的危险废物鉴别标准和鉴别方法认定的具有危险特性的固体废物。

## 案例三十九：泰州“天价环境公益诉讼案”

【案情介绍】

原告泰州市环保联合会诉称：2012 年 1 月—2013 年 2 月，某化工公司等 6 家企业违反环保法规，将其生产过程所产生的废盐酸、废硫酸等危险废物总计 2.6 万 t，以每吨 20～100 元不等的价格，交给无危险废物处理资质的公司偷排至当地的泰运河、古马干河，导致水体严重污染，造成重大环境损害，需要进行水体污染修复。

本案经环保部门调查后，14 名企业责任人被抓获，当地法院以污染环境罪对责任人判处二至五年不等的有期徒刑，并处 16 万～41 万元不等的罚金。

根据省环境科学学会废酸倾倒事件环境污染损害评估技术报告，某化工公司等 6 家企业在此次污染事件中违法处置的废物在合法处置时应花费的成本（虚拟治理成本）合计约 3 662.064 4 万元。根据环境保护部 2011 年发布的环境污染损害鉴定评估意见及所附《环境污染损害数额计算推荐方法》，污染修复费用应以虚拟治理成本为基数，按照 4.5 倍计算。因此，原告请求判令被告企业赔偿上述费用，用于环境修复，并承担鉴定评估费用和诉讼费。

法庭辩论：

支持起诉的泰州市检察院认为：检察院依职权发现，某化工公司等 6 家企业违法将废酸交给无危险废物处理资质的单位偷排，导致水体严重污染，损害社会公共利益，应承担污染损害赔偿责任。环保组织对责任企业提起民事公益诉讼请求赔偿损失，符合法律规定。

被告企业辩称：

（1）新修订的《环境保护法》规定，环保公益社会组织登记连续 5 年以上才可向法院提起诉讼。泰州市环保联合会 2014 年 2 月 25 日经泰州市民政局批准设立，不满 5 年，故不具备起诉资格；

（2）被告企业生产的副产酸并非危险废物，其生产销售行为合法，且对有关单位倾倒副产酸并不知情，故环境污染与被告企业无法律上的因果关系；

（3）省环科学会出具的评估技术报告无人签名，未见鉴定资质，将本案所涉副产酸鉴定为废物的程序不合法；

（4）倾倒地点水质已经恢复，无须再通过人工修复，环保组织根据虚拟治理成本计算损失没有事实依据；

（5）环保组织起诉被告企业被倾倒的副产酸数量与证据不符。因此，请求法院驳回环保组织的诉讼请求。

一审判决：

泰州中院审查认定的事实及一审判决：

依照 2012 年修订的《民事诉讼法》第五十五条，依法登记的环保组织具有民事公益诉讼主体资格。泰州市环保联合会作为依法成立的参与环保事业的非营利性社团组织，为保护水生态环境和维护公众环境权益，有权提起环境公益诉讼。

被告企业与实际倾倒单位之间的副产酸买卖是否合法，与环境污染有无因果关系：

本案所涉副产酸虽然符合化工产品标准并可销售，但其在被抛弃时，由于具有强烈的腐蚀性，属于危险废物；造成环境污染的，应当赔偿损失，并采取措施恢复环境原状。

被告企业将副产酸交给无处置资质和能力的江中公司等单位处置，并且所支付的款项远不足以补偿正常无害化处理上述废物的所需费用，导致大量副产酸未经安全处理即被倾倒，造成水域严重污染。被告主观上具有非法处置危险废物的故意，客观上造成了环境严重污染的结果，应该承担环境污染修复的赔偿责任。

某化工公司等 6 家企业倾倒的副产酸数量，均有相关票据等书证、证人证言证实，故倾倒副产酸数量不能认定的辩解不能成立。

二审：

江苏省高级人民法院的二审判决：

环保组织是否具备环境民事公益诉讼原告资格：

2012 年修订的《民事诉讼法》第五十五条明确规定：对污染环境、侵害众多消费者合法权益等损害社会公共利益的行为，法律规定的机关和有关组织可以向人民法院提起诉讼。

泰州市环保联合会经泰州市民政局核准成立，属于依法成立的专门从事环保公益活动的社会组织，有权提起环境民事公益诉讼。虽然新修订的《环境保护法》第五十八条对主体资格范围作了新的规定，但案发时新修订的《环境保护法》因尚未生效，不适于本案。

被告企业处置其副产酸行为与水体污染损害结果之间是否存在因果关系：

《水污染防治法》第二十九条规定："禁止向水体排放油类、酸液、碱液或者剧毒废液。"向水体倾倒数万吨酸液必然会导致环境污染，是人所共知的常识，因此被告企业负有防范其生产的酸性液体污染环境的法定义务。

泰兴市环境监测站监测表明：被废酸污染水体各监测点的酸浓度，在正常河流允许最高浓度的 100～1 000 倍。被告企业曾试图说明其处置的副产酸不属危险废物。实际上，无论副产酸是否属于危险废物，由于其属于酸性液体，已被法律明文禁止向水体排放。

被告企业对本案所涉副产酸的处置行为必须尽到谨慎注意义务，并采取一切必要的、可行的措施防止其最终被非法倾倒。

被告企业为转让废酸支付的补贴费用，远不足弥补受让人对副产酸作无害处理所需费用，在明知副产酸极有可能被非法倾倒情况下，却对此持放任态度。

被告企业向并不具备副产酸处置能力和资质的企业销售副产酸，应视为是一种在防范污染物对环境污染损害上的不作为，其补贴销售行为是违法倾倒涉案副产酸得以实施的必要条件，也是造成如泰运河和古马干河环境污染的直接原因，因而与环境污染损害结果之间存在法律上的因果关系，并应对由此造成的环境损害承担侵权责任。

**【执法思考】**

根据《固体废物污染防环境治法》第八十八条（一）的规定，固体废物，是指在生产、生活和其他活动中产生的丧失原有利用价值或者虽未丧失利用价值但被抛弃或者放弃的固态、半固态和置于容器中的气态的物品、物质以及法律、行政法规规定纳入固体废物管理的物品、物质。因此副产酸被抛弃时就成为废物。

根据《固体废物污染环境防治法》第八十八条（四）的规定，危险废物，是指列入国家危险废物名录或者根据国家规定的危险废物鉴别标准和鉴别方法认定的具有危险特性的固体废物。所以，经鉴定副产酸是危险废物。

《固体废物污染环境防治法》第五十七条规定，从事收集、贮存、处置危险废物经营活动的单位，必须向县级以上人民政府环境保护行政主管部门申请领取经营许可证；从事利用危险废物经营活动的单位，必须向国务院环境保护行政主管部门或者省、自治区、直辖市人民政府环境保护行政主管部门申请领取经营许可证。具体管理办法由国务院规定。

禁止无经营许可证或者不按照经营许可证规定从事危险废物收集、贮存、利用、处置的经营活动。

禁止将危险废物提供或者委托给无经营许可证的单位从事收集、贮存、利用、处置的经营活动。

《最高人民法院、最高人民检察院关于办理环境污染刑事案件适用法律若干问题的解释》第一条规定，实施刑法第三百三十八条规定的行为，具有下列情形之一的，应当认定为“严重污染环境”：

（二）非法排放、倾倒、处置危险废物三吨以上的。

《最高人民法院、最高人民检察院关于办理环境污染刑事案件适用法律若干问题的解释》第六条规定，无危险废物经营许可证从事收集、贮存、利用、处置危险废物经营活动，严重污染环境的，按照污染环境罪定罪处罚；同时构成非法经营罪的，依照处罚较重的规定定罪处罚。

《最高人民法院、最高人民检察院关于办理环境污染刑事案件适用法律若干问题的解释》第七条规定，明知他人无危险废物经营许可证，向其提供或者委托其收集、贮存、利用、处置危险废物，严重污染环境的，以共同犯罪论处。

另外，根据《固体废物污染环境防治法》第八十五条规定，造成固体废物污染环境的，应当排除危害，依法赔偿损失，并采取措施恢复环境原状。该案中相关人员承担刑事责任，单位承担修复治理费用。

关于诉讼主体资格的规定，《环境保护法》第五十八条规定，对污染环境、破坏生态，损害社会公共利益的行为，符合下列条件的社会组织可以向人民法院提起诉讼：

（一）依法在设区的市级以上人民政府民政部门登记；

（二）专门从事环境保护公益活动连续五年以上且无违法记录。

符合前款规定的社会组织向人民法院提起诉讼，人民法院应当依法受理。

提起诉讼的社会组织不得通过诉讼牟取经济利益。

2017 年 6 月 27 日《全国人民代表大会常委会关于修改《中华人民共和国民事诉讼法》和《中华人民共和国行政诉讼法》的决定》正式规定，检察机关在履行职责中发现生态环境和资源保护、食品药品安全、国有财产保护、国有土地使用权出让等领域有国家利益和社会公共利益受损害的情形，相关机关和组织不提起诉讼或行政机关不依法履职的，检察机关可以提起公益诉讼。

## 案例四十：跨省偷倒电镀污泥约千吨，6 人被判污染环境罪案

**【案情介绍】**

2015 年 9 月 18 日，蚌埠市环保局“12369”投诉举报中心接到群众举报，有大货车运输电镀污泥，倾倒至该市怀远县境内。

根据投诉人的描述，“12369”投诉举报中心工作人员初步判断这可能为一起跨省倾倒危险废物案件。市环保局立即会商市公安局，启动环境污染案件联合查办工作机制。市环境监察支队、市治安支队执法人员迅速赶往事发地乡镇，连续排查过往货车 2 个多小时，最后在一乡镇偏僻的停车场内，查获从山东省非法运输电镀污泥到蚌埠市的 4 辆大货车。通过进一步排查，执法部门发现，位于山东省临沂市的一家电镀企业，不光把电镀污泥倾倒填埋在蚌埠市，还有部分污泥被运往蒙城县，而且电镀污泥数量惊人，共约 1 000 t。

浦某某是山东省临沂市一家电镀企业的总经理，因为企业产生的大量电镀污泥需要处理，2014 年 7 月底至 8 月初，浦某某通过马某与湖南省一家具有电镀污泥处理资质的企业签订了电镀污泥处置合同。签完合同后，浦某某将相关材料上报环保部门请求批准。在环保部门还未审批时，浦某某为尽快处理电镀中心库存的电镀污泥，多次催马某装运处置，因无处置电镀污泥的环保审批手续及转运联单，不能合法处置，提前处理的提议遭到湖南省这家企业的拒绝。马某提议，将电镀污泥运至怀远境内处理，浦某某同意，并提出处理电镀污泥约 1 000 t，每吨给马某 700 元费用。

1 000 t 左右的电镀污泥怎么运呢？马某找到外甥尚某某以及同乡邵某某等人。尚某某以需要运输“肥料”为由，联系物流公司找运输车辆，并要求每辆车能装 30 多 t，运费每吨 110 元。2015 年 9 月 10—18 日，浦某某安排工人将电镀污泥装车、发运，先后非法转运、处置电镀污泥 27 车，每车约 35 t。其中，尚某某安排在怀远县双桥集镇两个村内倒了 4 车，还有 5 车因案发未能倾倒，剩下的 18 车则运到了蒙城县的一家窑场内。

耿某某在蒙城县开了一家窑场。他说，邵某某找他谈，要运“红土”给他烧砖，并每吨给他 100 元费用。“运土给我烧砖，还给我钱，哪有这么好的事情。”耿某某说，他已经想到邵某某口中的“红土”可能有污染，但以为烧成砖后应该就“没事了”，就答应了邵某某。

2015 年 9 月，耿某某先后将 18 车电镀污泥倾倒在窑场内。他把电镀污泥和其他烧砖材料混合，还未来得及制成砖，就被公安机关抓获。

怀远县检察院指控，2015 年 9 月间，浦某某等 6 人私自将电镀污泥约 1 000 t 运输至怀远县、蒙城县掩埋、倾倒，触犯了刑法第三百三十八条的规定，构成污染环境罪。

2016 年 4 月 14 日，怀远县法院公开开庭审理此案。怀远县法院审理认为，浦某某等 6 人违反国家规定，擅自倾倒、处理含有铬、镍、锌、铜等重金属成分的危险废物电镀污泥，严重污染环境，其行为均构成污染环境罪。浦某某因犯污染环境罪，被判处有期徒刑二年四个月，并处罚金 8 万元。马某因犯污染环境罪，判处有期徒刑二年二个月，并处罚金 7 万元。尚某某、邵某某及耿某某等 4 人，均因污染环境罪，分别被判处有期徒刑九个月至一年八个月不等，并处以 1 万元至 5 万元不等的罚金。

2015 年 10 月 22 日，市环保局出具关于上述电镀污泥的属性说明，认定其为危险废物，11 月 19 日，污泥样品经市环境监察支队送样检测，污泥中含有大量铬、镍、锌、铜等重金属成分，认定其为“危险废物”。案发后，该肇事企业在两地环保部门的共同监督下，已经清理电镀污泥和受污染土壤 2 000 余 t，运回山东处置，并按土壤污染修复规范，对蚌埠市倾倒地的生态环境进行治理和修复。

**【相关法律规定】**

最高人民法院、最高人民检察院《关于办理环境污染刑事案件适用法律若干问题的解释》相关条款：

第一条 实施刑法第三百三十八条规定的行为，具有下列情形之一的，应当认定为“严重污染环境”

（二）非法排放、倾倒、处置危险废物三吨以上的。

第四条 实施刑法第三百三十八条、第三百三十九条规定的犯罪行为，具有下列情形之一的，应当从重处罚：

（二）非法排放、倾倒、处置危险废物一百吨以上的；

（四）具有危险废物经营许可证的企业违反国家规定排放、倾倒、处置有放射性的废物、含传染病病原体的废物、有毒物质或者其他有害物质的。

第六条 无危险废物经营许可证从事收集、贮存、利用、处置危险废物经营活动，严重污染环境的，按照污染环境罪定罪处罚；同时构成非法经营罪的，依照处罚较重的规定定罪处罚。

实施前款规定的行为，不具有超标排放污染物、非法倾倒污染物或者其他违法造成环境污染的情形的，可以认定为非法经营情节显著轻微危害不大，不认为是犯罪；构成生产、销售伪劣产品等其他犯罪的，以其他犯罪论处。

第八条 违反国家规定，排放、倾倒、处置含有毒害性、放射性、传染病病原体等物质的污染物，同时构成污染环境罪、非法处置进口的固体废物罪、投放危险物质罪等犯罪的，依照处罚较重的规定定罪处罚。

## 案例四十一：违反持证经营规定获刑案

【案情介绍】

2014 年 8 月，白某某租赁位于重庆市渝北区玉峰山镇环山村一厂房经营废旧包装桶。同年 10 月至次年 4 月，白某某在未取得危险废物经营许可证的情况下，从吴某某等人处收购沾染有矿物油、涂料废物及废有机溶剂等物质的废旧包装桶（润滑油等矿物油系危险废物，含有或直接沾染危险废物的废弃包装物、容器属于《国家危险废物名录》规定的 HW49 类危险废物），并雇佣工人在上述厂房内用洗衣粉、香蕉水或清水清洗后出售，对于较脏的包装桶切割成块状后出售。对于清洗废旧包装桶产生的废水，白某某指使工人倾倒在地上，通过铺设的管道排放至外环境。2015 年 4 月 14 日，公安机关在上述厂房内查获了白某某收购的废旧包装桶共计 28.63 t。

吴某某于 2006 年开始销售壳牌润滑油，知道处理沾染润滑油的包装桶需要相应资质，但在未查验也未要求白某某出示危险废物经营许可证的情况下，于 2014 年 10 月至 2015 年 4 月，先后向白某某出售沾染有润滑油的壳牌废旧包装桶（209 L 装）共计 50.5 t。

2015 年 11 月 19 日，渝北区环保局对白某某作出《行政处罚决定书》(渝北环法〔2015〕9 号)：责令立即停止从事危险废物经营活动，并罚款 14.37 万元。2015 年 4 月 14 日，白某某、吴某某被公安机关依法逮捕。

白某某违反国家规定，非法处置危险废物三吨以上，严重污染环境；吴某某明知白某某无经营许可证，还向其提供危险废物，严重污染环境。上述行为均违反了《刑法》第三百三十八条之规定，已构成污染环境罪。

2016 年 3 月 17 日，渝北区法院作出判决，以污染环境罪判处白某某有期徒刑一年八个月，并处罚金 15 万元；判处吴某某有期徒刑一年，缓刑二年，并处罚金 8 万元。

【相关法律规定】

《最高人民法院、最高人民检察院关于办理环境污染刑事案件适用法律若干问题的解释》第十七条六款规定，本解释所称“无危险废物经营许可证”，是指未取得危险废物经营许可证，或者超出危险废物经营许可证的经营范围。

《固体废物污染环境防治法》第五十七条规定，从事收集、贮存、处置危险废物经营活动的单位，必须向县级以上人民政府环境保护行政主管部门申请领取经营许可证；从事利用危险废物经营活动的单位，必须向国务院环境保护行政主管部门或者省、自治区、直辖市人民政府环境保护行政主管部门申请领取经营许可证。具体管理办法由国务院规定。

禁止无经营许可证或者不按照经营许可证规定从事危险废物收集、贮存、利用、处置的经营活动。

禁止将危险废物提供或者委托给无经营许可证的单位从事收集、贮存、利用、处置的经营活动。

**案例四十二：青岛某企业违法处置危险废物案——危险废物经营许可证被吊销**

**【案情介绍】**

2016年6月18日，青岛某产业园——这个在当地运行了近十年的产业园的大门被周围村民堵上了。自2016年5月以来，就有周围村民在产业园附近聚集，6月部分村民静坐抗议某固体废物综合处置有限公司固废处置污染周围环境。6月22日，针对群众诉求，莱西市环保局责令该企业停产整顿，企业对3个焚烧炉的6个重点部位和18个库房自行封存。7月9日，该企业主要负责人因涉嫌环境污染犯罪被刑拘。7月17日，经过多方努力，聚集的村民全部撤离。

青岛某固体废物综合处置有限公司未按照危险废物经营许可证要求从事经营活动，存在未如实记录、申报危险废物经营情况，不按核准经营的贮存设施、经营类别从事危险废物经营活动。根据《固体废物污染环境防治法》第七十七条规定，原环境保护部决定吊销青岛某固体废物综合处置有限公司危险废物经营许可证。

**【相关资料】**

**关于危险废物监督管理中法律适用问题的复函**

环办函〔2014〕104号

贵州省环境保护厅：

你厅《关于危险废物监督管理中法律适用问题的请示》（黔环呈〔2013〕158号）收悉，经研究，现复函如下：

一、《中华人民共和国固体废物污染环境防治法》中明确规定，危险废物是指列入《国家危险废物名录》或者根据危险废物鉴别标准和鉴别方法认定的具有危险特性的固体废物。因此，《建设项目竣工环境保护验收技术规范电解铝》（HJ/T 254—2006）不具备认定某种废物是否属于危险废物的法律依据。

二、在根据危险废物鉴别标准和鉴别方法认定固体废物是否具有危险特性时，应依据《危险废物鉴别技术规范》（HJ/T 298—2007）中确定采样的份样数、份样量和采样方法。因此，建议按照《危险废物鉴别技术规范》（HJ/T 298—2007）对电解铝行业阳极残极碳渣进行危险废物的危险特性鉴别，确定其危险废物管理属性。

特此函复。

环境保护部办公厅

2014年1月27日

## 案例四十三：违反危险废物管理（非法进口、转移、处理、处置）制度的处罚之案例一

**【案情介绍】**

2010 年 10 月，某市环境监察支队对连锁型汽车销售、维修某企业进行现场检查，调取该企业危险废物产生台账、危险废物处置合同及转移联单时发现，某企业的生产现场管理混乱，存在着如下问题：

（1）将生产过程中产生的装有废机油的油桶和空机油桶与生活垃圾一起贮存；

（2）收集、贮存废机油、废油桶等危险废物的场所未设置识别标志；

（3）装有废机油的油桶露天存放，未采取防雨、防渗等措施，致使废机油进入下水管网（检查时在厂区内的下水管网入口发现了油污）；

（4）将汽车维修过程中产生的废机油自行焚烧，废棉纱交由无危险废物经营许可证的废品回收人员回收。

该市环保局依据《固体废物污染环境防治法》的相关规定对现场发现的违法行为拟进行行政处罚，并送达了行政处罚听证告知书。

某企业在接到市环保局的行政处罚听证告知书后，申请了听证，该企业在听证中阐述了下列观点：

（1）现场检查时，该企业接待人员不代表公司意见，属个人行为；

（2）现场检查时，其危险废物废机油置于桶内与生活垃圾共同存放，此情况不属于“将危险废物混入非危险废物进行贮存”；

（3）该市环保局认定的违法行为未造成污染，且在取证上有虚假成分；

（4）存在“执法陷阱”，未向企业宣贯相关的环保法律。

针对该单位提出的上述意见，参加听证会的执法人员逐项陈述：

（1）提供了该单位开具的《授权委托书》（盖有该单位公章）；

（2）提供了原环境保护部对“危险废物混入非危险废物中贮存的情形的解释”（环函〔2011〕87 号）；

（3）提供了《现场检查记录》（该单位已签字确认）及影像资料，证明某企业对危险废物的管理不规范；

（4）企业应严格按照投产前制定的环境影响评价文件规定的内容运营；此外，《固体废物污染环境防治法》的规定在企业投产前已经进行宣贯；

（5）某企业自身不具备危险废物处置资质，自行焚烧废机油违反《固体废物污染环境防治法》规定的内容，且含油废棉纱同属危险废物，交由废品回收人员的行为属“将危险废物提供或委托给无经营许可证的单位从事经营活动”。

听证组在听取双方质证后，综合分析提出处罚建议：建议撤销依《固体废物污染环境

防治法》第七十五条第一款第五项及第十一项进行的两项处罚。

究其原因：

（1）执法人员未能提供明确的影像资料证明该单位的危险废物废机油渗入下水管道；

（2）《现场检查记录》所提到的“废棉纱”未明确认定为危险废物，自行焚烧废机油的行为与《固体废物污染环境防治法》中提到的“将危险废物提供或委托给无经营许可证的单位从事经营活动”不符。

该市环保局最终采纳了听证组的意见，撤销以上两项处罚。

**【执法思考】**

本案中连锁型汽车销售、维修的某企业在废机油等危险废物的管理中存在多项环境违法问题，但市环保局在调查取证过程中不够细致，对其中部分违法行为没能形成完整的证据链（执法人员未能提供明确的影像资料证明该单位的危险废物废机油渗入下水管道；《现场检查记录》所提到的“废棉纱”未明确认定为危险废物）；适用法律不准确（自行焚烧废机油的行为与《固体废物污染环境防治法》中提到的“将危险废物提供或委托给无经营许可证的单位从事经营活动”不符。该违法行为应适用《大气污染防治法》的相关规定）。

在类似案件进行处理时，①要先确定该废物是否是列入《国家危险废物目录》中的危险废物。如本案在汽车维修过程中产生的主要危险废物包括：废润滑油、沾染性废物（废抹布、废棉纱）、机油滤清器（HW08）、废铅酸蓄电池（HW49）、废石棉（HW36）、防冻液（HW42）等；②执法人员在制作现场检查笔录时，应当检查下水管网出口外排废水是否含废机油；③间接证据证实违法行为必须要形成完整的证据链，要环环相扣，不得出现第二种可能性，即结论应具有唯一性、排他性；④对一个单位的多个环境违法行为，虽然彼此存在一定联系，但各自构成独立违法行为的，应当对每个违法行为同时、分别依法给予相应处罚；⑤对于一个单位同时有两个或者两个以上的环境违法行为，环保部门可以分别制作行政处罚决定书，也可列入同一行政处罚决定书。

### 案例四十四：违反危险废物管理（非法进口、转移、处理、处置）制度的处罚之案例二

**【案情介绍】**

2009 年 12 月 3 日、7 日，浙江省东阳市某制药有限公司将危险废物委托给无经营许可证的邢某华处置，邢某华等 5 人将危险废物装入铁桶倾倒在安徽亳州市涡阳、利辛两县境内。两县共发现危险废物 1 047 桶，其中涡阳县发现 291 桶，利辛县发现 756 桶。经监测，其中均含有大量三乙基胺、硼酸三甲基脂、磷酸三乙基胺、三甲基苯胺、苯并噻唑、甲苯、苯酚、对二氯苯、二甲基苯胺等成分复杂的有毒有害污染物，多属《国家危险废物名录》中所列的危险废物。事件发生后，安徽省环保部门对危险废物进行了无害化处理，对受污染土壤进行了深度清理。经安徽、浙江两省环保部门协商，由浙江某制药有限公司

一次性赔偿涡阳县、利辛县造成的污染损失及处置费用总计 220 万元。浙江金华市、东阳市环保局对该制药有限公司的环境违法行为共罚款 25 万元。安徽省涡阳县和利辛县人民法院认定邢某华等犯重大环境污染事故罪，分别判处有期徒刑五年半、二年或一年，分别处罚金 1 万～2 万元不等。利辛县公安局对王某山等 6 人处行政拘留 10 日。

**【执法思考】**

污染物异地违法排放是近年来出现的规避环境监管的新型违法排污形式，其性质恶劣、危害极大、隐蔽性强，具有“发现难、取证难、追究难”的特点。

本案就是一起重大的跨省非法转移处置危险废物案件，两地环保部门联手进行了处理。

该案在执法当中可借鉴的地方：

（1）依法处理

《固体废物污染环境防治法》第五十九条规定，转移危险废物的，必须按照国家有关规定填写危险废物转移联单。跨省、自治区、直辖市转移危险废物的，应当向危险废物移出地省、自治区、直辖市人民政府环境保护行政主管部门申请。移出地省、自治区、直辖市人民政府环境保护行政主管部门应当商经接受地省、自治区、直辖市人民政府环境保护行政主管部门同意后，方可批准转移该危险废物。未经批准的，不得转移。

转移危险废物途经移出地、接受地以外行政区域的，危险废物移出地设区的市级以上地方人民政府环境保护行政主管部门应当及时通知沿途经过的设区的市级以上地方人民政府环境保护行政主管部门。

《固体废物污染环境防治法》第七十五条（六）规定：不按照国家规定填写危险废物转移联单或者未经批准擅自转移危险废物的，由县级以上人民政府环境保护行政主管部门责令停止违法行为，限期改正，处二万元以上二十万元以下的罚款。

（2）处罚违法行为主体应是行为发生地的环保部门

《环境行政处罚办法》第十七条规定，县级以上环境保护主管部门管辖本行政区域的环境行政处罚案件。

造成跨行政区域污染的行政处罚案件，由污染行为发生地环境保护主管部门管辖。

### 案例四十五：违反危险废物管理（非法进口、转移、处理、处置）制度的处罚之案例三

**【案情介绍】**

2016 年 1 月 28 日，灌南县环保局接到群众举报，称硕项湖湿地公园里有人非法倾倒化工废物，现场还留有残液。接到举报后，环保执法人员立即赶赴现场调查处理。在西湖区南侧草丛中，执法人员共发现 38 只化工废桶，气味刺鼻。

灌南县环保局现场勘查发现，这些化工废桶内装有疑似危险废物 5.44 t，部分桶体中的疑似危险废物已经溢出。案件移送公安机关后，经侦查发现，这 38 只化工废桶中的危险废

物系当地个体户王某银指使雇用工人孙某、陈某、王某三人趁着夜色倾倒在硕项湖里的。

2016 年 2 月 1 日夜，当王某银再次准备倾倒时被当场查获。警方顺藤摸瓜又将化工废料“上家”江苏某化工有限公司法定代表人黄某德、安环科科长韦某祥抓获。经查，江苏某化工有限公司是扬州一家药企，该公司在生产过程中会产生一种精馏残渣，属于危险废物，具有极强的腐蚀性和刺激性（危险废物类别为 HW11）。2015 年 2 月至 2016 年 2 月，黄某德和韦某祥为节约成本，违反危险废物处理要求，先后 5 次将 70 余 t 危险废物交给没有处理资质的王某银处置。王某银把其中 30 余 t 直接转卖给他人用于加工防水涂料，后又雇用村民将近 12 t 危险废物直接倾倒在硕项湖，非法获利 8 万余元。

2016 年 9 月 19 日，公安机关以污染环境罪将王某银等 8 名犯罪嫌疑人移送海州区检察院审查起诉。为了平复群众恐慌情绪，维护社会稳定，承办检察官夜以继日，在短短 10 天内完成阅卷、实地走访、补充侦查等工作。

2016 年 11 月 10 日，连云港市海州区法院公开开庭审理此案。旁听席上，除被告人近亲属外，还坐满了灌南当地的群众代表。在法庭调查阶段，各被告人及其辩护人对检察机关指控的犯罪事实均予以认可。

2017 年 1 月，海州区法院一审宣判：江苏某化工有限公司因污染环境罪被判处罚金 40 万元；王某银被判有期徒刑二年，并处罚金 15 万元；其他 7 名被告人分别被判处有期徒刑六个月至二年不等，并处罚金。至此，本案涉及的危险废物的产生者、贩售者、运输者、倾倒者无一漏网。

审判期间，海州区检察院会同法院共同责成江苏某化工有限公司及时消除危害后果，恢复生态原貌。江苏某化工有限公司及时委托一家有资质的公司对倾倒在湖边和储存在其他地点的危险废物进行了无害化处理。检察人员对此进行了全程监督。

**【执法思考】**

（1）环境监察机关在查处违法处理危险废物案件时，首先应确定该污染物是否危险废物。

（2）正确适用法律，及时将涉嫌犯罪案件移送给公安机关。

（3）我国对危险废物的管理是全过程控制，应依据《固体废物污染环境防治法》的规定做好源头管理工作，掌握每个危险废物产生单位危险废物的产生量、流向、处理、处置的情况，最大可能地避免该类案件的发生。

（4）根据《环境保护行政执法与刑事司法衔接工作办法》的规定，环保部门将案件移送公安机关的同时，要将案件移送书抄送同级检察院，以便于检察机关开展法律监督工作。

**【相关法律规定】**

《固体废物污染环境防治法》第五十七条规定，从事收集、贮存、处置危险废物经营活动的单位，必须向县级以上人民政府环境保护行政主管部门申请领取经营许可证；从事利用危险废物经营活动的单位，必须向国务院环境保护行政主管部门或者省、自治区、直辖市人民政府环境保护行政主管部门申请领取经营许可证。具体管理办法由国务院规定。

禁止无经营许可证或者不按照经营许可证规定从事危险废物收集、贮存、利用、处置的经营活动。

禁止将危险废物提供或者委托给无经营许可证的单位从事收集、贮存、利用、处置的经营活动。

《最高人民法院、最高人民检察院关于办理环境污染刑事案件适用法律若干问题的解释》第一条规定，实施刑法第三百三十八条规定的行为，具有下列情形之一的，应当认定为“严重污染环境”：

（二）非法排放、倾倒、处置危险废物三吨以上的。

第三条规定，实施刑法第三百三十八条、第三百三十九条规定的行为，具有下列情形之一的，应当认定为“后果特别严重”：

（二）非法排放、倾倒、处置危险废物一百吨以上的。

第六条第一款规定，无危险废物经营许可证从事收集、贮存、利用、处置危险废物经营活动，严重污染环境的，按照污染环境罪定罪处罚；同时构成非法经营罪的，依照处罚较重的规定定罪处罚。

### 案例四十六：企业回收利用自身产生的危险废物的法律适用案

**【案情介绍】**

某铅酸蓄电池生产厂增设一条电解生产线处理本厂产生的废铅酸蓄电池。该厂考虑到处理能力有富余，因此拟从外部收集一些废铅酸蓄电池进行处理，这样一方面降低生产成本，另一方面可以为企业创收。该企业的做法是否可行？

**【执法思考】**

该案是铅酸蓄电池生产企业对该做法不知可否而咨询的实例。对类似问题，企业有一定困惑，部分环境监察人员也有一定困惑。因此，尽管这是一个较单纯的问题，也需在此将涉及的法律问题做一介绍。

《固体废物污染环境防治法》第五十五条规定，产生危险废物的单位，必须按照国家有关规定处置危险废物，不得擅自倾倒、堆放。

第五十七条规定，从事收集、贮存、处置危险废物经营活动的单位，必须向县级以上人民政府环境保护行政主管部门申请领取经营许可证；从事利用危险废物经营活动的单位，必须向国务院环境保护行政主管部门或者省、自治区、直辖市人民政府环境保护行政主管部门申请领取经营许可证。具体管理办法由国务院规定。

禁止无经营许可证或者不按照经营许可证规定从事危险废物收集、贮存、利用、处置的经营活动。

第七十七条规定，无经营许可证或者不按照经营许可证规定从事收集、贮存、利用、处置危险废物经营活动的，由县级以上人民政府环境保护行政主管部门责令停止违法行为，没收违法所得，可以并处违法所得三倍以下的罚款。

根据《危险废物经营许可证管理办法》的规定，危险废物经营许可证分为两类：第一类是危险废物收集、贮存、处置综合经营许可证，领取此类许可证的单位可以从事各类危险废物的收集、贮存、处置经营活动；第二类是危险废物收集经营许可证，领取此类许可证的单位只能从事机动车维修活动中产生的废矿物油和居民日常生活中产生的废镉镍电池的危险废物收集经营活动。

以上无论哪一类许可证均强调了经营。

本案中，企业如只处理自身产生的废铅酸蓄电池，不属于经营活动，不要求领取危险废物经营许可证，但必须遵照危险废物申报登记、转移联单制度，将危险废物的产生、转移、利用及处置情况向环保主管部门进行申报和登记，并保证危险废物回收利用符合相应的环保标准，得到妥善无害化处置。就该问题原环境保护部作了详细解释（环函〔2005〕203 号）。该企业若从外部收集废铅酸蓄电池进行处理，就属于危险废物经营活动，应依法定程序申领危险废物经营许可证；如没有领取危险废物经营许可证就从外部收集废铅酸蓄电池进行处理，应依据《固体废物污染环境防治法》的规定进行处罚。

# 第 5 章　环境噪声污染的典型案例及其执法要点解析

## 5.1　概述

### 5.1.1　环境噪声污染防治的法律规定

从法律上讲，环境噪声污染是指所产生的环境噪声超过国家规定的环境噪声排放标准，并干扰他人正常生活、工作和学习的现象。

我国现行法律对环境噪声污染的界定为“超标+扰民”。目前环境监察部门重点是对企业排放超过环境噪声排放标准的行为实施监督管理，但实践中对未超过排放标准但又对他人正常的生活、工作和学习造成影响的，环境监察部门也会出面进行调解，并按照“相邻关系”的原则要求企业排除妨害。

目前我国环境噪声污染防治的主要法律规定见表 5-1、表 5-2。

表 5-1　我国环境噪声污染防治的法律法规

| | 文件名称 | 发布（修订、修正）时间 |
|---|---|---|
| 法律 | 《中华人民共和国环境噪声污染防治法》 | 1996 年 10 月 29 日通过<br>1997 年 3 月 1 日起施行<br>2018 年 12 月 29 日修正 |
| 行政规章及规范性文件 | 国家环境保护总局、铁道部《关于加强铁路噪声污染防治的通知》 | 2001 年 7 月 12 日，环发〔2001〕108 号 |
| 地方性法规和规章 | 略 | |

表 5-2　环境噪声污染控制标准（部分）

| 序号 | 标准编号 | 标准名称 | 实施时间 |
|---|---|---|---|
| 1 | GB 22337—2008 | 社会生活环境噪声排放标准 | 2008-10-01 |
| 2 | GB 12348—2008 | 工业企业厂界环境噪声排放标准 | 2008-10-01 |
| 3 | GB 12523—90 | 建筑施工场界噪声限值 | 1991-03-01 |
| 4 | GB 12525—90 | 《铁路边界噪声限值及其测量方法》修改方案 | 2008-10-01 |
| 5 | GB 12525—90 | 铁路边界噪声限值及其测量方法 | 1991-03-01 |

## 5.1.2 环境噪声污染防治法规定的环境保护部门的职责

### 5.1.2.1 对在夜间进行禁止从事的产生环境噪声污染的施工作业的监管和处罚

表 5-3 施工作业单位违反环境噪声污染防治的法律规定应承担的法律责任

| 违法行为认定 | 法律依据 | 《环境噪声污染防治法》规定的法律责任 | | |
|---|---|---|---|---|
| | | 行政命令 | 行政处罚 | 处罚机关 |
| 在城市市区噪声敏感建筑物集中区域内，夜间进行禁止进行的产生环境噪声污染的建筑施工作业 | 《环境噪声污染防治法》第三十条第一款规定，在城市市区噪声敏感建筑物集中区域内，禁止夜间进行产生环境噪声污染的建筑施工作业，但抢修、抢险作业和因生产工艺上要求或者特殊需要必须连续作业的除外 | 责令改正 | 可以并处罚款（第五十六条） | 由工程所在地县级以上生态环境主管部门 |

### 5.1.2.2 对文化娱乐场所的经营管理者未按规定采取措施而造成环境噪声污染的监管

表 5-4 文化娱乐场所经营者违反环境噪声污染防治法律规定应承担的法律责任

| 违法行为认定 | 法律依据 | 《环境噪声污染防治法》规定的法律责任 | | |
|---|---|---|---|---|
| | | 行政命令 | 行政处罚 | 处罚机关 |
| 经营中的文化娱乐场所超标排放噪声，造成环境噪声污染 | 《环境噪声污染防治法》第四十三条第二款规定，新建营业性文化娱乐场所的边界噪声必须符合国家规定的环境噪声排放标准；<br>经营中的文化娱乐场所，其经营管理者必须采取有效措施，使其边界噪声不超过国家规定的环境噪声排放标准 | 责令改正 | 可以并处罚款（第五十九条） | 县级以上生态环境主管部门 |

### 5.1.2.3　对商业经营活动中使用空调器、冷却塔等设备或设施的经营管理者未按规定采取措施而造成环境噪声污染的监管

表 5-5　商业经营活动中违反环境噪声污染的法律规定应承担的法律责任

| 违法行为认定 | 法律依据 | 《环境噪声污染防治法》规定的法律责任 | | |
|---|---|---|---|---|
| | | 行政命令 | 行政处罚 | 处罚机关 |
| 商业经营活动中使用空调器、冷却塔等设备、设施边界噪声超标 | 《环境噪声污染防治法》第四十四条第二款规定，在商业经营活动中使用空调器、冷却塔等可能产生环境噪声污染的设备、设施的，其经营管理者应当采取措施，使其边界噪声不超过国家规定的环境噪声排放标准 | 责令改正 | 可以并处罚款（第五十九条） | 县级以上生态环境主管部门 |
| 商业经营活动中，利用高音广播喇叭等发出高噪声方法招揽顾客，造成环境噪声污染 | 《环境噪声污染防治法》第四十四条第一款规定，禁止在商业经营活动中使用高音广播喇叭或者采用其他发出高噪声的方法招揽顾客 | 责令改正 | 可以并处罚款（第六十条） | 公安机关（或县级以上生态环境主管部门） |

表 5-6　违反环境噪声污染防治法律规定的其他行为应承担的法律责任

| 违法行为认定 | 法律依据 | 《环境噪声污染防治法》规定的法律责任 | | |
|---|---|---|---|---|
| | | 行政命令 | 行政处罚 | 处罚机关 |
| 在噪声敏感建筑物集中区域内造成严重环境噪声污染 | 《环境噪声污染防治法》第十七条第一款规定，对于在噪声敏感建筑物集中区域内造成严重环境噪声污染的企业事业单位，限期治理 | 限期治理（第十七条）<br>限期治理逾期未完成理任务（加收超标准排污费） | 处以罚款（根据危害后果）<br>责令停业、搬迁、关闭（第五十二条） | 县级以上生态环境主管部门<br>县级以上人民政府 |

【相关资料】

### 关于居民楼内生活服务设备产生噪声适用环境保护标准问题的复函

环函〔2011〕88号

安徽省环境保护厅：

你厅《关于居民楼内设备产生噪声适用环境保护标准问题的请示》（环科函〔2011〕173号）收悉。现函复如下：

一、《中华人民共和国环境噪声污染防治法》（以下简称《噪声法》）未规定由环境保护行政主管部门监督管理居民楼内的电梯、水泵和变压器等设备产生的环境噪声。处理因这类噪声问题引发的投诉，国家法律、行政法规没有明确规定的，适用地方性法规、地方政府规章；地方没有明确作出规定的，环境保护行政主管部门可根据当事人的请求，依据《民法通则》的规定予以调解。调解不成的，环境保护行政主管部门应告知投诉人依法提起民事诉讼。

二、《工业企业厂界环境噪声排放标准》（GB 12348—2008）和《社会生活环境噪声排放标准》（GB 22337—2008）都是根据《噪声法》制定和实施的国家环境噪声排放标准。这两项标准都不适用于居民楼内为本楼居民日常生活提供服务而设置的设备（如电梯、水泵、变压器等设备）产生噪声的评价，《噪声法》也未规定这类噪声适用的环保标准。

环境保护部

二〇一一年四月七日

## 5.2 环境噪声污染的典型案例分析及执法要点解析

### 案例四十七：夜间建筑施工作业造成环境噪声污染之案例一

【案情介绍】

2016年4月5日克拉玛依某区环保局接到群众举报，反映小区附近一家建筑工地昼夜施工，居民无法休息。当天，区环境监察大队赶赴施工现场执法。执法人员从工地现场项目简介告示牌上初步确认，进行夜间施工的单位为某省某建设集团有限公司，主要施工内容为混凝土楼层浇注。执法人员表明了身份，随即用照相机和摄像机取证，并在施工场界进行了噪声测量。经执法人员现场勘查：施工噪声源主要是商品混凝土运输车、混凝土输送泵和施工电梯等设备的作业，施工场界噪声经测试为 72.4 dB，其夜间作业行为对周围群众生活环境产生了严重的影响。执法人员遂向当事人作出了《接受调查通知书》，并立即呈报立案。

通过对当事人夜间作业行为的全面调查，核实了此次夜间作业既不属于抢修、抢险，也没有相关主管部门出具的因生产工艺需要必须连续作业的证明。依据《噪声污染防治法》有关规定，拟责令停止夜间施工，并处罚款 7 万元。在听证会上，该工地施工单位辩称，公安机关规定白天不得在市区内运输、装卸建筑材料，施工单位只有在晚上施工，而且每天在 24 点前就装卸结束。在装卸时为了防止影响周边居民，特别在地上铺了草垫，要求工人在装卸时不要大声喧哗。鉴于上述理由，请求环保局减轻罚款。调查人员对当事人的陈述没有发表意见。事后，某区环保局对该单位作出责令停止夜间施工，罚款 2 万元的行政处罚决定。

**【执法思考】**

本案是一起典型的关于建筑施工环境噪声污染案件。建筑施工噪声是指在建筑施工过程中，产生的干扰周围生活环境的声音。为了防止建筑施工环境噪声污染，我国的《环境噪声污染防治法》规定了两种法律措施：

（1）事先申报制度。《环境噪声污染防治法》第二十九条做了明确规定，在城市市区范围内，建筑施工过程中使用机械设备，可能产生环境噪声污染的，施工单位必须在工程开工十五日以前向工程所在地县级以上地方人民政府环境保护行政主管部门申报该工程的项目名称、施工场所和期限、可能产生的环境噪声值以及所采取的环境噪声污染防治措施的情况。

（2）禁止夜间施工制度。《环境噪声污染防治法》第三十条规定，在城市市区噪声敏感建筑物集中区域内，禁止夜间进行产生环境噪声污染的建筑施工作业，但抢修、抢险作业和因生产工艺上要求或者特殊需要必须连续作业的除外。

因特殊需要必须连续作业的，必须有县级以上人民政府或者其有关主管部门的证明。

前款规定的夜间作业，必须公告附近居民。

《环境噪声污染防治法》中所说的“噪声敏感建筑物”是指医院、学校、机关、科研单位，住宅等需要保持安静的建筑物。“噪声敏感建筑物集中区域”是指医疗区、文教科研区和以机关或者居民住宅为主的区域。但《环境噪声污染防治法》第三十条规定的因抢修、抢险作业和因生产工艺上要求或者特殊需要必须连续作业三种情况除外。

《新疆维吾尔自治区环境保护条例》第三十二条规定：在城市居民区、医院等区域，零时至八时（北京时间）不得进行产生噪声污染的建筑施工作业；因抢险、抢修作业和生产工艺要求或者特殊需要必须连续作业的，应当报经所在地县（市）人民政府环境保护行政主管部门批准，并在一定范围内予以公告。建筑施工企业因特殊作业必须在夜间连续作业的，需提前到环保部门办理《夜间建筑施工许可证》，并公告附近居民。

本案中，该施工单位未取得证明就进行夜间连续施工产生环境噪声扰民的行为违反了《环境噪声污染法执法》第二十九条和第三十条的规定，应受到行政处罚。

## 案例四十八：夜间建筑施工作业造成环境噪声污染之案例二

**【案情介绍】**

2001 年 10 月，天通花园小区 27 户居民联名将某建筑公司告上法庭。四个月以前，与该居民区一墙之隔的安顺花园破土动工。从此，这里的居民便没过上一天清静日子。建筑工地日夜施工，工地上的夜间探照灯将居民家中照得亮如白昼，刺耳的噪声更是使附近的居民夜不能寐，痛苦不堪。这里的居民以老人和孩子居多，睡眠不足使得老人身体每况愈下，孩子的健康和学业也受到影响。居民们不堪忍受建筑噪声，愤而向“环保 110”投诉。

环保部门接到投诉后，进行了实地勘察和监测。经查明，该工程是由某建筑公司承建的。该建筑公司在开工前，未向该市环境保护行政主管部门进行申报。环保部门到工地查处时，发现工地正在夜间施工。对此，该建筑公司负责人申辩：他们并未在夜间大规模施工，只是混凝土浇铸因工艺的特殊需要，开始之后就无法中止，即便是夜间也不能停工。但是该建筑公司并没有办理相关的夜间开工手续。

经环保部门监测，该工地昼间噪声为 70 dB，夜间噪声为 54 dB，未超过国家规定的建筑施工噪声源的噪声排放标准。于是环保部门进行了调解，并对该建筑公司未依法进行申报和办理夜间开工手续作出处罚。但是，建筑工地的噪声污染并没有得到改善，广大居民依然处于噪声污染之中。

在向律师事务所咨询以后，天通花园小区 27 户居民以相邻权受到侵害为由向人民法院提起诉讼，要求法院判令被告停止噪声污染，赔偿损失。

人民法院受理后，经过法庭调查认定，某建筑公司排放的噪声尽管符合国家规定的建筑施工噪声源的噪声排放标准，但超过了《城市区域环境噪声标准》中规定的区域标准限值，在事实上构成环境噪声污染，侵害了原告的相邻权。根据《民法通则》第八十三条的规定，判决被告采取措施，消除噪声污染，赔偿原告精神损失 200 元。

**【执法思考】**

本案是一起典型的关于建筑施工环境噪声污染案。

建筑施工环境噪声污染是指在建筑施工过程中产生的干扰周围生活环境的声音。本案中建筑公司并未超标向环境排放噪声，按照法律规定，该建筑公司并未造成环境噪声污染。所以，环境保护部门不能以环境噪声污染的理由对其进行罚款，也不能征收排污费，对发生的纠纷只能进行调解。最后，环保部门以建设公司违反了《环境噪声污染防治法》中要求建筑施工单位开工前 15 日向环保部门进行排污申报（抢修、抢险作业和因生产工艺上要求或者特殊需要必须连续作业的除外）的规定进行了处罚。为了防治建筑施工环境噪声污染，《环境噪声污染防治法》规定了两种法律措施：①事先申报制度；②禁止夜间施工制度。本案被告某建筑公司在开工前未依法向该市环保部门进行申报，在夜间施工时，也未向附近的居民进行公告，违反了上述规定，环保部门对其作出处罚是符合法律规定的。但扰民问题并未解决。

实际上，我国目前的声环境标准除了环境噪声排放标准，还有声环境质量标准。声环境质量标准是制定环境噪声排放标准的依据，也是衡量一个区域是否存在环境噪声污染的尺度。根据《城市区域环境噪声标准》的规定，原告所在的天通花园小区属于以居住、文教机关为主的区域，其环境噪声质量标准为昼间 55 dB、夜间 45 dB，而被告施工现场昼间噪声为 70 dB，夜间噪声为 54 dB，显然超出了《城市区域环境噪声标准》的规定限值。因此，从本案的实际情况来看，判定被告没有造成环境噪声污染，显然不符合事实，也难以说服饱受噪声干扰之苦的居民。

由于现行《环境噪声污染防治法》关于"环境噪声污染"的定义不够准确，给该案的解决带来很大困难。为了保护这些居民的合法利益，本案中，法院依据《民法通则》中关于"不动产的相邻各方，应当按照有利生产、方便生活、团结互助、公平合理的精神，正确处理截水、排水、通行、通风、采光等方面的相邻关系。给相邻方造成妨碍或者损失的，应当停止侵害、排除妨碍、赔偿损失"的规定来处理该纠纷基本上是正确的。

但是，将建筑施工单位作为不动产的相邻各方适用《民法通则》毕竟不是十分准确。如用于与居民与生产企业之间的关系会更准确些。

综观本案，环境是否被污染，并不能以排污者的排污是否超过排放标准为根据，而应以污染物的排放是否使当地环境质量劣于适用的环境质量标准为依据。因此，类似问题根本的解决方式是修改《环境噪声污染防治法》关于"环境噪声污染"的定义，完善有关噪声污染的规定。

### 案例四十九：企业排放噪声监管问题之案例一

**【案情介绍】**

某市某区环保部门接到群众投诉，投诉其居住地附近的一家个体经营户储存冻肉的制冷设备发出噪声，开关卷闸声、装卸货声以及机动车发出的噪声严重干扰了他们的正常生活，影响身体健康，要求区环保局制止该购销部的噪声污染。经环保局检测，该购销部的冷却塔在运作期间发出的环境噪声超标，造成环境噪声污染。环保局对该购销部作出罚款 500 元的行政处罚，并要求其在 15 天内完善冷却塔整治，确保噪声达标排放。对于由开关卷闸声、装卸货声以及机动车等活动所引发的社会生活噪声，根据《环境噪声污染防治法》第六条、第四十一条的规定，属其他主管部门的职责，应由其他部门处理。该地住户以区环保局不作为为由，提起行政诉讼。

法院认为：被告是环境保护行政主管部门，根据《环境噪声污染防治法》第六条第二款的规定，原告受到噪声污染，被告有责任进行监督和处理。原告受到的噪声污染来源于其住所附近的购销部所发出的各种噪声。对该购销部发出的噪声，被告已进行了监测，并于 2003 年 12 月 17 日对其进行了行政处罚。因此，被告对原告投诉的噪声污染一案，已进行了处理，履行了监督管理职责。原告诉被告行政不作为理由不足，法院不予支持。依照最高人民法院《关于执行〈中华人民共和国行政诉讼法〉若干问题的解释》第五十六条第（一）项的规定，判决驳回原告的诉讼请求，案件受理费 100 元由上诉人承担。

原告不服原判，提起上诉。原告认为根据有关法律、法规，治理这些噪声污染是被告的职责，不应将责任推卸给其他部门。

二审法院认为：根据《中华人民共和国环境噪声污染防治法》第六条第二款的规定，被上诉人某市某区环境保护局作为环境保护行政主管部门，依法负有对辖区内环境噪声污染进行监督管理的职责。被上诉人在接到上诉人对该购销部噪声扰民的投诉后，对该购销部的制冷设备产生的噪声污染进行了检查、监测，对业主进行了规劝和责令其作出保证，同时对该购销部作出罚款伍佰元及责令限期整治的处罚决定。但是上诉人认为被上诉人还应治理该购销部开关卷闸、装卸货、机动车行驶过程中的噪声污染，根据《广东省实施〈中华人民共和国环境噪声污染防治法〉办法》第十三条和三十二条的规定，对排放噪声造成严重污染和扰民的单位和个体工商户，被上诉人有权进行治理。而该购销部在经营活动中产生开关卷闸、装卸货等噪音污染都属于被上诉人的治理范围。被上诉人认为上述噪声属于其他行政部门管理的主张，没有法律依据，本院不予支持。上诉人认为被上诉人应治理该购销部产生的上述噪声污染的主张于法有据，本院予以支持。原审判决认定被上诉人已经履行了法定职责，进而作出驳回上诉人诉讼请求的判决不当，本院予以纠正。综上所述，依照《中华人民共和国行政诉讼法》第六十一条第（三）项、第五十四条第（三）项的规定，判决如下：

一、撤销某市某区人民法院（2004）三法行初字第 1 号行政判决。

二、由被上诉人在本判决送达之日起二个月内履行职责。

本案一、二审诉讼费共 200 元由被上诉人承担。

**【执法思考】**

本案中，某区环保局接群众投诉后对冷冻食品购销部因制冷设备发出的噪声进行了检测，确定其属于超标排放，违反了《环境噪声污染防治法》第四十四条第二款“在商业经营活动中使用空调器、冷却塔等可能产生环境噪声的设备、设施的，其经营管理者应当采取措施，使其边界噪声不超过国家规定的环境噪声排放标准”的规定，依据《环境噪声污染防治法》第五十九条“违反本法第四十三条第二款、第四十四条第二款的规定，造成环境噪声污染的，由县级以上地方人民政府环境保护行政主管部门责令改正，可以并处罚款”

的规定对该购销部处 500 元罚款。对于由开关卷闸声、装卸货声以及机动车等活动所引发的社会生活噪声没有处理，理由是根据《环境噪声污染防治法》第六条、第四十一条的规定，认为属其他主管部门的职责，应由其他部门处理。

依据《环境噪声污染防治法》第六条第二款的规定，对于由冷冻食品购销部开关卷闸声、装卸货声以及机动车等活动所引发的社会生活噪声，某区环保局是有统一监督管理权的。

而对于没有明确由环境保护主管部门管辖的案件，环境保护主管部门应按《环境行政处罚办法》第十六条【外部移送】“发现不属于环境保护主管部门管辖的案件，应当按照有关要求和时限移送有管辖权的机关处理”的规定进行移送，而不能仅仅告知当事人。在这方面某区环保局也没有尽到应尽的职责。

（1）案件的移送

环境噪声污染的管理涉及多个部门，但群众往往找环保部门，认为只要涉及污染方面的案件就应该归环保部门管辖，甚至其他应行使环境噪声管理权的部门对其本部门职责也不甚了解。这就要求环保部门工作人员在做好自身工作的同时，涉及其他相关部门职责的，应该及时按程序移送，并告知当事人处理结果。

（2）环保部门职责

根据《环境噪声污染防治法》的规定，环保部门有以下职责：

①负责建设项目的环境影响评价审批和“三同时”的监管；

②负责环境噪声排放申报登记事项及污染治理设施的停用核准；

③决定小型的环境噪声严重污染企业的限期治理；

④对在夜间进行禁止从事的产生环境噪声污染施工作业的进行监管和处罚；

⑤对文化娱乐场所的经营管理者未按规定采取措施而造成环境噪声污染进行监管，属于经营性质的活动可以由环保部门管理；无一定的边界、非经营性质的露天卡拉 OK 活动，应当由公安机关管理（按《环境噪声污染防治法》第四十三条第二款、第五十九条进行监管）。

⑥对商业经营活动中使用的空调器和冷却塔等设备或设施的经营管理者未按规定采取措施而造成环境噪声污染进行监管；

⑦对产生环境噪声的企业进行现场检查和监督管理。

**【相关法律规定】**

《环境噪声污染防治法》

第六条　国务院环境保护行政主管部门对全国环境噪声污染防治实施统一监督管理。

县级以上地方人民政府环境保护行政主管部门对本行政区域内的环境噪声污染防治实施统一监督管理。

各级公安、交通、铁路、民航等主管部门和港务监督机构，根据各自的职责，对交通运输和社会生活噪声污染防治实施监督管理。

《环境噪声污染防治法》

第四十一条　本法所称社会生活噪声，是指人为活动所产生的除工业噪声、建筑施工噪声和交通运输噪声之外的干扰周围生活环境的声音。

《广东省实施〈中华人民共和国环境噪声污染防治法〉办法》第十三条规定：对排放噪声造成严重污染和扰民的单位和个体工商户必须限期治理。

……县及县以下人民政府管辖的单位的限期治理，由县人民政府决定。小型企业事业单位和个体工商户的限期治理由县级以上环境保护行政主管部门决定。

## 案例五十：企业排放噪声监管问题之案例二

**【案情介绍】**

2010 年 2 月 24 日，环境保护部环境投诉受理中心接到群众来电，反映重庆市某工业股份有限公司全天 24 小时生产压缩机产生巨大噪声，影响周围居民生活。公司距离周围最近居民点仅 5 m 左右，沙坪坝区环保局曾进行监测，发现噪声严重超标。另外由于企业的设备老旧，除尘效果不佳，导致附近黑色粉尘污染严重。

接到转办件后，重庆市沙坪坝区环保局立即对企业进行了调查。经查，重庆某工业股份有限公司成立于 1994 年，于 1997 年搬迁，属于老企业，所以未办理环境影响评价手续。企业车床和空压机产生的噪声通过封闭门窗和建隔音墙降噪；有淬火废气，通过水雾喷淋吸收后外排。

2010 年 3 月 9 日，沙坪坝区环保局现场调查时发现，企业与周边居民临近。经监测，噪声扰民属实。投诉人所称的“黑灰”是企业淬火废气，通过水雾喷淋吸收后外排。

针对企业的违规行为，沙坪坝区环保局做出如下处理：向公司依法作出了《处罚告知书》，拟对公司进行行政处罚。向公司下达了《环境违法行为责令改正通知书》，要求于 2010 年 4 月 30 日前完成噪声污染限期治理。

4 月 12 日，重庆市环境监察总队会同沙坪坝区环境监察支队进行复查，企业正在按计划整改中。

**【执法思考】**

在处理类似的案件中应注意两个问题：

（1）把握《环境噪声污染防治法》第二条第二款关于“环境噪声污染”定义规定的“超标”和“扰民”两个条件。

随着城市化进程的加快，老企业周围被开发成为住宅小区的现象越来越普遍，这样就产生了一个问题，以前并不扰民的企业噪声因为居民区的迁入而形成了环境噪声污染，入住居民会因此而要求企业停止污染、赔偿损失，要求环保部门进行监管。但是，如果这种污染损害是由于受害者自己主动迁入噪声区域而造成的，这种现象在法律上被称为“进入妨扰”（Coming to the Nuisance）。“进入妨扰”是英国、美国侵权法上的概念，在我国尚没有相关的法律、法规或司法解释加以规定。在国外的司法实践中，“进入妨扰”通常都规定由污染者承担责任，不因为污染源是先存在的就可以理所当然地排污；居民即使是后主动进入污染的区域也有权要求污染者停止污染、赔偿损失；不能因为污染源的先行存在就禁止在其周围建设其他的项目。而我国《环境噪声污染防治法》规定，同时具备“超标”和“扰民”两个条件，污染者就应承担治理污染、缴纳排污费的义务。因此，对这类问题的监管，一般情况下执法者只要把握住企业目前已构成环境噪声污染的法定条件，就应对其依据《环境噪声污染防治法》的规定进行处罚。

（2）在执法过程中应注意管辖权的问题。

《环境噪声污染防治法》第十七条规定，“对于在噪声敏感建筑物集中区域内造成严重环境噪声污染的企业事业单位，限期治理。

被限期治理的单位必须按期完成治理任务。限期治理由县级以上人民政府按照国务院规定的权限决定。

对小型企业事业单位的限期治理，可以由县级以上人民政府在国务院规定的权限内授权其环境保护行政主管部门决定。”

如没有类似《重庆市环境保护条例》的地方法规或规章的授权，环保部门只对小型环境噪声污染企业事业单位有限期治理的决定权。

限期治理制度，在 2015 年《环境保护法》修订后已退出历史舞台，代之以限制生产、停产整治制度，在其后修订的《大气污染防治法》《水污染防治法》中都没有再作关于“限期治理”的规定，代之以限制生产、停产整治；但因《环境噪声污染防治法》目前没有修改，限期治理制度在该法仍然有规定，在该法修改前该规定仍然有效。

# 第 6 章　土壤污染的典型案例及其执法要点解析

## 6.1　概述

土壤污染，是指因人为因素导致某种物质进入陆地表层土壤，引起土壤化学、物理、生物等方面特性的改变，影响土壤功能和有效利用，危害公众健康或者破坏生态环境的现象（摘自《土壤污染防治法》）。

土壤污染比大气污染和水污染更具有隐蔽性和滞后性，通过感官很难觉察，需要通过土壤样品分析、农作物监测，甚至人畜健康的影响研究才能确定。土壤污染从产生到发现危害通常时间较长。而由于土壤污染具有累积性，污染物更难在土壤中迁移、扩散和稀释，因此，污染物容易在土壤中不断累积。土壤中的污染物来源广、种类多，污染物的降解需要比较长的时间，特别是重金属污染，由于重金属很难降解，导致重金属对土壤的污染基本上是一个完全不可逆转的过程。土壤污染治理具有艰巨性，土壤污染一旦发生，仅仅依靠切断污染源的方法则很难恢复，而且治理土壤污染的成本高、周期长、难度大。

近年来，我国土壤环境问题日益凸显，引起社会广泛关注。按照党中央、国务院决策部署，有关部门和地方积极探索，土壤污染防治工作取得了一定成效，出台一系列土壤污染防治政策文件，土壤环境保护政策法规体系不断建立健全。2016 年出台的《土壤污染防治行动计划》和 2019 年 1 月 1 日实施的《土壤污染防治法》将会全面推动土壤污染防治工作。

因土壤污染防治工作近年刚刚起步，环保部门在对其的监督管理方面尚缺乏成熟的经验，本书只收集到少量的案例，以供参考。

## 6.1.1　土壤污染防治的法律规定

表 6-1　我国土壤污染防治的法律规定

| | 文件名称 | 发布（修订、修正）实施时间 |
|---|---|---|
| 法律 | 《中华人民共和国土壤污染防治法》 | 2018 年 8 月 31 日第十三届全国人民代表大会常务委员会第五次会议通过<br>2019 年 1 月 1 日起施行 |
| 行政法规和规范性文件 | 《土壤污染防治行动计划》 | 2016 年 5 月 28 日，国发〔2016〕31 号 |
| | 《工矿用地土壤环境管理办法（试行）》 | 2018 年 5 月 3 日，生态环境部令　第 3 号<br>2018 年 8 月 1 日施行 |
| | 《农用地土壤环境管理办法（试行）》 | 2017 年 9 月 25 日，环境保护部令　第 46 号<br>2017 年 11 月 1 日施行 |
| | 《污染地块土壤环境管理办法（试行）》 | 2016 年 12 月 27 日发布<br>2017 年 7 月 1 日实施 |
| | 《土壤环境质量　农用地土壤污染风险管控标准（试行）》（GB 15618—2018） | 2018 年 8 月 1 日实施 |
| | 《土壤环境质量　建设用地土壤污染风险管控标准（试行）》（GB 36600—2018） | 2018 年 8 月 1 日实施 |
| 地方性法规、规章 | 略 | |

## 6.1.2　违反土壤污染防治法律规定应承担的责任

### 6.1.2.1　违反土壤污染隐患排查制度

**【相关法律规定】**

《土壤污染防治法》第二十一条　设区的市级以上地方人民政府生态环境主管部门应当按照国务院生态环境主管部门的规定，根据有毒有害物质排放等情况，制定本行政区域土壤污染重点监管单位名录，向社会公开并适时更新。

土壤污染重点监管单位应当履行下列义务：

（一）严格控制有毒有害物质排放，并按年度向生态环境主管部门报告排放情况；

（二）建立土壤污染隐患排查制度，保证持续有效防止有毒有害物质渗漏、流失、扬散；

……

【处罚依据】

《土壤污染防治法》第八十六条　违反本法规定，有下列行为之一的，由地方人民政府生态环境主管部门或者其他负有土壤污染防治监督管理职责的部门责令改正，处以罚款；拒不改正的，责令停产整治：

（三）土壤污染重点监管单位未按年度报告有毒有害物质排放情况，或者未建立土壤污染隐患排查制度的；

有前款规定行为之一的，处二万元以上二十万元以下的罚款；

……

### 6.1.2.2　违反土壤环境监测管理要求的

【相关法律规定】

《土壤污染防治法》第二十一条　设区的市级以上地方人民政府生态环境主管部门应当按照国务院生态环境主管部门的规定，根据有毒有害物质排放等情况，制定本行政区域土壤污染重点监管单位名录，向社会公开并适时更新。

土壤污染重点监管单位应当履行下列义务：

……

（三）制定、实施自行监测方案，并将监测数据报生态环境主管部门。

前款规定的义务应当在排污许可证中载明。

土壤污染重点监管单位应当对监测数据的真实性和准确性负责。生态环境主管部门发现土壤污染重点监管单位监测数据异常，应当及时进行调查。

设区的市级以上地方人民政府生态环境主管部门应当定期对土壤污染重点监管单位周边土壤进行监测。

【处罚依据】

《土壤污染防治法》第八十六条　违反本法规定，有下列行为之一的，由地方人民政府生态环境主管部门或者其他负有土壤污染防治监督管理职责的部门责令改正，处以罚款；拒不改正的，责令停产整治：

（一）土壤污染重点监管单位未制定、实施自行监测方案，或者未将监测数据报生态环境主管部门的；

（二）土壤污染重点监管单位篡改、伪造监测数据的；

……

有前款规定行为之一的，处二万元以上二十万元以下的罚款；有前款第二项、……造成严重后果的，处二十万元以上二百万元以下的罚款。

### 6.1.2.3　拆除设施、设备或者建筑物、构筑物，企业事业单位未采取相应的土壤污染防治措施或者土壤污染重点监管单位未制定、实施土壤污染防治工作方案

**【相关法律规定】**

《土壤污染防治法》第二十二条　企业事业单位拆除设施、设备或者建筑物、构筑物的，应当采取相应的土壤污染防治措施。

土壤污染重点监管单位拆除设施、设备或者建筑物、构筑物的，应当制定包括应急措施在内的土壤污染防治工作方案，报地方人民政府生态环境、工业和信息化主管部门备案并实施。

**【处罚依据】**

《土壤污染防治法》第八十六条　违反本法规定，有下列行为之一的，由地方人民政府生态环境主管部门或者其他负有土壤污染防治监督管理职责的部门责令改正，处以罚款；拒不改正的，责令停产整治：

……

（四）拆除设施、设备或者建筑物、构筑物，企业事业单位未采取相应的土壤污染防治措施或者土壤污染重点监管单位未制定、实施土壤污染防治工作方案的；

……

有前款规定行为之一的，处二万元以上二十万元以下的罚款；有前款第二项、第四项……造成严重后果的，处二十万元以上二百万元以下的罚款。

### 6.1.2.4　尾矿库运营、管理单位未按照法律规定采取措施防止土壤污染，未进行土壤污染状况监测

**【相关法律规定】**

《土壤污染防治法》第二十三条第二款　尾矿库运营、管理单位应当按照规定，加强尾矿库的安全管理，采取措施防止土壤污染。危库、险库、病库以及其他需要重点监管的尾矿库的运营、管理单位应当按照规定，进行土壤污染状况监测和定期评估。

**【处罚依据】**

《土壤污染防治法》第八十六条　违反本法规定，有下列行为之一的，由地方人民政府生态环境主管部门或者其他负有土壤污染防治监督管理职责的部门责令改正，处以罚款；拒不改正的，责令停产整治：

……

（五）尾矿库运营、管理单位未按照规定采取措施防止土壤污染的；

（六）尾矿库运营、管理单位未按照规定进行土壤污染状况监测的；

有前款规定行为之一的，处二万元以上二十万元以下的罚款；有前款……第五项……造成严重后果的，处二十万元以上二百万元以下的罚款。

### 6.1.2.5 建设和运行污水集中处理设施、固体废物处置设施，未依照法律法规和相关标准的要求采取措施防止土壤污染

**【相关法律规定】**

《土壤污染防治法》第二十五条 建设和运行污水集中处理设施、固体废物处置设施，应当依照法律法规和相关标准的要求，采取措施防止土壤污染。

地方人民政府生态环境主管部门应当定期对污水集中处理设施、固体废物处置设施周边土壤进行监测；对不符合法律法规和相关标准要求的，应当根据监测结果，要求污水集中处理设施、固体废物处置设施运营单位采取相应改进措施。

地方各级人民政府应当统筹规划、建设城乡生活污水和生活垃圾处理、处置设施，并保障其正常运行，防止土壤污染。

**【处罚依据】**

《土壤污染防治法》第八十六条 违反本法规定，有下列行为之一的，由地方人民政府生态环境主管部门或者其他负有土壤污染防治监督管理职责的部门责令改正，处以罚款；拒不改正的，责令停产整治：

……

（七）建设和运行污水集中处理设施、固体废物处置设施，未依照法律法规和相关标准的要求采取措施防止土壤污染的。

有前款规定行为之一的，处二万元以上二十万元以下的罚款；有前款……第七项规定行为……造成严重后果的，处二十万元以上二百万元以下的罚款。

### 6.1.2.6 向农用地排放重金属或者其他有毒有害物质含量超标的污水、污泥，以及可能造成土壤污染的清淤底泥、尾矿、矿渣等

**【相关法律规定】**

《土壤污染防治法》第二十八条第一款 禁止向农用地排放重金属或者其他有毒有害物质含量超标的污水、污泥，以及可能造成土壤污染的清淤底泥、尾矿、矿渣等。

**【处罚依据】**

《土壤污染防治法》第八十七条 违反本法规定，向农用地排放重金属或者其他有毒有害物质含量超标的污水、污泥，以及可能造成土壤污染的清淤底泥、尾矿、矿渣等的，由地方人民政府生态环境主管部门责令改正，处十万元以上五十万元以下的罚款；情节严重的，处五十万元以上二百万元以下的罚款，并可以将案件移送公安机关，对直接负责

的主管人员和其他直接责任人员处五日以上十五日以下的拘留；有违法所得的，没收违法所得。

### 6.1.2.7　农业投入品生产者、销售者、使用者未按照规定及时回收肥料等农业投入品的包装废弃物或者农用薄膜，或者未按照规定及时回收农药包装废弃物交由专门的机构或者组织进行无害化处理

**【相关法律规定】**

《土壤污染防治法》第三十条　禁止生产、销售、使用国家明令禁止的农业投入品。

农业投入品生产者、销售者和使用者应当及时回收农药、肥料等农业投入品的包装废弃物和农用薄膜，并将农药包装废弃物交由专门的机构或者组织进行无害化处理。具体办法由国务院农业农村主管部门会同国务院生态环境等主管部门制定。

国家采取措施，鼓励、支持单位和个人回收农业投入品包装废弃物和农用薄膜。

**【处罚依据】**

《土壤污染防治法》第八十八条　违反本法规定，农业投入品生产者、销售者、使用者未按照规定及时回收肥料等农业投入品的包装废弃物或者农用薄膜，或者未按照规定及时回收农药包装废弃物交由专门的机构或者组织进行无害化处理的，由地方人民政府农业农村主管部门责令改正，处一万元以上十万元以下的罚款；农业投入品使用者为个人的，可以处二百元以上二千元以下的罚款。

### 6.1.2.8　受委托从事土壤污染状况调查和土壤污染风险评估、风险管控效果评估、修复效果评估活动的单位，出具虚假调查报告、风险评估报告、风险管控效果评估报告、修复效果评估报告

**【相关法律规定】**

《土壤污染防治法》第四十三条　从事土壤污染状况调查和土壤污染风险评估、风险管控、修复、风险管控效果评估、修复效果评估、后期管理等活动的单位，应当具备相应的专业能力。

受委托从事前款活动的单位对其出具的调查报告、风险评估报告、风险管控效果评估报告、修复效果评估报告的真实性、准确性、完整性负责，并按照约定对风险管控、修复、后期管理等活动结果负责。

**【处罚依据】**

《土壤污染防治法》第九十条　违反本法规定，受委托从事土壤污染状况调查和土壤污染风险评估、风险管控效果评估、修复效果评估活动的单位，出具虚假调查报告、风险评估报告、风险管控效果评估报告、修复效果评估报告的，由地方人民政府生态环境主管

部门处十万元以上五十万元以下的罚款；情节严重的，禁止从事上述业务，并处五十万元以上一百万元以下的罚款；有违法所得的，没收违法所得。

前款规定的单位出具虚假报告的，由地方人民政府生态环境主管部门对直接负责的主管人员和其他直接责任人员处一万元以上五万元以下的罚款；情节严重的，十年内禁止从事前款规定的业务；构成犯罪的，终身禁止从事前款规定的业务。

本条第一款规定的单位和委托人恶意串通，出具虚假报告，造成他人人身或者财产损害的，还应当与委托人承担连带责任。

### 6.1.2.9 未单独收集、存放开发建设过程中剥离的表土

**【相关法律规定】**

《土壤污染防治法》第三十三条　国家加强对土壤资源的保护和合理利用。对开发建设过程中剥离的表土，应当单独收集和存放，符合条件的应当优先用于土地复垦、土壤改良、造地和绿化等。

**【处罚依据】**

《土壤污染防治法》第九十一条　违反本法规定，有下列行为之一的，由地方人民政府生态环境主管部门责令改正，处十万元以上五十万元以下的罚款；情节严重的，处五十万元以上一百万元以下的罚款；有违法所得的，没收违法所得；对直接负责的主管人员和其他直接责任人员处五千元以上二万元以下的罚款：

（一）未单独收集、存放开发建设过程中剥离的表土的；

……

### 6.1.2.10 实施风险管控、修复活动对土壤、周边环境造成新的污染

**【相关法律规定】**

《土壤污染防治法》第三十八条　实施风险管控、修复活动，应当因地制宜、科学合理，提高针对性和有效性。

实施风险管控、修复活动，不得对土壤和周边环境造成新的污染。

**【处罚依据】**

《土壤污染防治法》第九十一条　违反本法规定，有下列行为之一的，由地方人民政府生态环境主管部门责令改正，处十万元以上五十万元以下的罚款；情节严重的，处五十万元以上一百万元以下的罚款；有违法所得的，没收违法所得；对直接负责的主管人员和其他直接责任人员处五千元以上二万元以下的罚款：

（二）实施风险管控、修复活动对土壤、周边环境造成新的污染的。

### 6.1.2.11　转运污染土壤，未将运输时间、方式、线路和污染土壤数量、去向、最终处置措施等提前报所在地和接收地生态环境主管部门

【相关法律规定】

《土壤污染防治法》第四十一条　修复施工单位转运污染土壤的，应当制定转运计划，将运输时间、方式、线路和污染土壤数量、去向、最终处置措施等，提前报所在地和接收地生态环境主管部门。

转运的污染土壤属于危险废物的，修复施工单位应当依照法律法规和相关标准的要求进行处置。

【处罚依据】

《土壤污染防治法》第九十一条　违反本法规定，有下列行为之一的，由地方人民政府生态环境主管部门责令改正，处十万元以上五十万元以下的罚款；情节严重的，处五十万元以上一百万元以下的罚款；有违法所得的，没收违法所得；对直接负责的主管人员和其他直接责任人员处五千元以上二万元以下的罚款：

……

（三）转运污染土壤，未将运输时间、方式、线路和污染土壤数量、去向、最终处置措施等提前报所在地和接收地生态环境主管部门的。

### 6.1.2.12　未达到土壤污染风险评估报告确定的风险管控、修复目标的建设用地地块，开工建设与风险管控、修复无关的项目

【相关法律规定】

《土壤污染防治法》第四十条第一款　实施风险管控、修复活动中产生的废水、废气和固体废物，应当按照规定进行处理、处置，并达到相关环境保护标准。

《土壤污染防治法》第六十六条第一款、第四款　对达到土壤污染风险评估报告确定的风险管控、修复目标的建设用地地块，土壤污染责任人、土地使用权人可以申请省级人民政府生态环境主管部门移出建设用地土壤污染风险管控和修复名录。

未达到土壤污染风险评估报告确定的风险管控、修复目标的建设用地地块，禁止开工建设任何与风险管控、修复无关的项目。

【处罚依据】

《土壤污染防治法》第九十一条　违反本法规定，有下列行为之一的，由地方人民政府生态环境主管部门责令改正，处十万元以上五十万元以下的罚款；情节严重的，处五十万元以上一百万元以下的罚款；有违法所得的，没收违法所得；对直接负责的主管人员和其他直接责任人员处五千元以上二万元以下的罚款：

……

（四）未达到土壤污染风险评估报告确定的风险管控、修复目标的建设用地地块，开工建设与风险管控、修复无关的项目的。

### 6.1.2.13 土壤污染责任人或者土地使用权人未按照规定实施后期管理

**【相关法律规定】**

《土壤污染防治法》第四十二条第二款　风险管控、修复活动完成后，需要实施后期管理的，土壤污染责任人应当按照要求实施后期管理。

**【处罚依据】**

《土壤污染防治法》第九十二条　违反本法规定，土壤污染责任人或者土地使用权人未按照规定实施后期管理的，由地方人民政府生态环境主管部门或者其他负有土壤污染防治监督管理职责的部门责令改正，处一万元以上五万元以下的罚款；情节严重的，处五万元以上五十万元以下的罚款。

### 6.1.2.14 未按照规定进行土壤污染状况调查

**【相关法律规定】**

《土壤污染防治法》第四十四条　发生突发事件可能造成土壤污染的，地方人民政府及其有关部门和相关企业事业单位以及其他生产经营者应当立即采取应急措施，防止土壤污染，并依照本法规定做好土壤污染状况监测、调查和土壤污染风险评估、风险管控、修复等工作。

**【处罚依据】**

《土壤污染防治法》第九十四条　违反本法规定，土壤污染责任人或者土地使用权人有下列行为之一的，由地方人民政府生态环境主管部门或者其他负有土壤污染防治监督管理职责的部门责令改正，处二万元以上二十万元以下的罚款；拒不改正的，处二十万元以上一百万元以下的罚款，并委托他人代为履行，所需费用由土壤污染责任人或者土地使用权人承担；对直接负责的主管人员和其他直接责任人员处五千元以上二万元以下的罚款：

（一）未按照规定进行土壤污染状况调查的；

……

### 6.1.2.15 未按照规定进行土壤污染风险评估

**【相关法律规定】**

《土壤污染防治法》第四十四条　发生突发事件可能造成土壤污染的，地方人民政府及其有关部门和相关企业事业单位以及其他生产经营者应当立即采取应急措施，防止土壤污染，并依照本法规定做好土壤污染状况监测、调查和土壤污染风险评估、风险管控、修复等工作。

**【处罚依据】**

《土壤污染防治法》第九十四条　违反本法规定，土壤污染责任人或者土地使用权人有下列行为之一的，由地方人民政府生态环境主管部门或者其他负有土壤污染防治监督管理职责的部门责令改正，处二万元以上二十万元以下的罚款；拒不改正的，处二十万元以上一百万元以下的罚款，并委托他人代为履行，所需费用由土壤污染责任人或者土地使用权人承担；对直接负责的主管人员和其他直接责任人员处五千元以上二万元以下的罚款：

……

（二）未按照规定进行土壤污染风险评估的。

### 6.1.2.16　未按照规定采取风险管控措施

**【相关法律规定】**

《土壤污染防治法》第四十四条　发生突发事件可能造成土壤污染的，地方人民政府及其有关部门和相关企业事业单位以及其他生产经营者应当立即采取应急措施，防止土壤污染，并依照本法规定做好土壤污染状况监测、调查和土壤污染风险评估、风险管控、修复等工作。

《土壤污染防治法》第四十五条　土壤污染责任人负有实施土壤污染风险管控和修复的义务。土壤污染责任人无法认定的，土地使用权人应当实施土壤污染风险管控和修复。

地方人民政府及其有关部门可以根据实际情况组织实施土壤污染风险管控和修复。

国家鼓励和支持有关当事人自愿实施土壤污染风险管控和修复。

**【处罚依据】**

《土壤污染防治法》第九十四条　违反本法规定，土壤污染责任人或者土地使用权人有下列行为之一的，由地方人民政府生态环境主管部门或者其他负有土壤污染防治监督管理职责的部门责令改正，处二万元以上二十万元以下的罚款；拒不改正的，处二十万元以上一百万元以下的罚款，并委托他人代为履行，所需费用由土壤污染责任人或者土地使用权人承担；对直接负责的主管人员和其他直接责任人员处五千元以上二万元以下的罚款：

……

（三）未按照规定采取风险管控措施的；

土壤污染责任人或者土地使用权人有前款第三项规定行为之一，情节严重的，地方人民政府生态环境主管部门或者其他负有土壤污染防治监督管理职责的部门可以将案件移送公安机关，对直接负责的主管人员和其他直接责任人员处五日以上十五日以下的拘留。

### 6.1.2.17 未按照规定实施修复

**【相关法律规定】**

《土壤污染防治法》第四十四条　发生突发事件可能造成土壤污染的，地方人民政府及其有关部门和相关企业事业单位以及其他生产经营者应当立即采取应急措施，防止土壤污染，并依照本法规定做好土壤污染状况监测、调查和土壤污染风险评估、风险管控、修复等工作。

《土壤污染防治法》第四十五条　土壤污染责任人负有实施土壤污染风险管控和修复的义务。土壤污染责任人无法认定的，土地使用权人应当实施土壤污染风险管控和修复。

地方人民政府及其有关部门可以根据实际情况组织实施土壤污染风险管控和修复。

国家鼓励和支持有关当事人自愿实施土壤污染风险管控和修复。

**【处罚依据】**

《土壤污染防治法》第九十四条　违反本法规定，土壤污染责任人或者土地使用权人有下列行为之一的，由地方人民政府生态环境主管部门或者其他负有土壤污染防治监督管理职责的部门责令改正，处二万元以上二十万元以下的罚款；拒不改正的，处二十万元以上一百万元以下的罚款，并委托他人代为履行，所需费用由土壤污染责任人或者土地使用权人承担；对直接负责的主管人员和其他直接责任人员处五千元以上二万元以下的罚款：

……

（四）未按照规定实施修复的；

土壤污染责任人或者土地使用权人有前款第三项、第四项规定行为之一，情节严重的，地方人民政府生态环境主管部门或者其他负有土壤污染防治监督管理职责的部门可以将案件移送公安机关，对直接负责的主管人员和其他直接责任人员处五日以上十五日以下的拘留。

### 6.1.2.18 风险管控、修复活动完成后，未另行委托有关单位对风险管控效果、修复效果进行评估

**【相关法律规定】**

《土壤污染防治法》第三十五条　土壤污染风险管控和修复，包括土壤污染状况调查和土壤污染风险评估、风险管控、修复、风险管控效果评估、修复效果评估、后期管理等活动。

《土壤污染防治法》第四十三条　从事土壤污染状况调查和土壤污染风险评估、风险管控、修复、风险管控效果评估、修复效果评估、后期管理等活动的单位，应当具备相应的专业能力。

受委托从事前款活动的单位对其出具的调查报告、风险评估报告、风险管控效果评估报告、修复效果评估报告的真实性、准确性、完整性负责，并按照约定对风险管控、修复、后期管理等活动结果负责。

【处罚依据】

《土壤污染防治法》第九十四条　违反本法规定，土壤污染责任人或者土地使用权人有下列行为之一的，由地方人民政府生态环境主管部门或者其他负有土壤污染防治监督管理职责的部门责令改正，处二万元以上二十万元以下的罚款；拒不改正的，处二十万元以上一百万元以下的罚款，并委托他人代为履行，所需费用由土壤污染责任人或者土地使用权人承担；对直接负责的主管人员和其他直接责任人员处五千元以上二万元以下的罚款：

……

（五）风险管控、修复活动完成后，未另行委托有关单位对风险管控效果、修复效果进行评估的。

### 6.1.2.19　违反土壤污染物控制管理现场检查要求或者现场检查时弄虚作假

【相关法律规定】

《土壤污染防治法》第七十七条　生态环境主管部门及其环境执法机构和其他负有土壤污染防治监督管理职责的部门，有权对从事可能造成土壤污染活动的企业事业单位和其他生产经营者进行现场检查、取样，要求被检查者提供有关资料、就有关问题作出说明。

被检查者应当配合检查工作，如实反映情况，提供必要的资料。

实施现场检查的部门、机构及其工作人员应当为被检查者保守商业秘密。

【处罚依据】

《土壤污染防治法》第九十三条　违反本法规定，被检查者拒不配合检查，或者在接受检查时弄虚作假的，由地方人民政府生态环境主管部门或者其他负有土壤污染防治监督管理职责的部门责令改正，处二万元以上二十万元以下的罚款；对直接负责的主管人员和其他直接责任人员处五千元以上二万元以下的罚款。

## 6.2　土壤污染的典型案例分析及执法要点解析

### 案例五十一：常州“毒地案”

【案情介绍】

常州外国语学校 2015 年 9 月搬到新校址。2015 年 12 月，江苏常州外国语学校的家长在接送孩子时闻到学校周边有刺激性气味，纷纷怀疑学校环境出现问题。有家长发现，学校北部面积约 26.2 $hm^2$ 的土地，曾经先后被三家化工企业占用。2016 年 1 月，当地媒体开始介入学校“毒地”事件进行报道。紧接着 4 月 16 日，据央视新闻报道，常州外国语学校自搬新址后，近 500 名学生检出异常症状。事件曝光后，立刻引起了舆论的关注。随即，常州市人民政府立即做出回应。人民网、新华网、中国新闻网等媒体也分别报道了相关的新闻，事件的影响力进一步扩大。25 日，常州市人民政府发布了相关情况通报。4 月 19 日中午，原环境保护部与江苏省政府组成的联合调查组抵达江苏常州，并于下午 1 点在常州市外国语学校对面的“毒地”进行取样。

2016 年 4 月，国务院教育督导委员会派出督导组，两度赴常州进行专项督导，明确提出督导意见，对存在监管不力、不负责、不作为或不正确履行职责的单位或个人，要严肃追究其责任。

对于常州外国语学校周边环境污染问题，常州市政府回应称，2016 年 2 月 15 日，学校北侧的原常隆、华达、常宇化工地块土壤修复调整工程通过验收，专家组作出结论：工程已达到预期环保治理效果，空气质量监测完全达标。而对校园内的室内空气、土壤、地下水等是否受到污染，常州市政府同样表示，学校和家长曾分别委托专业检测机构进行检测，显示各项指标均符合国家标准及相关要求。

同时对于媒体报道的有近 500 名学生身体异常的情况，官方回应称学校目前 2 451 名学生中，除 1 人事假、4 人病假、5 人正在办理转学手续外，其余学生全部到校；210 名教师中，除 3 人病假外，其他教师全部到校，学校教学秩序正常。另有媒体援引常州新北区政府相关人士的话称，目前暂未发现学生中有白血病病例，仅有一例淋巴癌，但该学生是在学校搬迁至新校区之前、于 2015 年 9 月确诊的，“事前两个月出现的症状”。

污染土地与常州外国语学校仅一路之隔，曾是三家化工厂所在地。三家化工厂中，最大的化工厂叫某化工有限公司，紧接着的是常某化工和华某化工。一名在某化工有限公司工作了 30 多年的老员工说，在他记载的生产日志中，如克百威、灭多威等都属于剧毒类产品。而厂里职工有时为了省事，不光将有毒废水直接排出厂外，还将危险废物偷偷埋到了地下。由于长期在车间里接触污染产品，一些员工患上了皮肤病等职业病，在被开具相关诊断证明后，很多人被要求提前离厂。后来，这几家企业也陆续搬离，当地政府准备在环境修复后将该地块用于商业开发。

在一份项目环境影响报告上，这片地块土壤、地下水里的污染物以氯苯、四氯化碳等有机污染物为主，萘、茚并芘等多环芳烃以及金属汞、铅、镉等重金属污染物，普遍超标严重，其中污染最重的是氯苯，它在地下水和土壤中的浓度超标达 94 799 倍和 78 899 倍，四氯化碳浓度超标也有 22 699 倍，其他的二氯苯、三氯甲烷、二甲苯和高锰酸盐指数超标也有数千倍之多。

该校为何要选址在污染企业地块旁边？按照教育部门的解释，这是因为学校原来的整体建筑存在安全隐患，要另建校区。他们表示，已做过相应的环评。“这个地块的土壤，包括检测都是达标的，选址的评估报告中它也是符合规范的，是符合学校用地的。”然而，这个符合规范的评估报告其实存在严重瑕疵：这份环评报告中只考虑了氨氮、重金属、pH 值等常规的污染物指标，却没有考虑到农药的成分。而且，这份已经确认符合建校规范的环评报告最后还指出，项目北侧场地“土壤和地下水已经受到污染，存在人体健康风险和生态风险”。报告建议，为避免“所在区域地下水受到二次污染，本地块严禁开发和利用地下水资源”。而实际上，建校所用的正是抽上来的重污染地下水。

这份环评报告还指出，常隆地块场地开展修复后，会产生一定的空气污染，常州外国语学校如果在修复验收完成前投入使用，“必须注意修复产生的污染对在校师生的影响”。对此专家指出，这份报告仅仅只是提到了“必须注意”，但却没有明确提出学校搬迁应该是在污染场地修复完成以后，这是环评的重要缺陷。

另外，作为建校依据的这份环评报告批复时间是 2012 年 3 月 31 日，然而学校奠基施工的时间却是 2011 年 8 月 21 日，也就是说，学校开始施工的时间比环评批复时间整整提前了 7 个多月，属于典型的未批先建。2015 年 9 月，大批学生入校，但此时北边的污染土壤正在开挖修复中。

2015 年 5 月 16 日，江苏常州中院立案受理了常外“毒地”公益诉讼。环保组织“自然之友”和“中国绿发会”对江苏某化工有限公司、常州市常某化工有限公司、江苏华某化工集团有限公司发起公益诉讼，请求法院判令上述三被告在消除其原厂址污染物对周围环境的影响并承担生态环境修复费用的同时，在国家级、江苏省级和常州市级媒体上向公众赔礼道歉，并承担原告因本诉讼支出的污染检测检验费、评估鉴定费用、律师费、差旅费、调查取证费、专家咨询费、案件受理费等。

常州市中级人民法院认为，由于常州市新北区政府已于涉案地块依法开展环境污染损害修复工作，环境污染风险已得到有效控制，并且后续的环境污染检测、环境修复工作正在实施，原告方提起本案公益诉讼维护社会环境公共利益的诉讼目的已在逐步实现。常州市中级人民法院于 2017 年 1 月 25 日作出判决：驳回原告“自然之友”和“中国绿发会”的诉讼请求。案件受理费 1 891 800 元由两原告“自然之友”和“中国绿发会”共同负担。

上诉：

两原告不服一审判决，2017 年 2 月，“自然之友”和“中国绿发会”先后向常州市中级人民法院递交“常州毒地案”上诉材料。

“自然之友”认为，在污染行为和损害后果明确，且污染地块土壤和地下水修复尚未完成、环境风险尚未消除、污染者尚未承担责任的情况下，该案维护社会公共利益的诉讼目的远未实现。上诉材料称，案涉地块土壤污染修复工程一期尚未完成，规模更大的二期工程尚未开始，对严重污染的地下水亦尚未采取风险防控和修复措施，地下水处于流动状态，污染具有扩散的巨大风险，环境污染风险远没有得到消除。在该案中，法院已经查明被上诉人在生产经营期间对案涉地块土壤及地下水造成了严重污染，且尚未完全修复，因此，被上诉人应该依法承担污染治理和修复责任。

再审：

2017 年 12 月 19 日上午 9：30，“常州毒地案”二审在江苏省高级人民法院中法庭进行公开开庭审理。庭审中，三家化工企业是否应承担涉案地块环境污染侵权责任等为主要争议焦点。“自然之友”和“中国绿发会”认为，三家化工企业是环境修复责任主体，政府代替污染者成为修复责任主体缺乏事实和法律依据。政府实施环境修复仅为履行管理职能，政府已支出的费用、将来支出费用应由被上诉人承担。公益组织的诉讼代理人表示，不能让企业的污染行为由政府担责，继而由纳税人担责，且政府工作仅是防控而不是修复，环境污染依然存在，公益诉讼目的未实现。

三家被诉化工企业则认为，自己并非涉案地块修复责任主体，政府收储后的修复责任应由土地受让人承担，出让人丧失土地控制权无法进行修复。至于环境公益诉讼的目的，三被告认为已在逐步实现，地方政府已经组织实施修复和风险防控，污染危害已得到初步控制。三家被诉化工企业还认为，不需要赔礼道歉。

宣判：

2017 年 12 月 27 日上午，“常州毒地案”在江苏省高级人民法院中法庭公开宣判。

江苏高院二审判决：

一、撤销江苏省常州市中级人民法院（2016）苏 04 民初 214 号民事判决；

二、江苏某化工有限公司、常州市常某化工有限公司、江苏华某化工集团有限公司在本判决生效后十五日内，在国家级媒体上就其污染行为向社会公众赔礼道歉；

三、江苏某化工有限公司、常州市常某化工有限公司、江苏华某化工集团有限公司在本判决生效之日起十日内，共同向“自然之友”支付本案律师费、差旅费 230 000 元，向中国绿发会支付本案律师费、差旅费共计 230 000 元；

四、驳回“自然之友”“中国绿发会”的其他诉讼请求。一审案件受理费 100 元、二审案件受理费 100 元，由江苏某化工有限公司、常州市常某化工有限公司、江苏华某化工集团有限公司共同负担。

后续：

宣判结束后，江苏省高级人民法院组织召开了通报会，向媒体记者通报了案件判决有关情况。

（1）污染者应当承担环境污染侵权责任

污染者担责是环境保护的基本原则。只要实施了污染行为，损害了社会公共利益，就必须为此承担相应的污染责任。从本案证据看，三被上诉人生产经营行为造成了土壤、地下水严重污染，证据充分，事实清楚，《中华人民共和国侵权责任法》第六十五条规定：“因污染环境造成损害的，污染者应当承担侵权责任”。被上诉人江苏某化工有限公司、常州市常某化工有限公司、江苏华某化工集团有限公司实施了污染环境的行为，应当承担相应的侵权责任。

本案被上诉人提出的企业改制未计算环境污染债务、政府收储等都不属于法律规定的不承担责任或减轻责任的情形。《中华人民共和国侵权责任法》中规定了因不可抗力、正当防卫、因紧急避险等造成损害等 6 种不承担责任和减轻责任的情形。三被上诉人企业虽历经改制，但改制只是企业经营体制、股权结构、管理方式等发生变化，企业主体一直延续而未终止或灭失。三被上诉人应当对其企业改制前的污染损害行为承担环境侵权责任。被上诉人主张改制中未计入环境污染侵权责任所产生的债务，因此企业改制前生产经营行为产生的污染责任应当由企业出卖方相关地方政府承担，并非法律规定的不承担责任或者减轻责任的情形同样。被上诉人认为其原有的案涉地块国有土地使用权已被收储，土地使用权已经依法转让，相关侵权责任应当由土地受让人地方政府承担，也不属于法律规定的不承担责任或者减轻责任的情形。

案涉地块虽然过去存在其他污染责任单位，但被上诉人在案设地块数十年进行化工生产。根据相关调查、评估，三被上诉人各自原厂区内土壤和地下水超标污染物种类，重点污染物的区域、点位、种类、浓度和生物毒性的区域、级别等与三被上诉人公司在案涉地块厂区内生产区域、仓储区域、办公区域基本对应，可以印证案涉场地污染主要系三被上诉人从事农药、化工生产所致。因此，被上诉人常某公司、华某公司应当就其生产经营行为对案涉场地造成的环境污染承担相应的侵权责任。

（2）污染者如何承担责任

根据相关法律、司法解释规定，污染者应当承担环境修复责任。也就是要么自己实施修复；要么出钱由他人实施修复。本案的被上诉人毫无疑问是环境修复责任主体，应当承担环境修复责任。但本案的特殊性在于，污染地块在本案诉讼前已被地方政府收储进行开发利用，制定了详细的修复方案，组织开展了污染地块的修复。在修复过程中发生次生污染后，又及时采取了应急处置措施，并实施了相应的修复工程和环境监控工程。从维护社会公共利益角度看，地方政府组织实施的修复客观上有利于改善污染地块和周边生态环境，保护周边人群的健康。目前的污染修复、管控措施已经取得了较好的效果，并且仍在继续实施中。工业污染场地采取何种修复措施，需要依据污染场地的状况、社会公共环境利益的危害性、土地开发利用的急迫性，并结合土地规划和用途、经济成本、技术可行性等综合考量。而不是必须或只能采取恢复原状的方式进行修复。从目前政府的修复、管控方案看，经专家论证并全面实施后，可以保证与目前案涉地块规划用途相匹配的周边生态环境和公众健康安全。因此，法院没有必要再去判决由被上诉人另行组织实施修复。

【相关法律规定】

《土壤污染防治法》第四条 任何组织和个人都有保护土壤、防止土壤污染的义务。

土地使用权人从事土地开发利用活动，企业事业单位和其他生产经营者从事生产经营活动，应当采取有效措施，防止、减少土壤污染，对所造成的土壤污染依法承担责任。

第五条第一款 地方各级人民政府应当对本行政区域土壤污染防治和安全利用负责。

第十九条 生产、使用、贮存、运输、回收、处置、排放有毒有害物质的单位和个人，应当采取有效措施，防止有毒有害物质渗漏、流失、扬散，避免土壤受到污染。

第四十五条第一款 土壤污染责任人负有实施土壤污染风险管控和修复的义务。土壤污染责任人无法认定的，土地使用权人应当实施土壤污染风险管控和修复。

第四十七条 土壤污染责任人变更的，由变更后承继其债权、债务的单位或者个人履行相关土壤污染风险管控和修复义务并承担相关费用。

《环境保护法》第四十二条第一款 排放污染物的企业事业单位和其他生产经营者，应当采取措施，防治在生产建设或者其他活动中产生的废气、废水、废渣、医疗废物、粉尘、恶臭气体、放射性物质以及噪声、振动、光辐射、电磁辐射等对环境的污染和危害。

《侵权责任法》第六十五条 因污染环境造成损害的，污染者应当承担侵权责任。

## 案例五十二：九江“镉大米”案

【案情介绍】

2017 年 11 月 6 日，中国无毒地志愿者发布公开信——临近稻谷收割期，江西九江出现“镉大米”，让九江“镉大米”污染一事进入公众视线。举报信称，环保志愿者在九江市九江县港口街取样送检后发现，村民所产稻谷及其耕地中重金属镉均存在不同程度超标。11 月 10 日傍晚，九江市柴桑区委宣传部官方微博就此事发布回应，表示已经组织调查组赶赴现场调查，将集中收存疑似污染大米，待检验结果确认后，对确属污染的大米统一进行无害化处理。

（1）志愿者发现“镉大米”

2017 年 10 月中旬，临近江西省九江市九江县港口街镇晚稻收割期，志愿者在港口街镇两户村民的家中、农田取了土壤以及稻谷样品，送检第三方检测机构。检测结果显示，两户村民的稻谷中重金属镉存在不同程度超标。此外，村民正在种植的农田土壤内重金属镉也超标，村里废弃农田的土壤重金属镉、砷更是严重超标，“同时农田灌溉水源以及候鸟栖息地东湖底泥镉、砷超标”。

公开信中详细介绍了几处样本的送检结果，其中叶家垄村叶姓村民农田中，土壤（约 25 cm 深）重金属镉含量为 1.98 mg/kg，超过《土壤环境质量标准》(GB 15618—1995）中 3 级标准 1.98 倍，远远超出保障农林业生产和植物正常生长的土壤临界值。从叶姓村民家农田中已经收割存储的稻谷中测出，其重金属镉含量为 0.312 mg/kg，超过《食品安全国家标准　食品中污染物限量》（GB 2762—2012）中三级标准 1.56 倍，为“镉大米”；另一家作为样本的丁家山村李姓村民农田中，尚未收割的晚稻重金属镉含量更是高达 1.62mg/kg，超出标准 8.1 倍。

此外，志愿者监测发现，在当地废弃农田土壤中，不仅重金属镉超出标准 14.2 倍，砷含量也达到土壤临界值的 7.13 倍。

（2）污染源直指当地铜硫矿

举报信中提到，当村民们知道自己所种植的稻谷重金属镉超标后，主动提出镉米有毒不上桌、阻止镉大米上餐桌。也就是说，村民并不知道自己的土地已经遭重金属污染。在得知土壤被污染后，他们将造成农田重金属污染甚至不能耕种的矛头指向了长期排放红色污水的某矿冶有限公司某金铜硫矿。

据了解，该铜硫矿最早源于 1988 年 6 月，由赣西北大队与九江县洗心桥乡（现为港口街镇）联合组建，时称洗心桥金矿，后经改制、易主，延续至今。2013 年，当地上马了《某矿冶有限公司某金铜硫矿年开采 10 万吨项目》，该项目环评公示表明井下废水和选矿废水中的污染物主要有 pH、$COD_{Cr}$、SS、Cu、Pb、Zn、As、$Cr^{6+}$和 Cd 等。

环保志愿者在当地调查发现，该金铜硫矿的生产废水，由矿区流经村子，最后流入东湖。当地村民农田土壤中镉、砷超标以及稻谷镉超标，与该项目环评中的特征性污染物指标吻合。

矿冶公司已被停产整顿：

2017 年 11 月 10 日下午 6 点半，九江市柴桑区委宣传部官方微博发布了《关于“江西九江出现污染大米”有关情况的回复》。

文章称，针对近日网友反映的“江西九江出现污染大米”问题，柴桑区委、区政府已经组织调查组赴现场调查，并采取相应措施。港口街镇、村将成立工作组进村入户集中收存疑似污染大米，待检验结果确认后，对确属污染大米统一进行无害化处理。市、区农业、环保、粮食等有关部门已组织技术人员对周边土壤、水体、稻谷等取样送检，检验结果将第一时间公布。

对于疑似污染源的某金铜硫矿区，通报介绍，原某金铜硫矿区现属某矿冶有限公司，2008 年改制重组，其间一直处于停产状态，2014 年经原江西省环保厅批准开采。“由于早期粗放式开采，某金铜硫矿区对周边环境造成了一定的污染，1989 年、2008 年，经市、县人大及市国资委协调与周边农户达成协议，由该矿山对区域内受污染的土地按每年 600 元/亩的标准给予补偿并延续至今。”

根据通报内容，2017 年 8 月 30 日，当地已经责令某矿冶公司停产整顿，并聘请第三方有资质单位开展污染调查，编制污染治理方案。

（3）提起诉讼、达成调解协议

2018 年 5 月 9 日，原告北京市丰台区源头爱好者环境研究所以某矿冶有限公司为被告，以九江市环境保护局、九江市柴桑区人民政府为第三人，向九江中院提起环境民事公益诉讼。原告认为被告某矿冶有限公司及其前身所属的九江铜硫矿，自 20 世纪 70 年代起，在采矿作业生产过程中的有害污水长期流经农田村庄，造成了严重的环境污染及生态破坏。

原告称，经初步取样发现，凡被告的污水流经之地，指标性污染物都超过国家标准；凡使用污染区域的污水灌溉的农田，所生产的稻谷镉含量也都超过国家规定的食用标准。原告请求法院判令被告停止继续侵害环境生态，恢复原状，按照第三人委托编制的综合修复治理方案，承担污染区域的环境修复责任以及恢复原状期间的服务功能损失 4 950 万元，并承担本案的监测、检验、鉴定费用、律师费、诉讼费等其他合理费用。

2018 年 11 月 1 日，江西九江镉大米民事公益诉讼案在九江市中级人民法院开庭审理，最终原告和被告当庭达成调解协议，被告自愿承担生态环境修复费用 3 000 万元及其他合理费用。

针对江西九江市柴桑区曝出的镉污染大米事件，11 月 10 日，九江市柴桑区委、区政府对此组织调查，11 月 24 日，柴桑区纪委对相关责任部门和 11 名责任人启动问责程序。九江市纪委也已对市有关部门和区相关责任人启动问责程序。

**【相关法律规定】**

《土壤污染防治法》第四条　任何组织和个人都有保护土壤、防止土壤污染的义务。

土地使用权人从事土地开发利用活动，企业事业单位和其他生产经营者从事生产经营活动，应当采取有效措施，防止、减少土壤污染，对所造成的土壤污染依法承担责任。

第二十八条第一款　禁止向农用地排放重金属或者其他有毒有害物质含量超标的污水、污泥，以及可能造成土壤污染的清淤底泥、尾矿、矿渣等。

第八十七条　违反本法规定，向农用地排放重金属或者其他有毒有害物质含量超标的污水、污泥，以及可能造成土壤污染的清淤底泥、尾矿、矿渣等的，由地方人民政府生态环境主管部门责令改正，处十万元以上五十万元以下的罚款；情节严重的，处五十万元以上二百万元以下的罚款，并可以将案件移送公安机关，对直接负责的主管人员和其他直接责任人员处五日以上十五日以下的拘留；有违法所得的，没收违法所得。

## 案例五十三：河南新乡小麦“镉污染”案

**【案情介绍】**

新乡位于华北平原腹地，堪称中国最适宜小麦生长的区域。俗云，“全国小麦看河南，河南小麦看新乡！”新乡是曾获得多个“全国第一”荣誉称号的产粮基地，多个国产驰名品牌酒企都将其作为原料基地。然而，新乡一些地方的小麦，可能再也没有机会被端上人类的餐桌。

根据民间环保组织“好空气保卫侠”和新乡当地民间环保组织志愿者 2017 年 6 月初在新乡市凤泉区大块镇等地取样，并委托一家国家级检测机构进行检测的结果显示，这里的小麦已被严重污染！

6 月中旬，大块镇块村营村“问题麦地”的小麦已经收割完毕，地里存留着超过脚踝的麦桩，一些飞鸟偶尔落下，啄食遗落的麦粒。

此地被四面包围：南面是一家建筑痕迹崭新的加工厂；北面是块村营村，西边是蜿蜒的百泉河，水质发黑；东边的“黑水河”——当地人称“酱油河”，实际上是一条宽约三四米的水沟，水质污浊、颜色怪异，高温下，散发出刺鼻的气味。

当地民间环保组织志愿者出具了证明小麦镉超标的检测报告。检测报告显示，从该片麦地及附近周边提取的 9 个麦样，镉含量最高为 1.28 mg/kg，最低为 0.17 mg/kg。根据《食品安全国家标准　食品中污染物限量》（GB 2762—2012），谷物及其制品总镉限量为 0.1 mg/kg 以内。这意味着，问题麦地的麦子含镉量超标 1.7～12.8 倍。

环保志愿者将其中 7 个分布集中的麦样区域称为“问题麦地”。卫星地图显示，被检测麦子镉超标的“问题麦地”面积约 300 亩，按当地小麦平均亩产超过 500 kg 计算，该地至少产出 15 万 kg 小麦。

志愿者所持检测报告由一家国家级检测机构做出，该机构拥有计量认证资质（CMA），所出具的检测报告具法律效力和第三方公证性。

然而，新乡镉麦或不止于此。

与块村营村“问题麦地”紧密相连、向北延伸数百米的区域，同样是被黑水沟和百泉河包围的麦地。在百泉河西侧，也绵延着成片的麦地——志愿者所取 9 个麦样中，紧邻“问题麦地”、同样镉超标的 2 号麦样，即在百泉河以西。

另一块问题麦地的收成同样值得关注，黑水河以东，工业区北向，有一块麦地长宽数百米，地里留存着新鲜的麦桩。据前述当地资深环保志愿者介绍，虽然未在此处取样，但这里可能“更毒”——它就隐秘地生长在涉镉加工工厂的围墙之内。

2017 年，志愿者采集的 12 个麦样，除 9 个来自上述位于凤泉区大块镇的“问题麦地”及其附近，其余镉超标麦样则来自向东十余公里之外的环宇大道附近。其中：3 号麦样来自华某公司南向 1 000 m 处，属于牧野区王村镇，麦样镉超标 5 倍！6 号麦样来自某电源公司东向 1 000 m 的陈堡村，属于凤泉区，镉超标 18 倍！12 号麦样则不是来自田地，而是采集自牧野区王村镇东马坊村的路边，该电源公司以南，镉超标 6 倍！

在环宇大道西侧，环宇厂区南向仅一条公路之隔的地块里，种植有各种树苗、花卉，其间单种或套种着许多麦子、玉米、大豆等，其中三块单种的麦地长百余米，宽数十米，已经全部收割，麦子不知去向。根据河南师范大学 2012 年的一份硕士学位论文研究，该电源公司周边土壤镉含量平均超标 176 倍！

事实上，新乡镉麦的出现并不始于 2017 年。2015 年，同一志愿者团体在新乡市牧野区王村镇中马坊村北口取麦样，送往上述同一家检测机构进行检测，发现小麦样品镉超标 17 倍！2016 年，根据某些媒体报道，王村镇政府就曾对辖区内 160 亩土地上的 9 万 kg 小麦进行收购，原因即是出产麦子检测出镉含量超标。该 160 亩地块位于新乡市华鑫电源材料公司南向，小麦样品镉超标 6～34 倍。据悉，一位不愿具名的土壤修复专家也曾在这一区域取麦样进行检测，所得结果与志愿者的检测结果相似，有些数据甚至更高。

新乡镉麦中的“镉”究竟来自何方？

新乡市曾经还有一个响亮的名头——“中国电源行业的黄埔军校”；官方称之为“中国电池工业之都”——一个由中国轻工业联合会、中国电池工业协会正式授予的特色区域称号。

新乡市区西北城郊结合区域，一条宽阔的双向两车道公路南北延伸，来往车辆繁忙。这条道路名叫“某大道”。在其南段则矗立着一座巨大的立交桥，也取名“某某”。

新乡的某电源公司从 20 世纪 80 年代就开始生产镍镉电池。鼎盛时期，这家工厂拥有两万余名员工，它所生产的二次电池原材料（二次电池一般为镍镉、镍氢等）的市场占有率曾经高达 90%！在该电源公司的周围，还分布着一些规模较小的工厂。这些工厂曾经的产品，也都与镍镉电池有关。

路某铎是曾经的该电源公司工作人员，他介绍，这些工厂曾经存在严重的偷排、乱排行为；该电源集团的一个生产车间，排气扇上吸附着厚厚的氧化镉，这些工厂生产时产生的烟雾飘到大气中，以降尘的方式将重金属镉带到地面。周边小工厂产生的含镉废水则直接排到厂区之外。路某铎并亲自驾车指认这些工厂当年的排污处，但如今已看不出明显痕迹。该电源公司的退休工人张某，也回忆起当年工厂内粉尘飞扬的场景，他曾经的工作是在镍镉电池装配线将电炉烘烤成型的氧化镉负极片、海绵镉和钢壳组装在一起。如今，张某体内超标的镉已经很难再清除。2016 年，由新乡市职业病防治研究所出具的“出院诊断证明”显示，张某的尿β2-微球蛋白是 43 722 μg/g 肌酐，超标数十倍。这意味着，他体内的镉已经使他的肾小管重吸收功能急速减退，他还时常感到腰疼和腿疼，“有时候走不了路”。曾在此工作的工人王某福则因病变切除了右肾。

据该电源公司多名老工人回忆，该电源公司曾在 2005 年左右组织所有工人进行体检。退休工人张某回忆，当时，新乡市职业病防治研究所挤满了数百名被检出镉中毒的工人。

受镉超标危害的不只有厂内作业的工人，该电源厂外的土壤也未能幸免。一份河南师范大学 2012 届硕士学位论文《新乡市典型工业区土壤重金属污染特征研究及治理》显示，研究人员沿该公司两个厂房外取了 20 个土样，检测结果显示，全部土样所含镉都超过了国家土壤环境质量三级标准规定的 1 mg/kg，平均含量高达 176.9 mg/kg！

**镉污染版图继续向西扩展**

某某大道与该电源公司的交汇处，有一条东西向的民生渠，开凿于清代雍正年间，曾经的主要功能是防洪与灌溉。2015 年，在河南省发布的城市河流水质排行榜中，民生渠被列为 55 条河流中水质最差的一条。

沿民生渠向西回溯约 10 km，就来到新乡市凤泉区大块镇，也就是前述“问题麦地”所在地——这里曾是中国最大的镍镉电池材料作坊集中地。

“最鼎盛时有至少 140 家加工氧化镉和海绵镉的小作坊。”当地一家电池材料厂退休的镍镉车间经理李某介绍。李某继续描述这些小作坊与镉污染的关系。大块镇的镍镉加工小作坊主要生产氧化镉和海绵镉，这些组成电池的原材料。大的电池工厂为节省成本，往往将其外包给小作坊。小作坊普遍没有加装废水和废弃物处置设施。李某说，就在几年前，他还看到大块镇的小作坊直接向外排放污水。

氧化镉是电池的负极材料，生产方法是将镉块在锅炉中熔化，生产过程中会产生氧化镉烟雾，如果没有防护设施，会直接飘到大气中，然后沉降到地面。据悉，不愿具名的土壤修复专家推测，新乡当地的镉污染来源，可能是周边的电池企业，方式包括氧化镉废气降尘。

海绵镉则是电池的填充物，用于延长电池的使用寿命，其生产过程不会产生烟雾，但是需要大量的水，“生产一吨海绵镉，会产生几十吨含镉的废水。”李某介绍。

从大块镇流经的水系，除东西向的民生渠，还有南北向的百泉河。在大块镇块村营村南面，百泉河从上述“问题麦地”西面蜿蜒而过，再向南数公里，在合河乡，汇入卫河。

**镉麦流向何方**

关于凤泉区大块镇 300 亩“问题麦地”所产小麦，据大块镇官员介绍，问题小麦已由政府收购，30 多万元资金由政府财政承担，之后将按标准程序，已对收购的小麦进行存储，请专业机构实施销毁，并做到过程可以追溯。但是，与这 300 亩“问题麦区”紧邻区域可能同样镉超标的小麦，以及牧野区王村镇经检测麦样超标区域的麦子，则未有明确的官方说法，证明其流向及处理措施。

据悉，在送检的麦样中，已检测出镉超标 18 倍的 6 号麦样出自凤泉区陈堡村。6 月 18 日，一名叫刘某成的商人曾在该村收购麦子，但尚不掌握这部分麦子的进一步去向。而从 2016 年对问题镉麦的处理来看，恐怕也未必能彻底令人放心。

2016 年 7 月，新乡市牧野区王村镇曾由政府收购 9 万 kg 疑似镉污染小麦。一份王村镇政府处理此事的书面文件称，本批镉超标小麦将交由一名叫李某波的人收储——在镇政府监督下，由第三方按市场价格收购。据在 2016 年参与见证本批次镉麦收购和仓储的环保志愿者介绍，当时政府官员称，这批镉麦将被用作工业酒精制造。

2017 年 6 月 18 日，与负责收购问题小麦的李某波取得联系——当地一家商贸公司老板，从 2012 年开始，在新乡市代理销售泸州老窖。李某波称，去年收存的镉麦于几日前会同政府部门销毁——采取的处理方式为焚烧。一名自称参与过小麦处理的王村镇农业部门工作人员，也持类似说法。但两者都没有提供现场视频或其他相关直接凭证。

**关厂、转产与“保守治疗”**

2017 年，对于新乡市的镍镉电池产业来说，是颇具标志性意义的年份。年初，曾经的产业龙头该电源公司被法院查封了其部分生产车间和产品，企业目前负债近 10 亿元。其他一些工厂也纷纷转型生产锂电池，并在自己的公司名称里加入了“新能源”等词汇。

新乡市的第一个镍镉电池厂修建于“一五”计划期间，历时数十年，以“中国电池之都”而驰名。在新能源的冲击下，新乡市整个镍镉电池产业颓然倒塌，但曾经粗放的发展方式留下的伤疤，却远远没有愈合。

2016 年，新乡市空气质量指数在全国排名垫底，政府关闭了上百家“小散乱污”企业，小型锅炉全部禁止烧煤。曾经“树林一般”的土炉烟囱消失殆尽，这些都将减少土地镉污染的来源。

“如果还有新的污染，那么污染的部分就会集中在植物顶端或叶面。但现在检测到的数据是自根部向上减轻”，牧野区一名环保官员说。

对于本次小麦疑似镉污染事件，凤泉区负责环保工作的副区长郭某 6 月 20 日表示，将对可能造成污染的现有企业，以及曾经可能的污染来源进行排查；同时，对凤泉区全区的土壤进行检测，摸清基本情况，为下一步的土壤修复和“非粮化”运作奠定基础。目前，已经就此事跟专业公司商谈。

凤泉区大块镇镇长王某海称，2017 年出产疑似镉污染小麦的 300 余亩“问题麦地”，将不再用于粮食种植，土地流转后，种植“格桑花”。

该电源公司等电池企业所在的牧野区王村镇镇长张某介绍，从 2012 年就开始对疑似受污染的土地进行“种植结构调整”，最终确定面积为 1 万亩，预计用 5 年时间完成流转，目前已经流转完成 9 000 余亩，流转的土地改种花卉等非粮食作物。然而，由于民众个体情况和 2016 年的洪水毁坏苗木等原因，部分地区仍然存在粮食种植。对疑似污染土壤的治理工作也正在进行，与河南某环境治理股份有限公司对接，土壤的抽样化验已经完成，设计方案已经齐备，目前正在启动。另外，牧野区通过 PPP 项目模式，投资 4 000 余万元，为王村镇 14 个行政村建设了排污管道和小型污水处理厂，处理生活污水和企业废水。目前，牧野区对土壤治理相关的支出，已经达到 7 000 余万元。

据悉，河南省目前正在推进“土壤污染综合治理防治先行区”建设，洛阳、新乡、驻马店为 3 个先行区。据悉，新乡市的土壤污染普查情况也正在进行中，但尚未公布具体数据。

**【相关法律规定】**

《土壤污染防治法》

第四条　任何组织和个人都有保护土壤、防止土壤污染的义务。

土地使用权人从事土地开发利用活动，企业事业单位和其他生产经营者从事生产经营活动，应当采取有效措施，防止、减少土壤污染，对所造成的土壤污染依法承担责任。

第二十八条第一款　禁止向农用地排放重金属或者其他有毒有害物质含量超标的污水、污泥，以及可能造成土壤污染的清淤底泥、尾矿、矿渣等。

第八十七条　违反本法规定，向农用地排放重金属或者其他有毒有害物质含量超标的污水、污泥，以及可能造成土壤污染的清淤底泥、尾矿、矿渣等的，由地方人民政府生态环境主管部门责令改正，处十万元以上五十万元以下的罚款；情节严重的，处五十万元以上二百万元以下的罚款，并可以将案件移送公安机关，对直接负责的主管人员和其他直接责任人员处五日以上十五日以下的拘留；有违法所得的，没收违法所得。

### 案例五十四：聊城市人民检察院诉路某太土壤污染民事公益诉讼案

**【案情介绍】**

2014 年 12 月至 2015 年 10 月，路某太在未经相关部门审批且不具备清洗资质的情况下，使用强碱洗刷机油桶，并将未经无害化处理的强碱废液直接排入私自挖掘的渗坑内，对渗坑周边及地下土壤造成污染。淄博市周村区公安分局根据举报线索，并经对涉案地的排放液体取样鉴定，以路某太涉嫌污染环境罪将其逮捕，并移送检察机关提起公诉。2016 年 12 月 20 日，淄博市周村区人民法院以污染环境罪对其作出（2016）鲁 0306 刑初 405 号刑事判决。公益诉讼人山东省聊城市人民检察院依据相关法律、司法解释之规定，在淄博市目前尚未有符合法律规定的机关或社会组织提起民事公益诉讼的前提下，依法向淄博市中级人民法院提起环境公益诉讼。

淄博市中级人民法院经审理认为，被告路某太因环境污染犯罪行为造成涉案地环境污染，事实清楚，证据充分。公益诉讼人要求路某太承担污染土壤治理及生态修复的相关费用，于法有据。故判决被告路某太在本判决生效后十日内，将污染治理及生态修复费 38 400 元，支付至山东省生态环境损害赔偿资金账户。

**【执法思考】**

本案是《山东省生态环境损害赔偿资金管理办法》印发后，全省首例直接判令被告将生态修复金支付至山东省生态环境损害赔偿资金账户的案例。法院结合具体案情，考虑到本案环境污染的特殊性与被告路某太被刑事羁押的客观事实，直接判令被告将生态修复金直接支付至山东省生态环境损害赔偿资金账户，用以补偿对环境的损害，判决内容具有可执行性，从而使得侵权人对侵权行为的责任承担更加清晰，减少了双方因诉讼所带来的麻烦和风险。

**【相关法律规定】**

《土壤污染防治法》第四条　任何组织和个人都有保护土壤、防止土壤污染的义务。

土地使用权人从事土地开发利用活动，企业事业单位和其他生产经营者从事生产经营活动，应当采取有效措施，防止、减少土壤污染，对所造成的土壤污染依法承担责任。

第四十五条第一款　土壤污染责任人负有实施土壤污染风险管控和修复的义务。土壤污染责任人无法认定的，土地使用权人应当实施土壤污染风险管控和修复。

## 案例五十五：中华环保联合会诉山东某化工集团有限公司、王某伟、王某光、周某超土壤污染民事公益诉讼案

【案情介绍】

2014 年 1 月，山东某化工集团有限公司将新建成品油罐区现场清理土方回填工程（含化工污水处理）承包给王某伟，王某伟将化工污水清理工程承包给没有处理危险废物资质的王某光，王某光又将污水处理事项交给没有危险废物处理资质的周某超。2014 年 1 月 19—22 日，周某超雇用司机将 7 车 200 余吨污水倾倒至东营市垦利区董集镇官庄村其父亲承包土地挖好的沟内，造成大面积污染。经山东省环境科学研究设计院环境风险与污染损害鉴定评估中心鉴定，废水为 HW35 类危险废物，污染面积 2 025 $m^2$，污泥体积约为 1 148$m^3$，本次环境污染造成财产损失为 8 790 750 元。

2015 年 6 月 5 日，中华环保联合会诉山东某化工集团有限公司、王某伟、王某光、周某超环境公益诉讼案在东营经济技术开发区人民法院立案，中华环保联合会要求被告立即停止非法处置污水行为并支付环境污染损害生态修复费用 8 790 750 元，用于委托第三方机构对受到污染的当地环境进行生态修复。

本案在法院主持下，双方达成调解协议：

四被告全额支付原告诉请的 8 790 750 元用于受污染土壤生态修复，如实际修复支出超过该数额，四被告仍继续承担相应费用。被告山东某化工集团有限公司已将案款付至法院专户，东营经济技术开发区人民法院主导的环境修复工作正有序推进。

【执法思考】

本案是山东省首起由基层法院审理的环境民事公益诉讼案件，通过调解，中华环保联合会的诉请得到全部实现，且在调解过程中统筹考虑，预设了实际修复费用超过案款时的解决办法，堵塞了被告将可能以“一事不再理”作为抗辩的漏洞，一方面加快了环境修复进程，另一方面确保了修复费用足额到位，从而实现了环境公益诉讼的终极目的。东营市系山东省“黄蓝”两大国家战略叠加实施地，系黄河三角洲高效生态经济区的重要组成部分，通过环境公益保护当地生态环境，具有十分重要意义。

【相关法律规定】

《土壤污染防治法》第四条　任何组织和个人都有保护土壤、防止土壤污染的义务。

土地使用权人从事土地开发利用活动，企业事业单位和其他生产经营者从事生产经营活动，应当采取有效措施，防止、减少土壤污染，对所造成的土壤污染依法承担责任。

第四十五条　土壤污染责任人负有实施土壤污染风险管控和修复的义务。土壤污染责任

任人无法认定的，土地使用权人应当实施土壤污染风险管控和修复。

**案例五十六：烟台市人民检察院诉王某殿、马某凯水和土壤污染损害民事公益诉讼案**

【案情介绍】

2014 年 2—4 月，王某殿、马某凯在没有办理任何注册、安检、环评等手续的情况下，在莱州市柞村镇消水庄村沙场大院北侧车间从事盐酸清洗长石颗粒项目。在作业过程中产生至少 60 t 的废酸液，被王某殿储存于厂院北墙外的废水池内，其间因池侧壁和底部均存在裂缝，存在明显的渗漏迹象，渗漏废酸液对废水池周边土壤和地下水造成污染。后来储存于废水池内的废酸液被抽到厂院外的排水沟，通过排水沟汇入村北的消水河，对消水河内水体造成污染。

烟台市中级人民法院经审理认为，王某殿、马某凯实施的环境污染行为与所造成的环境污染损害后果之间存在因果关系，二人应当对其污染环境造成社会公共利益受到损害的行为承担侵权责任。故判决王某殿、马某凯在烟台市环境保护局的监督下按照危险废物的处置要求将酸洗池内受污染的 223 t 沙土进行处置，消除危险；如不能自行处置，则由环境保护主管部门委托第三方进行处置，王某殿、马某凯赔偿酸洗危险废物处置费用 5.6 万元，支付至烟台市环境公益诉讼基金账户。同时，对莱州市柞村镇消水庄村沙场大院北侧车间周边地下水、土壤和消水河内水体的污染治理制定修复方案并进行修复，逾期不履行修复义务或者修复未达到保护生态环境社会公共利益标准的，赔偿因其偷排酸洗废水造成的生态损害修复费用 72 万元，支付至烟台市环境公益诉讼基金账户。

【执法思考】

本案环境污染涉及地表水、地下水、土壤污染及危险废物的应急处置等一系列问题。该案的裁判结果，给出了水污染环境损害对于不同水质及对应不同环境功能敏感程度的水源区域计算环境生态损害修复费用的标准。对各级环保、国土资源行政主管部门全面推动矿山、地质环境治理恢复工作具有一定的借鉴作用。在该案件的审理过程中，法院认真分析了该环境污染案件的特点，充分考虑到预防和遏制环境污染行为的现实需求，积极推动污染水体的治理，实现对环境公共利益的有效保护。

【相关法律规定】

《土壤污染防治法》第四条　任何组织和个人都有保护土壤、防止土壤污染的义务。

土地使用权人从事土地开发利用活动，企业事业单位和其他生产经营者从事生产经营活动，应当采取有效措施，防止、减少土壤污染，对所造成的土壤污染依法承担责任。

第四十五条　土壤污染责任人负有实施土壤污染风险管控和修复的义务。土壤污染责任人无法认定的，土地使用权人应当实施土壤污染风险管控和修复。

# 第7章　建设项目环境监管的典型案例及其执法要点解析

## 7.1　概述

### 7.1.1　环境影响评价制度与“三同时”制度的主要法律规定

环境影响评价制度与“三同时”制度是我国建设项目环境管理的基本法律制度。对违反环境影响评价制度与“三同时”制度的行为，依法应给予相应的处罚。

（1）环境影响评价制度

环境影响评价是指对规划和建设项目实施后可能造成的环境影响进行分析、预测和评估，提出预防或者减轻不良环境影响的对策和措施，进行跟踪监测的方法和制度。

环境影响评价制度的实施过程主要包括两个方面：一方面是有审批权的环境保护行政主管部门对经过环境影响评价而得出的书面结论进行审查和批准；另一方面是对建设单位执行环境影响评价制度的过程进行监督和管理。本节主要就后一方面的问题进行讲解和论述。

（2）“三同时”制度

“三同时”制度是我国环境管理实践经验的总结，是在中国出台最早的一项环境管理制度，也是具有中国特色并行之有效的环境管理制度。它与环境影响评价制度相结合，有效地贯彻“预防为主”的方针，落实开发建设活动对环境产生影响的防治措施，防止生态破坏和产生新的污染，并根据“以老带新”的原则，促进老污染的治理，保证建设项目建成后达标排放或不对周围环境造成破坏。因此，严格贯彻执行“三同时”制度，对于加强建设项目的环境管理、有效控制新污染、促进老污染的治理、改善环境质量具有重要意义。

1972 年 6 月，《国家计委、国家建委关于官厅水库污染情况和解决意见的报告》第一次提出了“工厂建设和‘三废’利用工程要同时设计、同时施工、同时投产”的要求。1973 年，经国务院批准的《关于保护和改善环境的若干规定》中规定：“一切新建、扩建和改建的企业，防治污染项目，必须和主体工程同时设计、同时施工、同时投产。”从此，“三同时”制度成为中国最早的环境管理制度。

环境影响评价制度与“三同时”制度的主要法律规定见表 7-1。

**表 7-1　环境影响评价制度与“三同时”制度的法律规定**

| 类型 | 文件名称 | 发布（修订、修正）实施时间 |
| --- | --- | --- |
| 法律 | 《环境保护法》（第十九、四十一、五十六、六十一、六十三条） | 1989 年 12 月 26 日第七届全国人民代表大会常务委员会第十一次会议通过<br>2014 年 4 月 24 日第十二届全国人民代表大会常务委员会第八次会议修订 |
| | 《环境影响评价法》 | 2002 年 10 月 28 日第九届全国人民代表大会常务委员会第三十次会议通过，2003 年 9 月 1 日实施<br>2016 年 7 月 2 日第十二届全国人民代表大会常务委员会第二十一次会议第一次修正<br>2018 年 12 月 29 日第十三届全国人民代表大会常务委员会第七次会议第二次修正 |
| | 《大气污染防治法》（第十八条） | 1987 年 9 月 5 日第六届全国人民代表大会常务委员会第二十二次会议通过<br>1995 年 8 月 29 日第八届全国人民代表大会常务委员会第十五次会议第一次修正<br>2000 年 4 月 29 日第九届全国人民代表大会常务委员会第十五次会议第一次修订<br>2015 年 8 月 29 日第十二届全国人民代表大会常务委员会第十六次会议第二次修订<br>2018 年 10 月 26 日第十三届全国人民代表大会常务委员会第六次会议第二次修正 |
| | 《水污染防治法》（第十九条） | 1984 年 5 月 11 日第六届全国人民代表大会常务委员会第五次会议通过<br>1996 年 5 月 15 日第八届全国人民代表大会常务委员会第十九次会议第一次修正<br>2008 年 2 月 28 日第十届全国人民代表大会常务委员会第三十二次会议修订<br>2017 年 6 月 27 日第十二届全国人民代表大会常务委员会第二十八次会议第二次修正 |
| | 《海洋环境保护法》（第四十二、四十三、四十四、四十七、四十八条） | 1982 年 8 月 23 日第五届全国人民代表大会常务委员会第二十四次会议通过<br>1999 年 12 月 25 日第九届全国人民代表大会常务委员会第十三次会议修订<br>2013 年 12 月 28 日第十二届全国人民代表大会常务委员会第六次会议第一次修正<br>2016 年 11 月 7 日第十二届全国人民代表大会常务委员会第二十四次会议第二次修正<br>2017 年 11 月 4 日主席令　第 81 号第三次修正，2017 年 11 月 5 日起施行 |

| 类型 | 文件名称 | 发布（修订、修正）实施时间 |
|---|---|---|
| 法律 | 《环境噪声污染防治法》（第十三条） | 1996 年 10 月 29 日通过<br>1997 年 3 月 1 日起施行<br>2018 年 12 月 29 日修正 |
| | 《固体废物污染环境防治法》（第十三条） | 1995 年 10 月 30 日第八届全国人民代表大会常务委员会第十六次会议通过<br>2004 年 12 月 29 日第十届全国人民代表大会常务委员会第十三次会议修订<br>2013 年 6 月 29 日第十二届全国人民代表大会常务委员会第三次会议第一次修正<br>2015 年 4 月 24 日第十二届全国人民代表大会常务委员会第十四次会议第二次修正<br>2016 年 11 月 7 日根据主席令　第 57 号修改 |
| | 《放射性污染防治法》（第十九、二十、二十九、三十四、四十四、五十条） | 2003 年 6 月 28 日，中华人民共和国主席令　第 6 号发布<br>2003 年 10 月 1 日起施行 |
| 行政法规 | 《建设项目环境保护管理条例》 | 1998 年 11 月 29 日，国务院令　第 253 号发布<br>2017 年 7 月 16 日，根据国务院令　第 682 号修改，2017 年 10 月 1 日起施行 |
| | 《规划环境影响评价条例》 | 2009 年 8 月 17 日，国务院令　第 559 号发布<br>2009 年 10 月 1 日起施行 |
| | 《防治海岸工程建设项目污染损害海洋环境管理条例》（第 6、7、10 条） | 1990 年 6 月 25 日中华人民共和国国务院令　第 62 号公布<br>2007 年 9 月 25 日根据国务院令　第 507 号修改<br>2017 年 3 月 1 日根据《国务院关于修改和废止部分行政法规的决定》修改<br>2018 年 3 月 19 日根据国务院令　第 698 号第三次修改 |
| 部门规章和规范性文件 | 《建设项目环境影响登记表备案管理办法》 | 2016 年 11 月 16 日环境保护部部令　第 41 号发布<br>2017 年 1 月 1 日施行 |
| | 《建设项目环境影响评价分类管理名录》 | 2017 年 6 月 29 日环境保护部部令　第 44 号发布<br>2017 年 9 月 1 日施行，原《建设项目环境影响评价分类管理名录》（环境保护部部令　第 33 号）同时废止 |
| | 《建设项目环境影响评价资质管理办法》 | 2015 年 9 月 28 日发布<br>2015 年 11 月 1 日起施行<br>2019 年 1 月 19 日起停止执行（生态环境部公告　2019 年第 2 号） |
| | 关于印发《“十三五”环境影响评价改革实施方案》的通知 | 2016 年 7 月 15 日，环环评〔2016〕95 号 |
| | 《环境影响评价公众参与办法》 | 2018 年 7 月 16 日生态环境部部令　第 4 号发布<br>2019 年 1 月 1 日实施 |
| | 《建设项目环境影响评价文件审批程序规定》 | 2005 年 11 月 23 日国家环保总局令　第 29 号发布<br>2006 年 1 月 1 日起施行 |

| 类型 | 文件名称 | 发布（修订、修正）实施时间 |
| --- | --- | --- |
| 部门规章和规范性文件 | 《建设项目环境影响评价文件分级审批规定》 | 2009 年 1 月 16 日环境保护部令　第 5 号发布<br>2009 年 3 月 1 日起施行 |
| | 《建设项目危险废物环境影响评价指南》 | 2017 年 8 月 29 日发布<br>2017 年 10 月 1 日起施行 |
| | 《关于印发环评管理中部分行业建设项目重大变动清单的通知》 | 2015 年 6 月 4 日，环办〔2015〕52 号 |
| | 《建设项目竣工环境保护验收暂行办法》 | 2017 年 11 月 20 日，环规环评〔2017〕4 号 |
| | 《建设项目环境影响后评价管理办法（试行）》 | 2015 年 12 月 10 日环境保护部部令　37 号发布<br>2016 年 1 月 1 日实施 |
| | 《关于强化建设项目环境影响评价事中事后监管的实施意见》 | 2018 年 1 月 25 日，环环评〔2018〕11 号 |
| | 《建设项目环境保护事中事后监督管理办法（试行）》 | 2015 年 12 月 10 日，环发〔2015〕163 号 |
| | 《建设项目环境影响评价区域限批管理办法（试行）》 | 2015 年 12 月 18 日，环发〔2015〕169 号 |
| | 《关于做好环境影响评价制度与排污许可制衔接相关工作的通知》 | 2017 年 11 月 14 日，环办环评〔2017〕84 号 |
| 地方性法规、规章 | 略 | |

## 7.1.2　违反环境影响评价制度与“三同时”制度的行为及应承担的法律责任

### 7.1.2.1　违反环境影响评价制度行为和处罚依据

（1）建设单位未依法报批建设项目环境影响评价文件擅自开工建设、未落实防治环境污染和生态破坏的措施。

**【相关法律规定】**

《环境影响评价法》第二十五条　建设项目的环境影响评价文件未依法经审批部门审查或者审查后未予批准的，建设单位不得开工建设。

《环境保护法》第十九条　编制有关开发利用规划，建设对环境有影响的项目，应当依法进行环境影响评价。

未依法进行环境影响评价的开发利用规划，不得组织实施；未依法进行环境影响评价的建设项目，不得开工建设。

《水污染防治法》第十九条　新建、改建、扩建直接或者间接向水体排放污染物的建设项目和其他水上设施，应当依法进行环境影响评价。

《建设项目环境保护管理条例》第六条 国家实行建设项目环境影响评价制度。

第九条第一款 依法应当编制环境影响报告书、环境影响报告表的建设项目，建设单位应当在开工建设前将环境影响报告书、环境影响报告表报有审批权的生态环境主管部门审批；建设项目的环境影响评价文件未依法经审批部门审查或者审查后未予批准的，建设单位不得开工建设。

**【处罚依据】**

《环境影响评价法》第三十一条一款 建设单位未依法报批建设项目环境影响报告书、报告表，或者未依照本法第二十四条的规定重新报批或者报请重新审核环境影响报告书、报告表，擅自开工建设的，由县级以上生态环境主管部门责令停止建设，根据违法情节和危害后果，处建设项目总投资额百分之一以上百分之五以下的罚款，并可以责令恢复原状；对建设单位直接负责的主管人员和其他直接责任人员，依法给予行政处分。

《建设项目环境保护管理条例》第二十二条 违反本条例规定，建设单位编制建设项目初步设计未落实防治环境污染和生态破坏的措施以及环境保护设施投资概算，未将环境保护设施建设纳入施工合同，或者未依法开展环境影响后评价的，由建设项目所在地县级以上环境保护行政主管部门责令限期改正，处 5 万元以上 20 万元以下的罚款；逾期不改正的，处 20 万元以上 100 万元以下的罚款。

违反本条例规定，建设单位在项目建设过程中未同时组织实施环境影响报告书、环境影响报告表及其审批部门审批决定中提出的环境保护对策措施的，由建设项目所在地县级以上生态环境主管部门责令限期改正，处 20 万元以上 100 万元以下的罚款；逾期不改正的，责令停止建设。

《环境保护法》第六十一条 建设单位未依法提交建设项目环境影响评价文件或者环境影响评价文件未经批准，擅自开工建设的，由负有环境保护监督管理职责的部门责令停止建设，处以罚款，并可以责令恢复原状。

第六十三条 企业事业单位和其他生产经营者有下列行为之一，尚不构成犯罪的，除依照有关法律法规规定予以处罚外，由县级以上人民政府环境保护主管部门或者其他有关部门将案件移送公安机关，对其直接负责的主管人员和其他直接责任人员，处十日以上十五日以下拘留；情节较轻的，处五日以上十日以下拘留：

（一）建设项目未依法进行环境影响评价，被责令停止建设，拒不执行的。

（2）建设项目的性质、规模、地点、采用的生产工艺或者防治污染、防治生态破坏的措施发生重大变动，建设单位未依法重新报批环境影响评价文件，擅自开工建设。

**【相关法律规定】**

《环境影响评价法》第二十四条第一款 建设项目的环境影响评价文件经批准后，建设项目的性质、规模、地点、采用的生产工艺或者防治污染、防止生态破坏的措施发生重大变动的，建设单位应当重新报批建设项目的环境影响评价文件。

《建设项目环境保护管理条例》第十二条　建设项目环境影响报告书、环境影响报告表经批准后，建设项目的性质、规模、地点、采用的生产工艺或者防治污染、防止生态破坏的措施发生重大变动的，建设单位应当重新报批建设项目环境影响报告书、环境影响报告表。

**【处罚依据】**

《环境影响评价法》第三十一条第一款　建设单位未依法报批建设项目环境影响报告书、报告表，或者未依照本法第二十四条的规定重新报批或者报请重新审核环境影响报告书、报告表，擅自开工建设的，由县级以上生态环境主管部门责令停止建设，根据违法情节和危害后果，处建设项目总投资额百分之一以上百分之五以下的罚款，并可以责令恢复原状；对建设单位直接负责的主管人员和其他直接责任人员，依法给予行政处分。

《建设项目环境保护管理条例》第二十一条　建设单位有下列行为之一的，依照《中华人民共和国环境影响评价法》的规定处罚：

（一）建设项目环境影响报告书、环境影响报告表未依法报批或者报请重新审核，擅自开工建设；

（二）建设项目环境影响报告书、环境影响报告表未经批准或者重新审核同意，擅自开工建设。

《环境保护法》第六十三条　企业事业单位和其他生产经营者有下列行为之一，尚不构成犯罪的，除依照有关法律法规规定予以处罚外，由县级以上人民政府环境保护主管部门或者其他有关部门将案件移送公安机关，对其直接负责的主管人员和其他直接责任人员，处十日以上十五日以下拘留；情节较轻的，处五日以上十日以下拘留：

（一）建设项目未依法进行环境影响评价，被责令停止建设，拒不执行的。

（3）建设项目的环境影响评价文件自批准之日起超过五年方决定开工建设，未依法报请重新审核，擅自开工建设。

**【相关法律规定】**

《环境影响评价法》第二十四条二款　建设项目的环境影响评价文件自批准之日起超过五年，方决定该项目开工建设的，其环境影响评价文件应当报原审批部门重新审核；原审批部门应当自收到建设项目环境影响评价文件之日起十日内，将审核意见书面通知建设单位。

**【处罚依据】**

《环境影响评价法》第三十一条一款　建设单位未依法报批建设项目环境影响报告书、报告表，或者未依照本法第二十四条的规定重新报批或者报请重新审核环境影响报告书、报告表，擅自开工建设的，由县级以上生态环境主管部门责令停止建设，根据违法情节和危害后果，处建设项目总投资额百分之一以上百分之五以下的罚款，并可以责令恢复原状；对建设单位直接负责的主管人员和其他直接责任人员，依法给予行政处分。

《环境保护法》第六十三条　企业事业单位和其他生产经营者有下列行为之一，尚不构成犯罪的，除依照有关法律法规规定予以处罚外，由县级以上人民政府环境保护主管部门或者其他有关部门将案件移送公安机关，对其直接负责的主管人员和其他直接责任人员，处十日以上十五日以下拘留；情节较轻的，处五日以上十日以下拘留：

（一）建设项目未依法进行环境影响评价，被责令停止建设，拒不执行的。

（4）建设项目的环境影响登记表未依法备案，建设单位擅自开工建设。

**【相关法律规定】**

《环境影响评价法》第二十二条第四款　国家对环境影响登记表实行备案管理。

**【处罚依据】**

《环境影响评价法》第三十一条第三款　建设单位未依法备案建设项目环境影响登记表的，由县级以上环境保护行政主管部门责令备案，处五万元以下的罚款。

（5）未依法进行环境影响评价，兴建海岸工程建设项目。

**【相关法律规定】**

《环境保护法》第十九条第二款　未依法进行环境影响评价的开发利用规划，不得组织实施；未依法进行环境影响评价的建设项目，不得开工建设。

《海洋环境保护法》（2016 年第二次修正，下同）第二十二条第二款　海洋工程建设项目的海洋环境影响报告书的审批，依照《中华人民共和国海洋环境保护法》的规定办理。

第四十二条　新建、改建、扩建海岸工程建设项目，必须遵守国家有关建设项目环境保护管理的规定，并把防治污染所需资金纳入建设项目投资计划。

第四十三条　海岸工程建设项目单位，必须对海洋环境进行科学调查，根据自然条件和社会条件，合理选址，编制环境影响报告书（表）。在建设项目开工前，将环境影响报告书（表）报环境保护行政主管部门审查批准。

环境保护行政主管部门在批准环境影响报告书（表）之前，必须征求海洋、海事、渔业行政主管部门和军队环境保护部门的意见。

《防治海岸工程建设项目污染损害海洋环境管理条例》（2018 年修订）第六条　新建、改建、扩建海岸工程建设项目，应当遵守国家有关建设项目环境保护管理的规定。

第七条　海岸工程建设项目的建设单位，应当依法编制环境影响报告书（表），报环境保护主管部门审批。

环境保护主管部门在批准海岸工程建设项目的环境影响报告书（表）之前，应当征求海洋、海事、渔业主管部门和军队环境保护部门的意见。

【处罚依据】

《环境影响评价法》第三十一条　建设单位未依法报批建设项目环境影响报告书、报告表，或者未依照本法第二十四条的规定重新报批或者报请重新审核环境影响报告书、报告表，擅自开工建设的，由县级以上生态环境主管部门责令停止建设，根据违法情节和危害后果，处建设项目总投资额百分之一以上百分之五以下的罚款，并可以责令恢复原状；对建设单位直接负责的主管人员和其他直接责任人员，依法给予行政处分。

建设项目环境影响报告书、报告表未经批准或者未经原审批部门重新审核同意，建设单位擅自开工建设的，依照前款的规定处罚、处分。

建设单位未依法备案建设项目环境影响登记表的，由县级以上生态环境主管部门责令备案，处五万元以下的罚款。

海洋工程建设项目的建设单位有本条所列违法行为的，依照《海洋环境保护法》的规定处罚。

《海洋环境保护法》第七十九条　海岸工程建设项目未依法进行环境影响评价的，依照《环境影响评价法》的规定处理。

第八十条　违反本法第四十三条第一款的规定，未持有经审核和批准的环境影响报告书，兴建海岸工程建设项目的，由县级以上地方人民政府生态环境主管部门责令其停止违法行为和采取补救措施，并处五万元以上二十万元以下的罚款；或者按照管理权限，由县级以上地方人民政府责令其限期拆除。

《防治海岸工程建设项目污染损害海洋环境管理条例》第二十五条　未持有经审核和批准的环境影响报告书（表），兴建海岸工程建设项目的，依照《 海洋环境保护法》第七十九条的规定予以处罚。

《环境保护法》第六十一条　建设单位未依法提交建设项目环境影响评价文件或者环境影响评价文件未经批准，擅自开工建设的，由负有环境保护监督管理职责的部门责令停止建设，处以罚款，并可以责令恢复原状。

第六十三条　企业事业单位和其他生产经营者有下列行为之一，尚不构成犯罪的，除依照有关法律法规规定予以处罚外，由县级以上人民政府生态环境主管部门或者其他有关部门将案件移送公安机关，对其直接负责的主管人员和其他直接责任人员，处十日以上十五日以下拘留；情节较轻的，处五日以上十日以下拘留：

（一）建设项目未依法进行环境影响评价，被责令停止建设，拒不执行的。

（6）未依法进行环境影响评价，兴建海洋工程建设项目。

【相关法律规定】

《环境保护法》第十九条第二款　未依法进行环境影响评价的开发利用规划，不得组织实施；未依法进行环境影响评价的建设项目，不得开工建设。

《海洋环境保护法》第四十七条 海洋工程建设项目必须符合海洋功能区划、海洋环境保护规划和国家有关环境保护标准，在可行性研究阶段，编报海洋环境影响报告书，由海洋行政主管部门核准，并报环境保护行政主管部门备案，接受环境保护行政主管部门监督。

海洋行政主管部门在核准海洋环境影响报告书之前，必须征求海事、渔业行政主管部门和军队环境保护部门的意见。

《防治海洋工程建设项目污染损害海洋环境管理条例》第二十八条第一款 海洋工程需要拆除或者改作他用的，应当在作业前报原核准该工程环境影响报告书的海洋主管部门备案。拆除或者改变用途后可能产生重大环境影响的，应当进行环境影响评价。

**【处罚依据】**

《环境保护法》第六十一条 建设单位未依法提交建设项目环境影响评价文件或者环境影响评价文件未经批准，擅自开工建设的，由负有环境保护监督管理职责的部门责令停止建设，处以罚款，并可以责令恢复原状。

《海洋环境保护法》第八十二条 违反本法第四十七条第一款的规定，进行海洋工程建设项目的，由海洋行政主管部门责令其停止施工，根据违法情节和危害后果，处建设项目总投资额百分之一以上百分之五以下的罚款，并可以责令恢复原状。

（7）接受委托为建设项目环境影响评价提供技术服务的机构在环境影响评价工作中不负责任或者弄虚作假，致使环境影响评价文件失实。

**【相关法律规定】**

《环境影响评价法》第十九条第一款、第四款 建设单位可以委托技术单位对其建设项目开展环境影响评价，编制建设项目环境影响报告书、环境影响报告表；建设单位具备环境影响评价技术能力的，可以自行对其建设项目开展环境影响评价，编制建设项目环境影响报告书、环境影响报告表。

接受委托为建设单位编制建设项目环境影响报告书、环境影响报告表的技术单位，不得与负责审批建设项目环境影响报告书、环境影响报告表的生态环境主管部门或者其他有关审批部门存在任何利益关系。

**【处罚依据】**

《环境影响评价法》第三十二条第二款、第三款 接受委托编制建设项目环境影响报告书、环境影响报告表的技术单位违反国家有关环境影响评价标准和技术规范等规定，致使其编制的建设项目环境影响报告书、环境影响报告表存在基础资料明显不实，内容存在重大缺陷、遗漏或者虚假，环境影响评价结论不正确或者不合理等严重质量问题的，由设区的市级以上人民政府生态环境主管部门对技术单位处所收费用三倍以上五倍以下的罚款；情节严重的，禁止从事环境影响报告书、环境影响报告表编制工作；有违法所得的，没收违法所得。

编制单位有本条第一款、第二款规定的违法行为的，编制主持人和主要编制人员五年内禁止从事环境影响报告书、环境影响报告表编制工作；构成犯罪的，依法追究刑事责任，并终身禁止从事环境影响报告书、环境影响报告表编制工作。

《建设项目环境保护管理条例》第二十五条　从事建设项目环境影响评价工作的单位，在环境影响评价工作中弄虚作假的，由县级以上环境保护行政主管部门处所收费用 1 倍以上 3 倍以下的罚款。

（8）环境影响评价文件存在重大质量问题，致使环评结论不正确或者不合理。

《环境影响评价法》第二十条　建设单位应当对建设项目环境影响报告书、环境影响报告表的内容和结论负责，接受委托编制建设项目环境影响报告书、环境影响报告表的技术单位对其编制的建设项目环境影响报告书、环境影响报告表承担相应责任。

第三十二条第一款　建设项目环境影响报告书、环境影响报告表存在基础资料明显不实，内容存在重大缺陷、遗漏或者虚假，环境影响评价结论不正确或者不合理等严重质量问题的，由设区的市级以上人民政府生态环境主管部门对建设单位处五十万元以上二百万元以下的罚款，并对建设单位的法定代表人、主要负责人、直接负责的主管人员和其他直接责任人员，处五万元以上二十万元以下的罚款。

（9）受生态环境主管部门委托从事技术评估的技术机构向建设单位、从事环境影响评价工作的单位收取费用。

**【相关法律规定】**

《建设项目环境保护管理条例》第九条第三款　生态环境主管部门可以组织技术机构对建设项目环境影响报告书、环境影响报告表进行技术评估，并承担相应费用；技术机构应当对其提出的技术评估意见负责，不得向建设单位、从事环境影响评价工作的单位收取任何费用。

**【处罚依据】**

《建设项目环境保护管理条例》第二十四条　违反本条例规定，技术机构向建设单位、从事环境影响评价工作的单位收取费用的，由县级以上环境保护行政主管部门责令退还所收费用，处所收费用 1 倍以上 3 倍以下的罚款。

### 7.1.2.2　违反“三同时”制度行为和处罚依据

（1）建设项目违反“三同时”制度。

**【相关法律规定】**

《环境保护法》第四十一条　建设项目中防治污染的设施，应当与主体工程同时设计、同时施工、同时投产使用。防治污染的设施应当符合经批准的环境影响评价文件的要求，不得擅自拆除或者闲置。

《水污染防治法》第十九条第三款 建设项目的水污染防治设施，应当与主体工程同时设计、同时施工、同时投入使用。水污染防治设施应当符合经批准或者备案的环境影响评价文件的要求。

《建设项目环境保护管理条例》第十五条 建设项目需要配套建设的环境保护设施，必须与主体工程同时设计、同时施工、同时投产使用。

**【处罚依据】**

《建设项目环境保护管理条例》第二十三条 违反本条例规定，需要配套建设的环境保护设施未建成、未经验收或者验收不合格，建设项目即投入生产或者使用，或者在环境保护设施验收中弄虚作假的，由县级以上环境保护行政主管部门责令限期改正，处 20 万元以上 100 万元以下的罚款；逾期不改正的，处 100 万元以上 200 万元以下的罚款；对直接负责的主管人员和其他责任人员，处 5 万元以上 20 万元以下的罚款；造成重大环境污染或者生态破坏的，责令停止生产或者使用，或者报经有批准权的人民政府批准，责令关闭。

（2）海岸工程建设项目、海洋工程建设项目违反“三同时”制度。

**【相关法律规定】**

《环境保护法》第四十一条 建设项目中防治污染的设施，应当与主体工程同时设计、同时施工、同时投产使用。防治污染的设施应当符合经批准的环境影响评价文件的要求，不得擅自拆除或者闲置。

《建设项目环境保护管理条例》第十五条 建设项目需要配套建设的环境保护设施，必须与主体工程同时设计、同时施工、同时投产使用。

《海洋环境保护法》第四十四条 海岸工程建设项目的环境保护设施，必须与主体工程同时设计、同时施工、同时投产使用。环境保护设施应当符合经批准的环境影响评价报告书（表）的要求。

第四十八条第一款 海洋工程建设项目的环境保护设施，必须与主体工程同时设计、同时施工、同时投产使用。环境保护设施未经海洋行政主管部门检查批准，建设项目不得试运行；环境保护设施未经海洋行政主管部门验收，或者经验收不合格的，建设项目不得投入生产或者使用。

**【处罚依据】**

《建设项目环境保护管理条例》第二十三条 违反本条例规定，需要配套建设的环境保护设施未建成、未经验收或者验收不合格，建设项目即投入生产或者使用，或者在环境保护设施验收中弄虚作假的，由县级以上环境保护行政主管部门责令限期改正，处 20 万元以上 100 万元以下的罚款；逾期不改正的，处 100 万元以上 200 万元以下的罚款；对直接负责的主管人员和其他责任人员，处 5 万元以上 20 万元以下的罚款；造成重大环境污染或者生态破坏的，责令停止生产或者使用，或者报经有批准权的人民政府批准，责令关闭。

《海洋环境保护法》第八十条　违反本法第四十四条的规定，海岸工程建设项目未建成环境保护设施，或者环境保护设施未达到规定要求即投入生产、使用的，由环境保护行政主管部门责令其停止生产或者使用，并处二万元以上十万元以下的罚款。

第八十二条第二款　违反本法第四十八条的规定，海洋工程建设项目未建成环境保护设施、环境保护设施未达到规定要求即投入生产、使用的，由海洋行政主管部门责令其停止生产、使用，并处五万元以上二十万元以下的罚款。

### 7.1.2.3　违反建设项目初步设计和施工环保管理规定行为和处罚依据

（1）建设单位编制建设项目初步设计未落实防治环境污染和生态破坏的措施以及环境保护设施投资概算。

**【相关法律规定】**

《建设项目环境保护管理条例》第十六条第一款　建设项目的初步设计，应当按照环境保护设计规范的要求，编制环境保护篇章，落实防治环境污染和生态破坏的措施以及环境保护设施投资概算。

《海洋环境保护法》第四十二条第一款　新建、改建、扩建海岸工程建设项目，必须遵守国家有关建设项目环境保护管理的规定，并把防治污染所需资金纳入建设项目投资计划。

**【处罚依据】**

《建设项目环境保护管理条例》第二十二条第一款　违反本条例规定，建设单位编制建设项目初步设计未落实防治环境污染和生态破坏的措施以及环境保护设施投资概算，……由建设项目所在地县级以上环境保护行政主管部门责令限期改正，处 5 万元以上 20 万元以下的罚款；逾期不改正的，处 20 万元以上 100 万元以下的罚款。

（2）建设单位未将环境保护设施建设纳入施工合同。

**【相关法律规定】**

《建设项目环境保护管理条例》第十六条第二款　建设单位应当将环境保护设施建设纳入施工合同，保证环境保护设施建设进度和资金，并在项目建设过程中同时组织实施环境影响报告书、环境影响报告表及其审批部门审批决定中提出的环境保护对策措施。

**【处罚依据】**

《建设项目环境保护管理条例》第二十二条　违反本条例规定，建设单位……未将环境保护设施建设纳入施工合同，……由建设项目所在地县级以上环境保护行政主管部门责令限期改正，处 5 万元以上 20 万元以下的罚款；逾期不改正的，处 20 万元以上 100 万元以下的罚款。

（3）建设单位未依法开展建设项目环境影响后评价。

**【相关法律规定】**

《建设项目环境保护管理条例》第十九条第二款　前款规定的建设项目（编制环境影响报告书、环境影响报告表的建设项目）投入生产或者使用后，应当按照国务院环境保护行政主管部门的规定开展环境影响后评价。

《建设项目环境影响后评价管理办法（试行）》第六条第一款　建设单位或者生产经营单位负责组织开展环境影响后评价工作，编制环境影响后评价文件，并对环境影响后评价结论负责。

**【处罚依据】**

《建设项目环境保护管理条例》第二十二条第一款　违反本条例规定，建设单位……未依法开展环境影响后评价的，由建设项目所在地县级以上环境保护行政主管部门责令限期改正，处5万元以上20万元以下的罚款；逾期不改正的，处20万元以上100万元以下的罚款。

《建设项目环境影响后评价管理办法（试行）》第十一条　对未按规定要求开展环境影响后评价，或者不落实补救方案、改进措施的建设单位或者生产经营单位，审批该建设项目环境影响报告书的环境保护主管部门应当责令其限期改正，并向社会公开。

（4）建设单位在项目建设过程中未同时组织实施环境影响报告书、环境影响报告表及其审批部门审批决定中提出的环境保护对策措施。

**【相关法律规定】**

《建设项目环境保护管理条例》第十六条第二款　建设单位应当将环境保护设施建设纳入施工合同，保证环境保护设施建设进度和资金，并在项目建设过程中同时组织实施环境影响报告书、环境影响报告表及其审批部门审批决定中提出的环境保护对策措施。

**【处罚依据】**

《建设项目环境保护管理条例》第二十二条第二款　违反本条例规定，建设单位在项目建设过程中未同时组织实施环境影响报告书、环境影响报告表及其审批部门审批决定中提出的环境保护对策措施的，由建设项目所在地县级以上环境保护行政主管部门责令限期改正，处20万元以上100万元以下的罚款；逾期不改正的，责令停止建设。

#### 7.1.2.4　违反建设项目竣工环保验收管理规定行为和处罚依据

（1）建设项目的环境保护设施未建成，主体工程正式投入生产和使用。

**【相关法律规定】**

《环境保护法》第四十一条　建设项目中防治污染的设施，应当与主体工程同时设计、同时施工、同时投产使用。防治污染的设施应当符合经批准的环境影响评价文件的要求，不得擅自拆除或者闲置。

《建设项目环境保护管理条例》第十五条　建设项目需要配套建设的环境保护设施，必须与主体工程同时设计、同时施工、同时投产使用。

**【处罚依据】**

《建设项目环境保护管理条例》第二十三条　违反本条例规定，需要配套建设的环境保护设施未建成、未经验收或者验收不合格，建设项目即投入生产或者使用，或者在环境保护设施验收中弄虚作假的，由县级以上环境保护行政主管部门责令限期改正，处 20 万元以上 100 万元以下的罚款；逾期不改正的，处 100 万元以上 200 万元以下的罚款；对直接负责的主管人员和其他责任人员，处 5 万元以上 20 万元以下的罚款；造成重大环境污染或者生态破坏的，责令停止生产或者使用，或者报经有批准权的人民政府批准，责令关闭。

（2）建设项目的环境保护设施未竣工验收，主体工程正式投入生产。

**【相关法律规定】**

《建设项目环境保护管理条例》第十七条第一款　编制环境影响报告书、环境影响报告表的建设项目竣工后，建设单位应当按照国务院环境保护行政主管部门规定的标准和程序，对配套建设的环境保护设施进行验收，编制验收报告。

第十八条　分期建设、分期投入生产或者使用的建设项目，其相应的环境保护设施应当分期验收。

**【处罚依据】**

《建设项目环境保护管理条例》第二十三条　违反本条例规定，需要配套建设的环境保护设施未建成、未经验收或者验收不合格，建设项目即投入生产或者使用，或者在环境保护设施验收中弄虚作假的，由县级以上环境保护行政主管部门责令限期改正，处 20 万元以上 100 万元以下的罚款；逾期不改正的，处 100 万元以上 200 万元以下的罚款；对直接负责的主管人员和其他责任人员，处 5 万元以上 20 万元以下的罚款；造成重大环境污染或者生态破坏的，责令停止生产或者使用，或者报经有批准权的人民政府批准，责令关闭。

（3）环保设施竣工验收不合格，主体工程正式投入生产。

**【相关法律规定】**

《建设项目环境保护管理条例》第十九条　编制环境影响报告书、环境影响报告表的建设项目，其配套建设的环境保护设施经验收合格，方可投入生产或者使用；未经验收或者验收不合格的，不得投入生产或者使用。

**【处罚依据】**

《建设项目环境保护管理条例》第二十三条　违反本条例规定，需要配套建设的环境保护设施未建成、未经验收或者验收不合格，建设项目即投入生产或者使用，或者在环境保护设施验收中弄虚作假的，由县级以上环境保护行政主管部门责令限期改正，处 20 万元以上 100 万元以下的罚款；逾期不改正的，处 100 万元以上 200 万元以下的罚款；对直接负责的主管人员和其他责任人员，处 5 万元以上 20 万元以下的罚款；造成重大环境污染或者生态破坏的，责令停止生产或者使用，或者报经有批准权的人民政府批准，责令关闭。

（4）环境保护设施验收中弄虚作假。

**【相关法律规定】**

《建设项目环境保护管理条例》第十七条第二款　建设单位在环境保护设施验收过程中，应当如实查验、监测、记载建设项目环境保护设施的建设和调试情况，不得弄虚作假。

**【处罚依据】**

《建设项目环境保护管理条例》第二十三条　违反本条例规定，……在环境保护设施验收中弄虚作假的，由县级以上环境保护行政主管部门责令限期改正，处 20 万元以上 100 万元以下的罚款；逾期不改正的，处 100 万元以上 200 万元以下的罚款；对直接负责的主管人员和其他责任人员，处 5 万元以上 20 万元以下的罚款；造成重大环境污染或者生态破坏的，责令停止生产或者使用，或者报经有批准权的人民政府批准，责令关闭。

（5）建设单位未依法向社会公开环境保护设施验收报告。

**【相关法律规定】**

《建设项目环境保护条例》第十七条第二款　除按照国家规定需要保密的情形外，建设单位应当依法向社会公开验收报告。

**【处罚依据】**

《建设项目环境保护条例》第二十三条第二款　违反本条例规定，建设单位未依法向社会公开环境保护设施验收报告的，由县级以上环境保护行政主管部门责令公开，处 5 万元以上 20 万元以下的罚款，并予以公告。

（6）海岸工程、固体废物、环境噪声污染防治设施没有与主体工程同时验收或者验收不合格，主体工程投入生产或者使用。

1）环保设施未建成或未达到规定要求，海岸工程建设项目即投入生产、使用。

**【相关法律规定】**

《海洋环境保护法》第四十四条　海岸工程建设项目的环境保护设施，必须与主体工程同时设计、同时施工、同时投产使用。环境保护设施未经环境保护行政主管部门检查批准，建设项目不得试运行；环境保护设施未经环境保护行政主管部门验收，或者经验收不合格的，建设项目不得投入生产或者使用。

【处罚依据】

《海洋环境保护法》第八十一条　海岸工程建设项目未建成环境保护设施，或者环境保护设施未达到规定要求即投入生产、使用的，由环境保护行政主管部门责令其停止生产或者使用，并处二万元以上十万元以下的罚款。

《环境保护法》第五十九条　企业事业单位和其他生产经营者违法排放污染物，受到罚款处罚，被责令改正，拒不改正的，依法作出处罚决定的行政机关可以自责令改正之日的次日起，按照原处罚数额按日连续处罚。

2）固体废物污染环境防治设施未经环境保护行政主管部门验收合格，建设项目即投入生产或者使用。

【相关法律规定】

《固体废物污染环境防治法》第十四条　建设项目的环境影响评价文件确定需要配套建设的固体废物污染环境防治设施，必须与主体工程同时设计、同时施工、同时投入使用。固体废物污染环境防治设施必须经原审批环境影响评价文件的环境保护行政主管部门验收合格后，该建设项目方可投入生产或者使用。对固体废物污染环境防治设施的验收应当与主体工程的验收同时进行。

【处罚依据】

《固体废物污染环境防治法》第六十九条　建设项目需要配套建设的固体废物污染环境防治设施未建成、未经验收或者验收不合格，主体工程即投入生产或者使用的，由审批该建设项目环境影响评价文件的环境保护行政主管部门责令停止生产或者使用，可以并处十万元以下的罚款。

《建设项目环境保护管理条例》第二十三条　违反本条例规定，需要配套建设的环境保护设施未建成、未经验收或者验收不合格，建设项目即投入生产或者使用，或者在环境保护设施验收中弄虚作假的，由县级以上环境保护行政主管部门责令限期改正，处 20 万元以上 100 万元以下的罚款；逾期不改正的，处 100 万元以上 200 万元以下的罚款；对直接负责的主管人员和其他责任人员，处 5 万元以上 20 万元以下的罚款；造成重大环境污染或者生态破坏的，责令停止生产或者使用，或者报经有批准权的人民政府批准，责令关闭。

违反本条例规定，建设单位未依法向社会公开环境保护设施验收报告的，由县级以上环境保护行政主管部门责令公开，处 5 万元以上 20 万元以下的罚款，并予以公告。

《环境保护法》第五十九条　企业事业单位和其他生产经营者违法排放污染物，受到罚款处罚，被责令改正，拒不改正的，依法作出处罚决定的行政机关可以自责令改正之日的次日起，按照原处罚数额按日连续处罚。

3）环境噪声污染防治设施未建成或未达到国家规定要求，建设项目即投入生产或者使用

【相关法律规定】

《环境噪声污染防治法》第十四条　建设项目的环境噪声污染防治设施必须与主体工程同时设计、同时施工、同时投产使用。

建设项目在投入生产或者使用之前，其环境噪声污染防治设施必须经原审批环境影响报告书的环境保护行政主管部门验收；达不到国家规定要求的，该建设项目不得投入生产或者使用。

【处罚依据】

《环境噪声污染防治法》第四十八条　建设项目中需要配套建设的环境噪声污染防治设施没有建成或者没有达到国家规定的要求，擅自投入生产或者使用的，由批准该建设项目的环境影响报告书的环境保护行政主管部门责令停止生产或者使用，可以并处罚款。

## 7.1.3　禁止建设区域内违法建设行为及应承担的法律责任

在饮用水水源保护区内进行违法建设的行为包括：

（1）在饮用水水源一级保护区内新建、改建、扩建与供水设施无关的建设项目；

（2）在饮用水水源二级保护区内新建、改建、扩建排放污染物的建设项目；

（3）在饮用水水源准保护区内新建、扩建对水体污染严重的建设项目；

（4）在饮用水水源准保护区内进行增加排污量的扩建项目。

在禁止建设区域内违法建设行为的认定和处罚依据：

### 1. 在饮用水水源保护区内违法进行建设项目

【相关法律规定】

《水污染防治法》第六十五条第一款　禁止在饮用水水源一级保护区内新建、改建、扩建与供水设施和保护水源无关的建设项目；已建成的与供水设施和保护水源无关的建设项目，由县级以上人民政府责令拆除或者关闭。

第六十六条第一款　禁止在饮用水水源二级保护区内新建、改建、扩建排放污染物的建设项目；已建成的排放污染物的建设项目，由县级以上人民政府责令拆除或者关闭。

第六十七条　禁止在饮用水水源准保护区内新建、扩建对水体污染严重的建设项目；改建建设项目，不得增加排污量。

【处罚依据】

《水污染防治法》第九十一条　有下列行为之一的，由县级以上地方人民政府环境保护主管部门责令停止违法行为，处十万元以上五十万元以下的罚款；并报经有批准权的人民政府批准，责令拆除或者关闭：

（一）在饮用水水源一级保护区内新建、改建、扩建与供水设施和保护水源无关的建设项目的；

（二）在饮用水水源二级保护区内新建、改建、扩建排放污染物的建设项目的；

（三）在饮用水水源准保护区内新建、扩建对水体污染严重的建设项目，或者改建建设项目增加排污量的。

**2．在自然保护区、风景名胜区、饮用水水源保护区、基本农田保护区和其他需要特别保护的区域内，违法建设工业固体废物集中贮存、处置的设施、场所和生活垃圾填埋场**

**【相关法律规定】**

《固体废物污染环境防治法》第二十二条　在国务院和国务院有关主管部门及省、自治区、直辖市人民政府划定的自然保护区、风景名胜区、饮用水水源保护区、基本农田保护区和其他需要特别保护的区域内，禁止建设工业固体废物集中贮存、处置的设施、场所和生活垃圾填埋场。

**【处罚依据】**

《固体废物污染环境防治法》第六十八条　违反本法规定，有下列行为之一的，由县级以上人民政府环境保护行政主管部门责令停止违法行为，限期改正，处以罚款：

（五）在自然保护区、风景名胜区、饮用水水源保护区、基本农田保护区和其他需要特别保护的区域内，建设工业固体废物集中贮存、处置的设施、场所和生活垃圾填埋场的；

有前款……第五项……行为之一的，处一万元以上十万元以下的罚款。

**3．在禁燃高污染燃料区及城市集中供热管网覆盖地区违法新建燃用高污染燃料设施及燃煤供热锅炉**

**【相关法律规定】**

《大气污染防治法》第三十八条第二款　在禁燃区内，禁止销售、燃用高污染燃料；禁止新建、扩建燃用高污染燃料的设施，已建成的，应当在城市人民政府规定的期限内改用天然气、页岩气、液化石，油气、电或者其他清洁能源。

第三十九条　城市建设应当统筹规划，在燃煤供热地区，推进热电联产和集中供热。在集中供热管网覆盖地区，禁止新建、扩建分散燃煤供热锅炉；已建成的不能达标排放的燃煤供热锅炉，应当在城市人民政府规定的期限内拆除。

**【处罚依据】**

《大气污染防治法》第一百零七条第一款　违反本法规定，在禁燃区内新建、扩建燃用高污染燃料的设施，或者未按照规定停止燃用高污染燃料，或者在城市集中供热管网覆盖地区新建、扩建分散燃煤供热锅炉，或者未按照规定拆除已建成的不能达标排放的燃煤供热锅炉的，由县级以上地方人民政府环境保护主管部门没收燃用高污染燃料的设施，组织拆除燃煤供热锅炉，并处二万元以上二十万元以下的罚款。

**4. 违反国家产业政策新建严重污染水环境的生产项目**

**【相关法律规定】**

《水污染防治法》第四十七条　国家禁止新建不符合国家产业政策的小型造纸、制革、印染、染料、炼焦、炼硫、炼砷、炼汞、炼油、电镀、农药、石棉、水泥、玻璃、钢铁、火电以及其他严重污染水环境的生产项目。

**【处罚依据】**

《水污染防治法》第八十七条　违反本法规定，建设不符合国家产业政策的小型造纸、制革、印染、染料、炼焦、炼硫、炼砷、炼汞、炼油、电镀、农药、石棉、水泥、玻璃、钢铁、火电以及其他严重污染水环境的生产项目的，由所在地的市、县人民政府责令关闭。

**5. 违反国家产业政策在沿海陆域新建严重污染海洋环境的工业生产项目**

**【相关法律规定】**

《海洋环境保护法》第四十五条　禁止在沿海陆域内新建不具备有效治理措施的化学制浆造纸、化工、印染、制革、电镀、酿造、炼油、岸边冲滩拆船意见其他严重污染海洋环境的工业生产项目。

《防治海岸工程建设项目污染损害海洋环境管理条例》第十条　在海洋特别保护区、海上自然保护区、海滨风景游览区、盐场保护区、海水浴场、重要渔业水域和其他需要特殊保护的区域内不得建设污染环境、破坏景观的海岸工程建设项目；在其区域外建设海岸工程建设项目的，不得损害上述区域的环境质量。法律法规另有规定的除外。

**【处罚依据】**

《海洋环境环保法》第八十一条　违反本法第四十五条规定，新建严重污染环境的工业生产建设项目，按照管理权限由所在地的市、县人民政府责令关闭。

## 7.2 违反环境影响评价与“三同时”制度的典型案例分析与执法要点解析

### 案例五十七：“未批先建” 拒不停止建设，移送行政拘留案

**【案情介绍】**

2015年1月26日，某市环境监察总队执法人员对某置业有限公司位于大兴区生物医药基地05-07、076、06、07地块F1住宅混合公建用地、R53托幼用地、U43粪便垃圾设施用地（配建公共租赁住房）项目进行检查，发现该项目环境影响评价文件未经批准，主体工程已于2014年12月开工建设，计划于2017年底完工。

某市环保局于2015年1月30日进行立案调查，认为该置业有限公司的行为违反了《环境保护法》第十九条第二款、《环境影响评价法》第二十二条第一款和第二十五条的规定。

3 月 4 日，市环保局向该公司送达了行政处罚听证告知书，该公司在规定的时间内未提交陈述申辩意见，也未提出听证申请。3 月 19 日，市环保局依法作出《行政处罚决定书》，依据《环境保护法》第六十一条和《环境影响评价法》第三十一条第二款，责令该公司停止建设，处罚款 10 万元，并于 2015 年 3 月 24 日送达了该公司。

2015 年 3 月 26 日，某市环境监察总队执法人员对工地复查，现场有工人约 100 人，从事钢筋绑扎等施工作业。2015 年 3 月 27 日再次检查，工地水泥罐车正在进行地板浇铸，部分工人在绑扎与切割钢筋，仍未停止建设。

2015 年 4 月 2 日，市环保局依据《环境保护法》第六十三条第（一）项和《行政主管部门移送适用行政拘留环境违法案件暂行办法》第三条第（一）项的规定，将此案移送市公安局治安管理总队，建议对其直接负责的主管人员和其他直接责任人员，处十日以上十五日以下拘留。某市公安局治安管理总队受理此案，并提出了补证要求。某市环保局已于 2015 年 4 月 9 日向某市治安管理总队提交了本案的补充证据材料。2015 年 7 月 14—19 日，某市治安管理总队对该公司开发部经理许某依法行政拘留 5 日，现已执行完毕。

**【执法思考】**

首先，该案是一起因“未批先建”，被环保部门责令停止建设而拒不执行的案件。过去对类似案件，环保部门处理的办法不多，《环境保护法》修订实施后增加了第六十三条，可以对责令停止建设拒不执行案件移送公安机关，对建设项目直接负责的主管人员或其他直接责任人员实施行政拘留。这就大大强化了执法力度，更有力打击相关违法行为。

其次，依据《行政主管部门移送适用行政拘留环境违法案件暂行办法》要确定其违法行为是否符合行政拘留的条件。

“未批先建”：根据生态环境部环办环评〔2018〕18 号文“关于加强‘未批先建’建设项目环境影响评价管理工作的通知”，“未批先建”违法行为是指，建设单位未依法报批建设项目环境影响报告书（表），或者未按照环境影响评价法第二十四条的规定重新报批或者重新审核环境影响报告书（表），擅自开工建设的违法行为，以及建设项目环境影响报告书（表）未经批准或者未经原审批部门重新审核同意，建设单位擅自开工建设的违法行为。

除火电、水电和电网项目外，建设项目开工建设是指，建设项目的永久性工程正式破土开槽开始施工，在此以前的准备工作，如地质勘探、平整场地、拆除旧有建筑物、临时建筑、施工用临时道路、通水、通电等不属于开工建设。

火电项目开工建设是指，主厂房基础垫层浇筑第一方混凝土。电网项目中变电工程和线路工程开工建设是指，主体工程基础开挖和线路基础开挖。水电项目筹建及准备期相关工程按照《关于进一步加强水电建设环境保护工作的通知》（环办〔2012〕4 号）执行。

……

**【相关法律规定】**

《环境保护法》第六十三条　企业事业单位和其他生产经营者有下列行为之一，尚不构成犯罪的，除依照有关法律法规规定予以处罚外，由县级以上人民政府环境保护主管部门或者其他有关部门将案件移送公安机关，对其直接负责的主管人员和其他直接责任人员，处十日以上十五日以下拘留；情节较轻的，处五日以上十日以下拘留：

（一）建设项目未依法进行环境影响评价，被责令停止建设，拒不执行的。

《行政主管部门移送适用行政拘留环境违法案件暂行办法》第三条　《环境保护法》第六十三条第一项规定的建设项目未依法进行环境影响评价，被责令停止建设，拒不执行的行为，包括以下情形：

1．送达责令停止建设决定书后，再次检查发现仍在建设的；

2．现场检查时虽未建设，但有证据证明在责令停止建设期间仍在建设的；

3．被责令停止建设后，拒绝、阻扰环境保护主管部门或者其他负有环境保护监督管理职责的部门核查的。

**【相关资料】**

### 关于环保部门可以申请人民法院强制执行责令改正决定的复函

环函〔2010〕214号

福建省环境保护厅:

你厅《关于请求解释执行环境行政处罚办法有关问题的请示》（闽环保法〔2010〕6号）收悉。经研究，函复如下:

一、环保部门可以申请人民法院强制执行责令改正决定

《中华人民共和国行政诉讼法》第六十六条规定，公民、法人或者其他组织对具体行政行为在法定期限内不提起诉讼又不履行的，行政机关可以申请人民法院强制执行。《最高人民法院关于执行〈中华人民共和国行政诉讼法〉若干问题的解释》第八十六条—第九十一条对行政机关申请执行其具体行政行为的条件、程序、期限、要求做了具体规定。

责令改正决定属于具体行政行为的一种形式。因此，根据上述法律规定，当事人逾期不申请行政复议、不提起行政诉讼又不履行责令改正决定的，环保部门可以向人民法院申请强制执行，并遵守《最高人民法院关于执行〈中华人民共和国行政诉讼法〉若干问题的解释》规定的有关条件和要求。

二、环保部门作出责令改正决定时，应当告知行政管理相对人依法享有申请行政复议或者提起行政诉讼的权利

《中华人民共和国行政复议法》第六条规定，公民、法人或者其他组织认为行政机关的具体行政行为侵犯其合法权益的，可以申请行政复议。《中华人民共和国行政诉讼法》第十一条规定，人民法院受理公民、法人或者其他组织对具体行政行为不服提起的诉讼。《全面推进依法行政实施纲要》第七条规定，行政机关作出对行政管理相对人、利害关系人不利的行政决定后，应当告知行政管理相对人依法享有申请行政复议或者提起行政诉讼的权利。

责令改正决定属于具体行政行为的一种形式。因此，根据上述规定，环保部门作出责令改正决定时，应当告知行政管理相对人依法享有申请行政复议或者提起行政诉讼的权利。公民、法人或者其他组织认为环保部门作出的责令改正决定侵犯其合法权益的，可以申请行政复议和提起行政诉讼。

三、是“责令停产”还是“责令停止生产”，应当结合违法行为的性质和具体的法律法规规章条款选择适用

《环境行政处罚办法》第十条、第十二条是对环境法律、行政法规和部门规章规定的行政处罚和责令改正违法行为的主要形式的列举，并不是新的创设性规定。在具体案件的处理中是“责令停产”还是“责令停止生产”，应当结合违法行为的性质，选择适用相应的具体法律法规规章条款。

环境保护部

二〇一〇年七月二十二日

**案例五十八：建设项目环境影响评价文件未获批准，建设单位擅自开工建设案**

**【案情介绍】**

某县环保局接到群众举报，某印染厂夜间进行施工建设。经调查，该厂曾于 2012 年 8 月报批环境影响评价报告书，但环保部门未批准其建设，该厂擅自于 2014 年 10 月进行建设。群众反映的情况属实。该县环保局在立案、调查后，向该印染厂送达了《行政处罚听证告知书》，告知该厂违法事实、处罚依据和拟作出的处罚决定，并告知该厂有权进行陈述、申辩和要求听证。该厂放弃听证并承认了违法行为，之后，该县环保局以该厂违反了《环境影响评价法》第十六条规定，依据《环境影响评价法》第三十一条第二款责令该厂停止建设，并处罚款 5 万元。最终印染厂执行了处罚决定并补办了环评手续。

【执法思考】

本案是一起违反环境影响评价制度的案件，是某印染厂在环保部门未批准其建设的情况下擅自开工建设的典型案例。对于环境影响评价文件申报了尚未批准或申报了没有批准的建设项目，应适用《环境影响评价法》第三十一条第二款的规定，“建设项目环境影响评价文件未经批准或者未经原审批部门重新审核同意，建设单位擅自开工建设的，由有权审批该项目环境影响评价文件的环境保护行政主管部门责令停止建设，可以处五万元以上二十万元以下的罚款，对建设单位直接负责的主管人员和其他直接责任人员，依法给予行政处分”。因此，该县环保局的处罚是符合法律规定的。

现行《环境影响评价法》是于 2016 年 7 月 2 日修订施行的，在处罚额度和处罚权限上有所调整。《环境影响评价法》第三十一条第一、二款规定，建设单位未依法报批建设项目环境影响报告书、报告表，或者未依照本法第二十四条的规定重新报批或者报请重新审核环境影响报告书、报告表，擅自开工建设的，由县级以上环境保护行政主管部门责令停止建设，根据违法情节和危害后果，处建设项目总投资额百分之一以上百分之五以下的罚款，并可以责令恢复原状；对建设单位直接负责的主管人员和其他直接责任人员，依法给予行政处分。

建设项目环境影响报告书、报告表未经批准或者未经原审批部门重新审核同意，建设单位擅自开工建设的，依照前款的规定处罚、处分。

建设项目总投资额的确定方法：

根据《关于生态环境执法中建设项目“总投资额”认定问题的指导意见（试行）》（环政法〔2018〕85 号，2018 年 8 月 27 日），确定 1%～5%罚款幅度时应综合考虑：投资总额、违法开工建设的实际进度、已经造成或者可能造成的环境危害后等因素确定具体罚款额度。

## 案例五十九：秦皇岛市西部垃圾焚烧厂项目环评失实案（公众意见能否作为否决建设项目的理由）

【案情介绍】

2013 年初，几个环保组织联合致环境保护部一封公开信，称中国气象科学研究院在秦皇岛市西部生活区垃圾焚烧发电项目环评过程中，存在不负责任、弄虚作假的情况，要求撤销中国气象科学研究院的环评资质。

当初秦皇岛西部垃圾焚烧厂项目得以上马的重要依据，是一份由中国气象科学研究院于 2009 年 3 月做出的长达数百页的环评报告。这本环评报告的公众参与部分显示：通过建设项目环评信息公告、发放调查表、召开公众参与等形式调查结果表明，100%公众支持本项目的建设和选址。环评报告后还附上了 100 份公众意见调查表，人员涉及潘官营、南桃园、小营以及水洋坨 4 个村，这些调查表的“填写者”几乎全都表达了赞同建设焚烧厂的意见。

但调查表涉及的几个村的不少村民却不认同报告结论。村民们反映，他们核实调查表后发现，调查表中 35 人属于“查无此人”“已经死亡”“离村多年、常年在外”“名字重复填写”等情况。剩余的 65 份调查表与村里村民名字相符，但他们都写证词表示“此前未见过该调查表，调查表不是本人所写，且不同意在该地建设垃圾焚烧项目”。

环评报告称，环评信息第一次公示时间是 2009 年 1 月 5—16 日，第二次为 2 月 20 日至 3 月 5 日，但村民们表示从未看到过此公示。

据村民介绍，2009 年 4 月 16 日，潘官营村原村主任带人圈地建围墙，引起村民反对。当时村民只知道要征地建厂，却不知要建什么厂。直到约半年之后，在潘官营村村委会一次日常会议后，他们才得知要建垃圾焚烧厂。

一份材料上显示，签名反对该项目者有 1 500 多人，并有 37 个村委会共同盖章。从事环境诉讼的律师夏某说，环评机构只要以公众参与部分为依据得出结论，就要对调查问卷的真实性负责。

环境保护部环境工程评估中心专家调研发现，当地十几家造纸厂、纤维厂、化肥厂、屠宰场使地表水环境、地下水环境、大气环境等都遭受到较为严重的污染，环境承载力有限。中国气象科学研究院没有对当地环境现状进行评价。环评报告上也未提及垃圾焚烧厂对周围农田的影响，而把农田说成是园地。

该专家还指出：环评程序要注意实事求是。但现在很多都是企业给环评机构钱，委托他们出具环评报告，企业给的钱多了，环评机构往往什么都愿意写。如果这种现状不改变，环评报告的真实性就很难保证。

2009 年 5 月 19 日，该项目获得了河北省环保厅的环评批文。2011 年 3 月，河北省环保厅责令项目建设单位立即停止垃圾焚烧厂建设，并要求该公司和评价单位重新组织环评公众参与调查。5 月 27 日，鉴于该公司和评价单位未按要求重新组织环评公众参与调查，河北省环保厅撤销了环评报告书的批复。

河北环保厅宣教中心的一位负责人说，经调查，此报告确实存在弄虚作假问题。

**【执法思考】**

公众参与是一种有计划的行动，它通过政府部门和开发行动负责单位与公众之间双向交流，使公民们能参加决策过程并且防止和化解公民与政府机构、公民与开发单位、公民与公民之间的冲突。一般认为除政府的环保行政行为和企业的环保责任行为外，其他所有环保行为均可认为是公众参与行为。

公众的范围包括：普通群众、非政府组织和民间团体。除政府的环保行政行为和企业的环保责任行为以外，公众参与环保的过程可以看成是公众通过一定的程序、途径参与城市环保相关的决策活动，并使得该项决策符合公众切身利益的过程。

我国法律就公众参与环保工作已在多部法律和规范性文件中作出规定，如《环境保护法》《环境噪声污染防治法》《环境影响评价法》都有涉及，特别是2019年1月1日施行的《环境影响评价公众参与办法》在原《环境影响评价公众参与暂行办法》的基础上进一步明确了公众参与环评工作的细节内容。

《环境影响评价公众参与办法》第十九条规定，建设单位向生态环境主管部门报批环境影响报告书前，应当组织编写建设项目环境影响评价公众参与说明。公众参与说明应当包括下列主要内容：

（一）公众参与的过程、范围和内容；

（二）公众意见收集整理和归纳分析情况；

（三）公众意见采纳情况，或者未采纳情况、理由及向公众反馈的情况等。

第二十二条规定，生态环境主管部门受理建设项目环境影响报告书后，应当通过其网站或者其他方式向社会公开下列信息：

（一）环境影响报告书全文；

（二）公众参与说明；

（三）公众提出意见的方式和途径。

公开期限不得少于10个工作日。

另外，在《环境保护法》等一系列法律法规和政策中对环境服务机构在服务活动中弄虚作假的行为也规定了相应罚则：

《环境保护法》第六十五条规定，环境影响评价机构、环境监测机构以及从事环境监测设备和防治污染设施维护、运营的机构，在有关环境服务活动中弄虚作假，对造成的环境污染和生态破坏负有责任的，除依照有关法律法规规定予以处罚外，还应当与造成环境污染和生态破坏的其他责任者承担连带责任。

《最高人民法院关于审理环境侵权责任纠纷案件适用法律若干问题的解释》（法释〔2015〕12号）第十六条规定，下列情形之一，应当认定为环境保护法第六十五条规定的弄虚作假：

（一）环境影响评价机构明知委托人提供的材料虚假而出具严重失实的评价文件的；

（二）环境监测机构或者从事环境监测设备维护、运营的机构故意隐瞒委托人超过污染物排放标准或者超过重点污染物排放总量控制指标的事实的；

（三）从事防治污染设施维护、运营的机构故意不运行或者不正常运行环境监测设备或者防治污染设施的；

（四）有关机构在环境服务活动中其他弄虚作假的情形。

《最高人民法院、最高人民检察院关于办理环境污染刑事案件适用法律若干问题的解释》第九条规定，环境影响评价机构或其人员，故意提供虚假环境影响评价文件，情节严重的，或者严重不负责任，出具的环境影响评价文件存在重大失实，造成严重后果的，应当依照刑法第二百二十九条、第二百三十一条的规定，以提供虚假证明文件罪或者出具证明文件重大失实罪定罪处罚。

### 案例六十：建设单位未重新报批（重新审核）建设项目环境影响评价文件而擅自开工建设案

【案情介绍】

2010 年 4 月 1 日，环境保护部环境投诉受理中心接到群众来电，反映山西运城河津市某集团距离附近居民区仅有 10 m，目前正在进行生产前的烘炉阶段。企业 24 小时不间断生产，粉尘污染严重，噪声和振动严重扰民。

接到转办件后，原运城市环保局立即对企业进行了调查。经查发现，公司焦炉易地技改项目位于河津市樊家庄村。焦化技改项目（20 万 t）经原山西省经贸委批准立项，并通过项目工程可行性研究报告，主要建设内容为 42 万 t/a 焦炉及配套煤气净化（硫胺工艺）、6 000 kW 煤气发电、90 万 t/a 洗煤工程。公司 42 万 t/a 焦炉易地技改项目环境影响报告书由原山西省环保局批复，但工程一直未开工建设。

2008 年 3 月，公司擅自开工建设 120 万 t 焦炉一期工程（60 万 t）及配套煤气净化、1.8 万 kW 煤气机组、90 万 t 洗煤工程。公司焦化项目“批小建大”，在建的 120 万 t 焦炉一期工程（60 万 t）未重新办理项目环评手续；项目工程施工使用大型机械，施工工地未硬化，作业过程存在振动性噪声和扬尘污染。

针对公司存在的违法问题，原山西省环保厅立案查处，责令其立即停止建设。同时，要求河津市政府依法对企业采取强制停建措施。

【执法思考】

“批小建大”是在企业执行环境影响评价制度过程中较常见的问题。

《环境影响评价法》第二十四条规定，建设项目的环境影响评价文件经批准后，建设项目的性质、规模、地点、采用的生产工艺或者防治污染、防止生态破坏的措施发生重大变动的，建设单位应当重新报批建设项目的环境影响评价文件。

第三十一条第一款规定，建设单位未依法报批建设项目环境影响评价文件，或者未依照本法第二十四条的规定重新报批或者报请重新审核环境影响评价文件，擅自开工建设的，由有权审批该项目环境影响评价文件的环境保护行政主管部门责令停止建设，限期补办手续；逾期不补办手续的，可以处五万元以上二十万元以下的罚款。

在对这类案件实施处罚时，应注意：

修订前的《环境影响评价法》第三十一条规定，“未批先建”的建设项目“由有权审批该项目环境影响评价文件的环境保护行政主管部门责令停止建设，限期补办手续；逾期不补办手续的，可以处五万元以上二十万元以下的罚款，对建设单位直接负责的主管人员和其他直接责任人员，依法给予行政处分。”

修订后的《环境影响评价法》直接取消了“限期补办手续”的规定，而《环境保护法》则未规定“限期补办环评手续”的内容。因此，《环境影响评价法》不再以“限期补办手续”作为行政处罚的先决条件，但也未禁止建设单位主动补办环境影响评价报告书（表），对于建设单位主动补办环境影响评价文件的环保部门应予受理，并根据具体情况决定是否批准。

## 案例六十一：未办理环保手续，擅自投入生产并私设暗管案

**【案情介绍】**

2015 年 1 月 8 日，某市环保局会同市公安局龙湖派出所对位于龙湖镇新丰村新坡村的金属氧化加工点进行现场检查。经查，该加工点未配套建设污染防治设施即投入生产（该企业已通过环评但未进行竣工验收），生产废水通过生产车间围墙的废水排放口排放到雨水沟再排放到厂区围墙的废水外排口，通过塑料管道排放到墓地，再通过村排水沟最终排入东溪。经采样监测，该加工点车间外排口废水污染物浓度总铬超过《电镀污染物排放标准》表 1 最高排放限值 47.8 倍；厂界外排口废水污染物浓度总铬超过 25.9 倍、六价铬超过 30.2 倍。

执法人员达到现场时，房东张某某、后勤主管刘某某在现场，业主施某某、车间主任谢某某外逃。公安机关在立案后对业主施某某、车间主任许某某施行网上追逃。此案被公安部列为督办案件。后业主施某某、车间主任谢某某均自首归案。

6 月 10 日，某市人民法院在龙湖法庭对房东张某某、后勤主管刘某某、车间主任谢某某进行公开审判。

**【相关资料】**

### 关于逃避监管违法排污情形认定有关问题的复函

环政法函〔2016〕219 号

广东省环境保护厅：

你厅《关于逃避监管非法排放污染物情形认定有关问题的请示》（粤环报〔2016〕68 号）收悉。经研究，现函复如下：

……

一、企业事业单位和其他生产经营者通过暗管、渗井、渗坑、灌注或者不正常运行防治污染设施等逃避监管的方式违法排放污染物，均应依法查处。排放污染物的建设项目是否通过环境影响评价审批和竣工环境保护验收，不影响对逃避监管违法排污行为性质的认定，但可以作为判定违法情节轻重的因素予以考虑。

二、企业事业单位和其他生产经营者未配套建设防治污染设施，直接排放污染物的，不属于“通过不正常运行防治污染设施逃避监管的方式违法排放污染物”的情形。《行政主管部门移送适用行政拘留环境违法案件暂行办法》第五条规定：“通过暗管、渗井、渗坑、灌注等逃避监管的方式违法排放污染物，是指通过暗管、渗井、渗坑、灌注等不经法定排放口排放污染物等逃避监管的方式违法排放污染物。”据此，如果排污单位未配套建设防治污染设施，直接排放污染物的行为符合“通过暗管、渗井、渗坑、灌注等逃避监管的方式违法排放污染物”的构成要件的，可以依照相关规定查处。

特此函复。

环境保护部

2016 年 10 月 27 日

## 案例六十二：某玻璃制品有限公司“未批先建”已投产案

**【案情介绍】**

某市某玻璃制品有限公司在扩建“玻璃酒瓶喷釉生产线”建设项目开工建设前，未向该市龙马潭区环保局申请办理环境影响评价审批手续，且该项目已于 2013 年底建成并投入生产。由于该生产线应配套建设的环境保护设施不完善，导致未经有效处理的喷漆废气排放至外环境，影响周边居民正常生活。2014 年 9 月 23 日，该区环保局下达《限期整改通知书》，责令其限期补办环境影响评价审批手续。截至 2014 年 10 月 9 日，该公司仍未申请补办环评审批手续。龙马潭区环保局于 2014 年 12 月 25 日依法向该公司送达了《行政处罚事先告知书》《行政处罚听证告知书》，该公司未提出陈述和申辩，也未提出听证要求。依据《建设项目环境保护管理条例》第二十八条规定，龙马潭区环保局责令该公司停止使用“玻璃酒瓶喷釉生产线”，并处罚款三万元。该公司 2015 年 1 月 7 日缴纳罚款，已停止使用“玻璃酒瓶喷釉生产线”。

**【执法思考】**

本案中，企业在未重新办理环境影响报批手续的情况下，扩建了“玻璃酒瓶喷釉生产线”并在污染治理设施不完善的情况下投产，致使周边群众的生活环境受到不良影响。

从本案的处理我们可以发现，龙马潭区环保局的处罚内容存在问题。《环境影响评价法》第三十一条规定，建设单位未依法报批建设项目环境影响评价文件，或者未依照本法第二十四条的规定重新报批或者报请重新审核环境影响评价文件，擅自开工建设的，由有权审批该项目环境影响评价文件的环境保护行政主管部门责令停止建设，限期补办手续；逾期不补办手续的，可以处五万元以上二十万元以下的罚款，对建设单位直接负责的主管人员和其他直接责任人员，依法给予行政处分。龙马潭区环保局的处罚决定书内容为：责令停止生产并处罚款三万元。很明显，区环保局对公司在规定时限内未补办环评手续的行为未依法处理处罚。

对于建设单位未报批环境影响评价文件却已建成并投入生产的建设项目该如何处罚，2007 年 3 月全国人大法工委《关于建设项目环境管理有关法律适用问题的解释》（法工委复〔2007〕2 号）已有明确答复："对建设单位未依法报批建设项目环境影响评价文件却已建成建设项目，同时该建设项目需要配套建设的环境保护设施未建成、未经验收或者经验收不合格，主体工程正式投入生产或者使用的，应当分别依照《环境影响评价法》第三十一条、《建设项目环境保护管理条例》第二十八条的规定作出相应处罚。"

《建设项目环境保护管理条例》第二十八条：

违反本条例规定，建设项目需要配套建设的环境保护设施未建成、未经验收或者经验收不合格，主体工程正式投入生产或者使用的，由审批该建设项目环境影响报告书、环境影响报告表或者环境影响登记表的环境保护行政主管部门责令停止生产或者使用，可以处 10 万元以下的罚款。

执法过程中，应注意以下事项：

（1）对违规建设项目依法实施处罚，应当注意做到"同时处罚，分别处罚，相应处罚"。

所谓"同时处罚"，是指建设单位"未报批"（或"未重新报批"）环评文件即擅自建设和"未经验收"（或"验收不合格"）环保设施而主体工程即擅自投产，各自违反了环评制度和"三同时"制度，均已构成独立的环境违法行为，环保部门应当对其同时依法予以处罚。对两个违法行为的处罚，互不代替，互不排斥。

所谓"分别处罚"，是指环保部门对建设单位违反了环评制度和"三同时"制度的行为，应当分别引用不同的法律条款，分别给予不同的处罚。《环境行政处罚办法》第五十三条第二款规定，对同一当事人的两个或者两个以上环境违法行为，可以分别制作行政处罚决定书，也可以列入同一行政处罚决定书。为了便于复议、诉讼和申请法院强制执行，环保部门对两个独立的违法行为，最好是分别叙述违法事实，分别制作不同的处罚决定文书。

所谓"相应处罚"，是指在实际执法过程中，应当针对违法行为的实际情形，选择实施对应的处罚种类。就未报批环评文件却已建成的项目而言，由于其施工建设阶段已经结束，如按《环境影响评价法》第三十一条责令"停止建设"已不具针对性，但环保部门可以相应地责令"限期补办手续"；逾期不补办手续的，可处五万元以上二十万元以下的罚款。

具体到本案，一是要针对建设单位未重新报批环评文件的行为，依据《环境影响评价法》第三十一条，责令建设单位“限期补办手续”；二是针对建设单位未经环保验收即擅自投产的行为，依据《建设项目环境保护管理条例》第二十八条，责令“停止生产或者使用”，可以处十万元以下罚款（根据不同情况）。

（2）应关注法律法规的变化。

环境保护部于 2018 年 2 月 22 日就建设项目“未批先建”违法行为法律适用问题专门发函。

**【相关资料】**

## 关于建设项目“未批先建”违法行为法律适用问题的意见

环政法函〔2018〕31 号

各省、自治区、直辖市环境保护厅（局），新疆生产建设兵团环境保护局，计划单列市、省会城市环境保护局：

新环境保护法和新环境影响评价法施行以来，关于建设单位未依法报批建设项目环境影响报告书、报告表，或者未依照环境影响评价法第二十四条的规定重新报批或者报请重新审核环境影响报告书、报告表，擅自开工建设（以下简称“未批先建”）违法行为的行政处罚，在法律适用、追溯期限以及后续办理环境影响评价手续等方面，实践中存在不同争议。经研究，现就有关法律法规的适用问题提出以下意见。

一、关于“未批先建”违法行为行政处罚的法律适用

（一）相关法律规定

2002 年公布的原环境影响评价法（自 2003 年 9 月 1 日起施行）第三十一条第一款、第二款分别规定：

“建设单位未依法报批建设项目环境影响评价文件，或者未依照本法第二十四条的规定重新报批或者报请重新审核环境影响评价文件，擅自开工建设的，由有权审批该项目环境影响评价文件的环境保护行政主管部门责令停止建设，限期补办手续；逾期不补办手续的，可以处五万元以上二十万元以下的罚款，对建设单位直接负责的主管人员和其他直接责任人员，依法给予行政处分。

“建设项目环境影响评价文件未经批准或者未经原审批部门重新审核同意，建设单位擅自开工建设的，由有权审批该项目环境影响评价文件的环境保护行政主管部门责令停止建设，可以处五万元以上二十万元以下的罚款，对建设单位直接负责的主管人员和其他直接责任人员，依法给予行政处分。”

2014 年修订的新环境保护法（自 2015 年 1 月 1 日起施行）第六十一条规定：“建设单位未依法提交建设项目环境影响评价文件或者环境影响评价文件未经批准，擅自开工建设的，由负有环境保护监督管理职责的部门责令停止建设，处以罚款，并可以责令恢复原状。”

2016 年修正的新环境影响评价法（自 2016 年 9 月 1 日起施行）第三十一条规定：“建设单位未依法报批建设项目环境影响报告书、报告表，或者未依照本法第二十四条的规定重新报批或者报请重新审核环境影响报告书、报告表，擅自开工建设的，由县级以上环境保护行政主管部门责令停止建设，根据违法情节和危害后果，处建设项目总投资额百分之一以上百分之五以下的罚款，并可以责令恢复原状；对建设单位直接负责的主管人员和其他直接责任人员，依法给予行政处分。”

通过以上法律修订，新环境保护法和新环境影响评价法取消了“限期补办手续”的要求。

（二）法律适用

关于“未批先建”违法行为的行政处罚，我部 2016 年 1 月 8 日作出的《关于〈环境保护法〉（2014 修订）第六十一条适用有关问题的复函》（环政法函〔2016〕6 号）已对“项目的法律新法实施前已经擅自开工建设的适用”作出相关解释，现针对实践中遇到的问题，进一步提出补充意见如下：

1. 建设项目于 2015 年 1 月 1 日后开工建设，或者 2015 年 1 月 1 日之前已经开工建设且之后仍然进行建设的，立案查处的环保部门应当适用新环境保护法第六十一条的规定进行处罚，不再依据修正前的环境影响评价法作出“限期补办手续”的行政命令。

2. 建设项目于 2016 年 9 月 1 日后开工建设，或者 2016 年 9 月 1 日之前已经开工建设且之后仍然进行建设的，立案查处的环保部门应当适用新环境影响评价法第三十一条的规定进行处罚，不再依据修正前的环境影响评价法作出“限期补办手续”的行政命令。

二、关于“未批先建”违法行为的行政处罚追溯期限

（一）相关法律规定

行政处罚法第二十九条规定：“违法行为在二年内未被发现的，不再给予行政处罚。法律另有规定的除外。前款规定的期限，从违法行为发生之日起计算；违法行为有连续或者继续状态的，从行为终了之日起计算。”

（二）追溯期限的起算时间

根据上述法律规定，“未批先建”违法行为的行政处罚追溯期限应当自建设行为终了之日起计算。因此，“未批先建”违法行为自建设行为终了之日起二年内未被发现的，环保部门应当遵守行政处罚法第二十九条的规定，不予行政处罚。

（三）违反环保设施“三同时”验收制度的行政处罚

1. 建设单位同时构成“未批先建”和违反环保设施“三同时”验收制度两个违法行为的，应当分别依法作出相应处罚。

对建设项目“未批先建”并已建成投入生产或者使用，同时违反环保设施“三同时”验收制度的违法行为应当如何处罚，全国人大常委会法制工作委员会 2007 年 3 月 21 日作出的《关于建设项目环境管理有关法律适用问题的答复意见》（法工委复〔2007〕2 号）规定：“关于建设单位未依法报批建设项目环境影响评价文件却已建成建设项目，同时该建设项目需要配套建设的环境保护设施未建成、未经验收或者经验收不合格，主体工程正式投入生产或者使用的，应当分别依照《环境影响评价法》第三十一条、《建设项目环境保护管理条例》第二十八条的规定作出相应处罚。”

据此，建设单位同时构成“未批先建”和违反环保设施“三同时”验收制度两个违法行为的，应当分别依法作出相应处罚。

2. 对违反环保设施“三同时”验收制度的处罚，不受“未批先建”行政处罚追溯期限的影响。

建设项目违反环保设施“三同时”验收制度投入生产或者使用期间，由于违反环保设施“三同时”验收制度的违法行为一直处于连续或者继续状态，因此，即使“未批先建”违法行为已超过二年行政处罚追溯期限，环保部门仍可以对违反环保设施“三同时”验收制度的违法行为依法作出处罚，不受“未批先建”违法行为行政处罚追溯期限的影响。

（四）其他违法行为的行政处罚

建设项目“未批先建”并投入生产或者使用后，有关单位或者个人具有超过污染物排放标准排污，通过暗管、渗井、渗坑、灌注或者篡改、伪造监测数据，或者不正常运行污染防治设施等逃避监管的方式排污等情形之一，分别构成独立违法行为的，环保部门应当对相关违法行为依法予以处罚。

三、关于建设单位可否主动补交环境影响报告书、报告表报送审批

（一）新环境保护法和新环境影响评价法并未禁止建设单位主动补交环境影响报告书、报告表报送审批

对“未批先建”违法行为，2014 年修订的新《环境保护法》第六十一条增加了处罚条款，该条款与原《环境影响评价法》（2002 年版）第三十一条相比，未规定“责令限期补办手续”的内容；2016 年修正的新《环境影响评价法》第三十一条，亦删除了原环境影响评价法“限期补办手续”的规定。不再将“限期补办手续”作为行政处罚的前置条件，但并未禁止建设单位主动补交环境影响报告书、报告表报送审批。

（二）建设单位主动补交环境影响报告书、报告表并报送环保部门审查的，有权审批的环保部门应当受理。

因“未批先建”违法行为受到环保部门依据新环境保护法和新环境影响评价法作出的处罚，或者“未批先建”违法行为自建设行为终了之日起二年内未被发现而未予行政处罚的，建设单位主动补交环境影响报告书、报告表并报送环保部门审查的，有权审批的环保部门应当受理，并根据不同情形分别作出相应处理：

1. 对符合环境影响评价审批要求的，依法作出批准决定。

2. 对不符合环境影响评价审批要求的，依法不予批准，并可以依法责令恢复原状。

建设单位同时存在违反“三同时”验收制度、超过污染物排放标准排污等违法行为的，应当依法予以处罚。

我部之前印发的相关解释与本意见不一致的，以本意见为准。原国家环境保护总局《关于如何认定建设单位违法行为连续性问题的复函》（环发〔1999〕23 号）和《关于〈环境影响评价法〉第三十一条法律适用问题的复函》（环函〔2004〕470 号）同时废止。

环境保护部

2018 年 2 月 22 日

【相关资料】

1. 环境保护部函（环政法函〔2016〕6 号）

关于《环境保护法》（2014 年修订）第六十一条适用有关问题的复函

2. 废止的两个（原国家环保总局）文件：

（1）关于如何认定建设单位违法行为连续性问题的复函（环发〔1999〕23 号）。

（2）《关于〈环境影响评价法〉第三十一条法律适用问题的复函》（环函〔2004〕470 号）。

## 案例六十三：建设项目污染防治设施未建成即投入使用案

【案情介绍】

2017 年 1 月 11 日接群众举报后，某县环境监察大队监察人员于 1 月 15 日对某海鲜烧烤店进行了现场执法。经查证，该烧烤店于 2016 年 11 月 13 日起在居民楼下开始经营，未报批环境影响评价文件，也未建设污染防治设施。

县环保局认为，该海鲜烧烤店的行为违反了《建设项目环境保护管理条例》第二十三条的规定，拟依据该条例第二十八条的规定，给予以下行政处罚：①责令停止经营；②罚款人民币三千元整。2017 年 1 月 17 日，该县环保局送达长环罚告字〔2017〕第 1 号《环境保护行政处罚事先告知书》，1 月 24 日送环罚字〔2017〕第 1 号《环境保护行政处罚决定书》。

【执法思考】

本案是建在居民楼下经营的烧烤店未办理环评申报手续，也没有建设污染治理设施，擅自开始经营的情况。

过去，我国长时间在技术和管理上都把污染防治的重点放在对重点工业污染的治理上，而餐饮业的污染防治技术及管理水平相对比较薄弱。随着餐饮企业的不断增多，对环境造成的污染问题也日趋严重；加之餐饮业污染排放点多且分布面广，污染物成分复杂，排放的时间基本集中在早晨、中午和晚上，属间断性集中排放，造成的局部污染比较严重，因此餐饮业排放污染物引起的纠纷也越来越多。现实生活中为数不少的餐饮业中、小业主往往是先开店、后办理营业执照，而且不执行建设项目环境影响审批制度，不按要求及时进行排污申报，加之餐饮业变化快，经营者往往采取消极等待和观望的态度，在“无证无牌”的情况下违法经营。

近年来，城市化进程不断加快，在建设和改造过程中，由于缺乏对餐饮业的指导性规划和实施办法，加上房屋使用功能的不合理、不确定，导致餐饮企业多选址在居民密集区，与居民楼混为一体。同时，有关管理部门未充分考虑餐饮与居民区隔离的问题，也没有给商住楼预留专用的餐饮排烟管道（一些店铺在规划设计时并不作为餐饮店），根本不具备餐饮污染处理、排放的条件，一旦经营餐饮企业，即使加装、改造环保设备，大多也无法达到群众满意程度。这类经营单位其选址往往就不符合居民生活区的要求，污染治理也达不到相应标准（甚至没有污染治理设施）。

因此，某县环保局依照《建设项目环境保护管理条例》第二十八条的规定，直接责令该海鲜烧烤店停止营业，并处罚款的做法，笔者认为是可行的。

目前对饮食服务业在环保方面的专门规定只有《大气污染防治法》及《饮食业油烟排放标准》（GB 18483—2001）以及地方性法规和规章。

对建在居民密集区的餐饮企业，在环境执法时，一方面可以依据《建设项目环境保护管理条例》的规定，进行处理处罚；另一方面，可以依据《大气污染防治法》第一百一十八条进行处罚。对没有取得工商营业执照的，可采用移送工商行政管理部门或以联合执法的形式处理类似问题，效率会更高。另外，亦可以从居民小区的环境影响评价文件入手，从根本上解决问题。

【相关法律规定】

《大气污染防治法》第一百一十八条　违反本法规定，排放油烟的餐饮服务业经营者未安装油烟净化设施、不正常使用油烟净化设施或者未采取其他油烟净化措施，超过排放标准排放油烟的，由县级以上地方人民政府确定的监督管理部门责令改正，处五千元以上五万元以下的罚款；拒不改正的，责令停业整治。

违反本法规定，在居民住宅楼、未配套设立专用烟道的商住综合楼、商住综合楼内与居住层相邻的商业楼层内新建、改建、扩建产生油烟、异味、废气的餐饮服务项目的，由县级以上地方人民政府确定的监督管理部门责令改正；拒不改正的，予以关闭，并处一万元以上十万元以下的罚款。

违反本法规定，在当地人民政府禁止的时段和区域内露天烧烤食品或者为露天烧烤食品提供场地的，由县级以上地方人民政府确定的监督管理部门责令改正，没收烧烤工具和违法所得，并处五百元以上二万元以下的罚款。

**【相关资料】**

### 关于租赁住宅楼从事餐饮业执行环境影响评价制度和“三同时”制度有关意见的复函

环办政法〔2017〕25号

广东省环境保护厅：

你厅《关于建设项目执行环保“三同时”制度有关问题的请示》(粤环报〔2016〕109号)收悉。经研究，并征求最高人民法院意见(见附件)，函复如下：

一、公民个人租赁住宅楼开办个体餐馆，不属于环境影响评价法第十六条第三款关于“建设项目的环境影响评价分类管理名录”规定中的“建设项目”。因公民个人租赁住宅楼开办个体餐馆产生环境噪声、油烟等污染的，依照环境噪声污染防治法、大气污染防治法等有关法律法规处理。

二、最高人民法院2006年11月27日作出的《关于工商行政管理部门审查颁发个体工商户营业执照是否以环保评价许可为前置条件问题的答复》(〔2006〕行他字第2号)现行有效，对各级人民法院审理同类案件具有普遍指导意义。

三、关于公民个人租赁住宅楼开办个体餐馆具体应用法律问题，环境保护部之前所做规定与本复函不一致的，按本复函执行。《环境保护部办公厅关于公民租赁住宅楼开办个体餐馆应当执行环境影响评价制度的复函》(环办函〔2009〕1220号)同时废止。

特此函复。

附件：《最高人民法院办公厅关于建设项目执行环境影响评价和“三同时”制度有关问题意见的复函》(法办函〔2017〕86号)(略)

环境保护部办公厅

2017年3月31日

### 案例六十四：建设单位未执行建设项目环境管理制度，但污染物达标排放案

【案情介绍】

某市环境监察支队在现场检查时发现，某企业 2017 年建成并正式投产，未办理环评手续，但建成了防治污染的设施。经监测，其污染物排放达标。该市环保局以该企业没有报批环境影响评价文件，违反了建设项目环境管理的相关规定，拟依据《环境影响评价法》第三十一条及《建设项目环境保护条例》第二十三条规定，对其作出行政处罚：

（1）责令改正违法行为；

（2）处罚款 30 万元；

（3）对直接负责的主管人员处罚款 5 万元。

【执法思考】

本案讲述的是生产企业违反了环境影响评价制度和“三同时”制度的要求，但未超标排放污染物。

《环境影响评价法》立法目的主要是贯彻预防为主的环境管理原则，从源头，即从企业选址、产业结构的调整等方面对企业进行管理。报批环评文件和进行“三同时”验收是企业应承担的法定义务，违反该义务应承担相应的法律责任，不以违法排污为前提条件，市环保局对该企业的处罚是合法的。

### 案例六十五：建设项目的防治污染的设施未达到国家规定的要求即投入生产或者使用案

【案情介绍】

某化工厂于 2008 年建厂，是一家生产化学添加剂的企业。2009 年，该厂通过了市环保局环境影响评价审批。在废水处理设施验收合格后，正式投入生产。2010 年该化工厂为了扩大生产规模、增加企业利润，在已向环保局申报的情况下扩建了加工精制 3-硝基、4-氨基苯酚（NAP）工艺和设备。因赶工期，水污染防治设施只进行了适当改造（只敷设塑料薄膜而未做永久性防渗）。在投入生产使用前，该厂申请污染治理设施验收，未通过。之后，该厂即将扩建的设备投入使用。扩建的设备投入使用后，因废水处理设施存在缺陷，造成处理池废水渗漏和直接排放，污染了地下水和附近河道。

2011 年 3 月，某县环保局接到群众举报后对该化工厂进行了现场检查。经对排污口污水排放情况进行监测，污染物排放严重超过规定的排放标准。某县环保局以化工厂违反了《水污染防治法》第七十四条，责令化工厂限期治理，并处 1 万元罚款。

【执法思考】

本案某化工厂为了增加利润，扩建了新加工工艺的设备，但未建设永久性污染治理设施，且在其污染治理设施没有通过验收的情况下，即将扩建部分投入生产，致使生产过程中产生的超标废水直接外排，污染了地下水和附近的河道。某县环保局以化工厂违反《水

污染防治法》第七十四条对其进行了处罚。

环保局的处罚值得商榷：

（1）法律条款的适用是否正确

本案中某化工厂的违法行为主要是水污染防治设施未通过验收即投入生产，由此发生了后面的废水渗漏和直接排放，污染了地下水和附近河道的事故。因此，除按《水污染防治法》第七十四条规定进行处罚，还应按该法第七十一条规定处罚。

（2）罚款额度缺乏依据

本案中环保局对某化工厂处1万元罚款，缺乏依据。即便是按《水污染防治法》第七十四条规定处罚，罚款额度应是该企业应缴纳排污费数额的二至五倍。“1万元”与企业应缴纳排污费数额是何关系呢？

因此，笔者认为，某县环保局还应依据《水污染防治法》第七十一条规定的 “责令停止生产或者使用，直至验收合格，处五万元以上五十万元以下的罚款”进行处罚。

环境执法中作出的行政处罚要有法律依据；法律本身必须是合法有效的，不能是未生效或已失效的；适用的法律要与违法行为一致，符合法律适用规则；出现法律条款竞合时，按照从重的原则处罚。

**【相关法律规定】**

《水污染防治法》第七十四条规定，“违反本法规定，排放水污染物超过国家或者地方规定的水污染物排放标准，或者超过重点水污染物排放总量控制指标的，由县级以上人民政府环境保护主管部门按照权限责令限期治理，处应缴纳排污费数额二倍以上五倍以下的罚款”。

第七十一条规定，“违反本法规定，建设项目的水污染防治设施未建成、未经验收或者验收不合格，主体工程即投入生产或者使用的，由县级以上人民政府环境保护主管部门责令停止生产或者使用，直至验收合格，处五万元以上五十万元以下的罚款”。

《水污染防治法》（现行）第八十三条规定：违反本法规定，有下列行为之一的，由县级以上人民政府环境保护主管部门责令改正或者责令限制生产、停产整治，并处十万元以上一百万元以下的罚款；情节严重的，报经有批准权的人民政府批准，责令停业、关闭：

（二）超过水污染物排放标准或者超过重点水污染物排放总量控制指标排放水污染物的。

《建设项目环境保护管理条例》第二十八条　违反本条例规定，建设项目需要配套建设的环境保护设施未建成、未经验收或者经验收不合格，主体工程正式投入生产或者使用的，由审批该建设项目环境影响报告书、环境影响报告表或者环境影响登记表的环境保护行政主管部门责令停止生产或者使用，可以处10万元以下的罚款。

《建设项目环境保护管理条例》第二十三条规定：违反本条例规定，需要配套建设的环境保护设施未建成、未经验收或者验收不合格，建设项目即投入生产或者使用，或者在环境保护设施验收中弄虚作假的，由县级以上环境保护行政主管部门责令限期改正，处 20 万元以上 100 万元以下的罚款；逾期不改正的，处 100 万元以上 200 万元以下的罚款；对直接负责的主管人员和其他责任人员，处 5 万元以上 20 万元以下的罚款；造成重大环境污染或者生态破坏的，责令停止生产或者使用，或者报经有批准权的人民政府批准，责令关闭。

违反本条例规定，建设单位未依法向社会公开环境保护设施验收报告的，由县级以上环境保护行政主管部门责令公开，处 5 万元以上 20 万元以下的罚款，并予以公告。

**【相关资料】**

**关于建设项目环境保护管理条例第二十三条适用问题的复函**

环政法函〔2018〕33 号

河南省环境保护厅：

你厅《关于〈建设项目环境保护管理条例〉第二十三条适用问题的请示》（豫环〔2018〕9 号）收悉。经研究，函复如下：

2017 年修改后的《建设项目环境保护管理条例》第二十三条第一款规定："违反本条例规定，需要配套建设的环境保护设施未建成、未经验收或者验收不合格，建设项目即投入生产或者使用，或者在环境保护设施验收中弄虚作假的，由县级以上环境保护行政主管部门责令限期改正，处 20 万元以上 100 万元以下的罚款；逾期不改正的，处 100 万元以上 200 万元以下的罚款；对直接负责的主管人员和其他责任人员，处 5 万元以上 20 万元以下的罚款；造成重大环境污染或者生态破坏的，责令停止生产或者使用，或者报经有批准权的人民政府批准，责令关闭。"其中"对直接负责的主管人员和其他责任人员，处 5 万元以上 20 万元以下的罚款"规定的适用，不以环保部门责令建设单位限期改正而其逾期不改正为前提。环保部门在发现建设单位存在第二十三条第一款规定的违法行为时，即可以根据违法情节、危害后果等因素，在责令建设单位限期改正的同时一并适用。此外，对"造成重大环境污染或者生态破坏的，责令停止生产或者使用，或者报经有批准权的人民政府批准，责令关闭"规定的适用，也不以环保部门责令建设单位限期改正而其逾期不改正为前提。

特此函复。

环境保护部

2018 年 2 月 24 日

# 第 8 章　环境风险管理与预防的典型案例及其执法要点解析

## 8.1　概述

突发环境事件，是指由于污染物排放或者自然灾害、生产安全事故等因素，导致污染物或者放射性物质等有毒有害物质进入大气、水体、土壤等环境介质，突然造成或者可能造成环境质量下降，危及公众身体健康和财产安全，或者造成生态环境破坏，或者造成重大社会影响，需要采取紧急措施予以应对的事件。

主要包括：大气污染、水体污染、土壤污染等突发性环境污染事件和辐射污染事件。

涵盖：引发、次生、突然爆发（突发性污染）、突然发现（累积性污染）污染事件。

突发环境事件分级：按照事件严重程度，分为特别重大、重大、较大和一般四级。

### 8.1.1　环境风险管理与预防的法律规定

表 8-1　环境风险管理的法律规定

| 序号 | 文件名称 | 发布（修订、修正）实施时间 |
| --- | --- | --- |
| 1 | 《环境保护法》（第四十七条） | 1989 年 12 月 26 日第七届全国人民代表大会常务委员会第十一次会议通过<br>2014 年 4 月 24 日第十二届全国人民代表大会常务委员会第八次会议修订<br>2015 年 1 月 1 日实施 |
| 2 | 《大气污染防治法》<br>（第七十八条、第九十三至九十七条、第九十五、九十六、九十七、一百二十一、一百二十二条） | 1987 年 9 月 5 日第六届全国人民代表大会常务委员会第二十二次会议通过<br>1995 年 8 月 29 日第八届全国人民代表大会常务委员会第十五次会议第一次修正<br>2000 年 4 月 29 日第九届全国人民代表大会常务委员会第十五次会议第一次修订<br>2015 年 8 月 29 日第十二届全国人民代表大会常务委员会第十六次会议第二次修订<br>2018 年 10 月 26 日第十三届全国人民代表大会常务委员会第六次会议第二次修正 |

| 序号 | 文件名称 | 发布（修订、修正）实施时间 |
| --- | --- | --- |
| 3 | 《水污染防治法》<br>（第三十二、七十六、七十七、七十八、七十九、九十三、九十四条） | 1984 年 5 月 11 日第六届全国人民代表大会常务委员会第五次会议通过<br>1996 年 5 月 15 日第八届全国人民代表大会常务委员会第十九次会议第一次修正<br>2008 年 2 月 28 日第十届全国人民代表大会常务委员会第三十二次会议修订<br>2017 年 6 月 27 日第十二届全国人民代表大会常务委员会第二十八次会议第二次修正 |
| 4 | 《海洋环境保护法》<br>（第十七、十八、六十九、八十八、九十条） | 1982 年 8 月 23 日第五届全国人民代表大会常务委员会第二十四次会议通过<br>1999 年 12 月 25 日第九届全国人民代表大会常务委员会第十三次会议修订<br>2013 年 12 月 28 日第十二届全国人民代表大会常务委员会第六次会议第一次修正<br>2016 年 11 月 7 日第十二届全国人民代表大会常务委员会第二十四次会议第二次修正<br>2017 年 11 月 4 日主席令　第 81 号第三次修正<br>2017 年 11 月 5 日起施行 |
| 5 | 《固体废物污染环境防治法》<br>（第五十三、六十二、七十五、八十二条） | 1995 年 10 月 30 日第八届全国人民代表大会常务委员会第十六次会议通过<br>2004 年 12 月 29 日第十届全国人民代表大会常务委员会第十三次会议修订<br>2013 年 6 月 29 日第十二届全国人民代表大会常务委员会第三次会议第一次修正<br>2015 年 4 月 24 日第十二届全国人民代表大会常务委员会第十四次会议第二次修正<br>2016 年 11 月 7 日根据主席令　第 57 号修改 |
| 6 | 《突发事件应对法》 | 2007 年 8 月 30 日中华人民共和国主席令　第六十九号发布<br>2007 年 11 月 1 日实施 |
| 7 | 《国家突发环境事件应急预案》 | 2014 年 12 月 29 日，国办函〔2014〕119 号<br>《国家突发环境事件应急预案》2005 年版同时废止 |
| 8 | 《突发环境事件信息报告办法》 | 2011 年 4 月 18 日，环保部令第 17 号 |
| 9 | 《突发环境事件调查处理办法》 | 2014 年 12 月 19 日，环保部令第 32 号 |
| 10 | 《突发事件应急管理办法》 | 2015 年 4 月 26 日，环保部令第 34 号 |
| 11 | 《突发事件应急预案管理办法》 | 国办法〔2013〕101 号 |
| 12 | 关于印发《企业事业单位突发环境事件应急预案备案管理办法（试行）》 | 2015 年 1 月 8 日，环发〔2015〕4 号 |

| 序号 | 文件名称 | 发布（修订、修正）实施时间 |
|---|---|---|
| 13 | 关于印发《企业事业单位突发环境事件应急预案评审工作指南（试行）》 | 2018 年 1 月 30 日，环办应急〔2018〕8 号 |
| 14 | 关于印发《城市大气重污染应急冤案编制指南》 | 2013 年 5 月 6 日，环办函〔2013〕504 号 |
| 15 | 关于发布《集中式地表水饮用水水源地突发环境事件应急预案编制指南（试行）》的公告 | 2018 年 3 月 23 日，生态环境部公告　2018 年第 1 号 |
| 16 | 关于发布《企业突发环境事件隐患排查和治理工作指南（试行）》的公告 | 2016 年 12 月 6 日，环境保护部公告　2016 年第 74 号 |
| 17 | 《企业突发环境事件风险评估指南（试行）》 | 2014 年 4 月 3 日，环办〔2014〕34 号 |
| 18 | 《建设项目环境风险评价技术导则》（HJ/T 169—2004） | 2004 年 12 月 11 日实施 |
| 19 | 《企业突发环境事件事件风险分级方法》（HJ 941—2018） | 2018 年 2 月 5 日，环境保护部公告　2018 年第 14 号<br>2018 年 3 月 1 日起实施 |
| 20 | 《行政区域突发环境事件风险评估推荐方法》 | 2018 年 1 月 30 日，环办应急〔2018〕9 号 |
| 21 | 《尾矿库环境风险评估技术导则》（HJ 740—2015） | 环境保护部 2015 年 3 月 6 日发布<br>2015 年 4 月 1 日实施 |
| 22 | 《突发环境事件应急监测技术规范》（HJ 589—2011） | 环境保护部 2010 年 10 月 19 日发布<br>2011 年 1 月 1 日实施 |

## 8.1.2　违反应急管理规定应承担的法律责任

### 8.1.2.1　不按照规定制定水污染事故的应急预案或发生事故时未及时启动应急预案

**【相关法律规定】**

《水污染防治法》第七十七条　可能发生水污染事故的企业事业单位，应当制定有关水污染事故的应急方案，做好应急准备，并定期进行演练。

生产、储存危险化学品的企业事业单位，应当采取措施，防止在处理安全生产事故过程中产生的可能严重污染水体的消防废水、废液直接排入水体。

**【处罚依据】**

《水污染防治法》第九十三条　企业事业单位有下列行为之一的，由县级以上人民政府环境保护主管部门责令改正；情节严重的，处二万元以上十万元以下的罚款：

（一）不按照规定制定水污染事故的应急方案的；

（二）水污染事故发生后，未及时启动水污染事故的应急方案，采取有关应急措施的。

### 8.1.2.2　造成水污染事故

**【相关法律规定】**

《水污染防治法》第七十六条　各级人民政府及其有关部门，可能发生水污染事故的企业事业单位，应当依照《中华人民共和国突发事件应对法》的规定，做好突发水污染事故的应急准备、应急处置和事后恢复等工作。

第七十七条　可能发生水污染事故的企业事业单位，应当制定有关水污染事故的应急方案，做好应急准备，并定期进行演练。

生产、储存危险化学品的企业事业单位，应当采取措施，防止在处理安全生产事故过程中产生的可能严重污染水体的消防废水、废液直接排入水体。

**【处罚依据】**

《水污染防治法》第九十四条　企业事业单位违反本法规定，造成水污染事故的，除依法承担赔偿责任外，由县级以上人民政府环境保护主管部门依照本条第二款的规定处以罚款，责令限期采取治理措施，消除污染；未按照要求采取治理措施或者不具备治理能力的，由环境保护主管部门指定有治理能力的单位代为治理，所需费用由违法者承担；对造成重大或者特大水污染事故的，还可以报经有批准权的人民政府批准，责令关闭；对直接负责的主管人员和其他直接责任人员可以处上一年度从本单位取得的收入百分之五十以下的罚款；有《环境保护法》第六十三条规定的违法排放水污染物等行为之一，尚不构成犯罪的，由公安机关对直接负责的主管人员和其他直接责任人员处十日以上十五日以下的拘留；情节较轻的，处五日以上十日以下的拘留。

对造成一般或者较大水污染事故的，按照水污染事故造成的直接损失的百分之二十计算罚款；对造成重大或者特大水污染事故的，按照水污染事故造成的直接损失的百分之三十计算罚款。

造成渔业污染事故或者渔业船舶造成水污染事故的，由渔业主管部门进行处罚；其他船舶造成水污染事故的，由海事管理机构进行处罚。

### 8.1.2.3　擅自向社会发布重污染天气预报预警信息

**【相关法律规定】**

《大气污染防治法》第九十五条第一款　省、自治区、直辖市、设区的市人民政府生态环境主管部门应当会同气象主管机构建立会商机制，进行大气环境质量预报。可能发生重污染天气的，应当及时向本级人民政府报告。省、自治区、直辖市、设区的市人民政府依据重污染天气预报信息，进行综合研判，确定预警等级并及时发出预警。预警等级根据情况变化及时调整。任何单位和个人不得擅自向社会发布重污染天气预报预警信息。

【处罚依据】

《大气污染防治法》第一百二十一条第一款　违反本法规定，擅自向社会发布重污染天气预报预警信息，构成违反治安管理行为的，由公安机关依法予以处罚。

#### 8.1.2.4 拒不执行停止工地土石方作业或者建筑物拆除施工等重污染天气应急措施

【相关法律规定】

《大气污染防治法》第九十六条第一款　县级以上地方人民政府应当依据重污染天气的预警等级，及时启动应急预案，根据应急需要可以采取责令有关企业停产或者限产、限制部分机动车行驶、禁止燃放烟花爆竹、停止工地土石方作业和建筑物拆除施工、停止露天烧烤、停止幼儿园和学校组织的户外活动、组织开展人工影响天气作业等应急措施。

【处罚依据】

《大气污染防治法》第一百二十一条第二款　违反本法规定，拒不执行停止工地土石方作业或者建筑物拆除施工等重污染天气应急措施的，由县级以上地方人民政府确定的监督管理部门处一万元以上十万元以下的罚款。

#### 8.1.2.5 造成大气污染事故

【处罚依据】

《大气污染防治法》第一百二十二条　违反本法规定，造成大气污染事故的，由县级以上人民政府环境保护主管部门依照本条第二款的规定处以罚款；对直接负责的主管人员和其他直接责任人员可以处上一年度从本企业事业单位取得收入百分之五十以下的罚款。

对造成一般或者较大大气污染事故的，按照污染事故造成直接损失的一倍以上三倍以下计算罚款；对造成重大或者特大大气污染事故的，按照污染事故造成的直接损失的三倍以上五倍以下计算罚款。

#### 8.1.2.6 未制定危险废物意外事故防范措施和应急预案

【相关法律规定】

《固体废物污染环境防治法》第六十二条　产生、收集、贮存、运输、利用、处置危险废物的单位，应当制定意外事故的防范措施和应急预案，并向所在地县级以上地方人民政府环境保护行政主管部门备案；环境保护行政主管部门应当进行检查。

【处罚依据】

《固体废物污染环境防治法》第七十五条　违反本法有关危险废物污染环境防治的规定，有下列行为之一的，由县级以上人民政府环境保护行政主管部门责令停止违法行为，限期改正，处以罚款：

（十三）未制定危险废物意外事故防范措施和应急预案的。

有前款……第十三项行为之一的，处一万元以上十万元以下的罚款。

### 8.1.2.7　造成固体废物污染环境事故

**【处罚依据】**

《固体废物污染环境防治法》第八十二条　违反本法规定，造成固体废物污染环境事故的，由县级以上人民政府环境保护行政主管部门处二万元以上二十万元以下的罚款；造成重大损失的，按照直接损失的百分之三十计算罚款，但是最高不超过一百万元，对负有责任的主管人员和其他直接责任人员，依法给予行政处分；造成固体废物污染环境重大事故的，并由县级以上人民政府按照国务院规定的权限决定停业或者关闭。

第八十三条　违反本法规定，收集、贮存、利用、处置危险废物，造成重大环境污染事故，构成犯罪的，依法追究刑事责任。

第八十五条　造成固体废物污染环境的，应当排除危害，依法赔偿损失，并采取措施恢复环境原状。

### 8.1.2.8　沿海可能发生重大海洋环境污染事故的单位，未依照国家规定制订、备案污染事故应急计划

**【相关法律规定】**

《海洋环境保护法》第十八条第四款　沿海可能发生重大海洋环境污染事故的单位，应当依照国家的规定，制订污染事故应急计划，并向当地环境保护行政主管部门、海洋行政主管部门备案。

**【处罚依据】**

《突发环境事件应急管理办法》第三十八条　企业事业单位有下列情形之一的，由县级以上环境保护主管部门责令改正，可以处一万元以上三万元以下罚款：

（三）未按规定将突发环境事件应急预案备案的。

### 8.1.2.9　装卸油类的港口、码头、装卸站和船舶未编制溢油污染应急计划并配备相应溢油污染应急设备和器材

**【相关法律规定】**

《海洋环境保护法》第六十九条　港口、码头、装卸站和船舶修造厂必须按照有关规定备有足够的用于处理船舶污染物、废弃物的接收设施，并使该设施处于良好状态。

装卸油类的港口、码头、装卸站和船舶必须编制溢油污染应急计划，并配备相应的溢油污染应急设备和器材。

【处罚依据】

《海洋环境保护法》第八十八条　违反本法规定，船舶、石油平台和装卸油类的港口、码头、装卸站不编制溢油应急计划的，由依照本法规定行使海洋环境监督管理权的部门予以警告，或者责令限期改正。

### 8.1.2.10　造成海洋环境污染事故

【处罚依据】

《海洋环境保护法》第七十三条　违反本法有关规定，有下列行为之一的，由依照本法规定行使海洋环境监督管理权的部门责令停止违法行为、限期改正或者责令采取限制生产、停产整治等措施，并处以罚款；拒不改正的，依法作出处罚决定的部门可以自责令改正之日的次日起，按照原罚款数额按日连续处罚；情节严重的，报经有批准权的人民政府批准，责令停业、关闭：

（四）因发生事故或者其他突发性事件，造成海洋环境污染事故，不立即采取处理措施的。

有前款第（二）、（四）项行为之一的，处二万元以上十万元以下的罚款。

第九十条　对违反本法规定，造成海洋环境污染事故的单位，除依法承担赔偿责任外，由依照本法规定行使海洋环境监督管理权的部门依照本条第二款的规定处以罚款；对直接负责的主管人员和其他直接责任人员可以处上一年度从本单位取得收入百分之五十以下的罚款；直接负责的主管人员和其他直接责任人员属于国家工作人员的，依法给予处分。

对造成一般或者较大海洋环境污染事故的，按照直接损失的百分之二十计算罚款；对造成重大或者特大海洋环境污染事故的，按照直接损失的百分之三十计算罚款。

对严重污染海洋环境、破坏海洋生态，构成犯罪的，依法追究刑事责任。

### 8.1.2.11　企业事业单位违反应急管理规定

【处罚依据】

《突发环境事件应急管理办法》第三十八条　企业事业单位有下列情形之一的，由县级以上环境保护主管部门责令改正，可以处一万元以上三万元以下罚款：

（一）未按规定开展突发环境事件风险评估工作，确定风险等级的；

（二）未按规定开展环境安全隐患排查治理工作，建立隐患排查治理档案的；

（三）未按规定将突发环境事件应急预案备案的；

（四）未按规定开展突发环境事件应急培训，如实记录培训情况的；

（五）未按规定储备必要的环境应急装备和物资；

（六）未按规定公开突发环境事件相关信息的。

## 8.2　环境风险管理与预防的典型案例分析及执法要点解析

### 案例六十六：嘉陵江（广元段）铊污染案

【案情介绍】

2017 年 5 月 5 日 18 时，广元市环境保护局例行预警监测时发现，嘉陵江由陕入川断面水质异常，西湾水厂饮用水水源地水质铊浓度超标 4.6 倍。广元市环境保护局立即向四川省环境保护厅和广元市人民政府报告，四川省环境保护厅立即赶赴现场指导应急处置工作。广元市人民政府按照《广元市突发环境事件应急预案》立即启动Ⅱ级应急响应，成立应急指挥部，立即采取净水处理、泄洪、加密监测等应急措施，部署开展应急供水、调蓄稀释、水厂工艺改造等各项应急处置工作。经与相关方面专家及部门综合研判，初步判定污染源为川陕界上游输入型、一次性污染团。为保障市民生活用水，广元市立即启动可实现日产 3 万～4 万 t 的城市应急供水，供水水质符合国家饮用水标准，安全可用，可基本确保市城区居民生活用水。同时，从 6 日 8 时起，15 辆消防车、环卫车、专用送水车对东坝、南河、万源、雪峰、老城片区部分供水不足区域实施送水服务。广元市立即将相关情况通报陕西省汉中市，汉中市人民政府立即制定应急整治方案，两地迅速联合对嘉陵江沿线干流、支流河道开展污染源头排查。通过采样监测、科学分析等工作，锁定陕西省汉中市宁强县燕子砭镇某锌业铜矿有限责任公司为肇事企业。政府组织有关部门和企业采取有效措施切断污染源。5 月 10 日 20 时起，嘉陵江各监测断面全线达标，11 日，广元市人民政府终止应急响应。事后，某锌业铜矿有限责任公司经理等 9 名人员被移交公安机关，其中 4 人因涉嫌环境污染犯罪被正式逮捕。

【执法思考】

在本次事件处置过程中，川陕两省协同作战、科学处置，1 天内实现恢复性供水，3 天内排查锁定污染源，7 天解除应急状态，突发环境事件得到妥善处置，保障了人民群众正常生产生活秩序，避免了污染向下游扩散。

总结案例的处理处置工作，主要有以下几方面特点：

（1）强化预警，第一时间响应

我国对于环境污染事故的预警工作非常重视，在《环境保护法》《突发环境事件应急管理办法》等多部法律法规中都对于环境污染事故的预警工作提出了要求，在实际工作中环境行政管理部门应综合使用硬件和人工的模式提高环境事故的预警水平。在本案例中，广元市针对饮用水水源地建立了严格的监测预警机制，设立水质自动预警站，并定期开展 109 项指标监测分析，全面监控饮用水水源地水质状况，实现了“第一时间发现、第一时间预警”。在此次开展的例行监测工作中，及时发现水质超标情况，并启动应急响应，准确监测出污染带前锋、峰值和尾部，为有效处置事件、查明污染源头争取了宝贵时间。

（2）区域联动

在污染事故的处理处置中，跨区域的事故因涉及不同辖区的管理部门，是环境污染事故应急处理中的难点。我国在《环境应急预案备案管理办法》《突发环境事件信息报告办法》等相关文件中，对于涉及跨区域的污染事故在处理中的政府管理部门的协调与配合提出了要求，尤其是在信息互通、协调资源方面要格外重视。在本案例的处置中，川陕两省及时建立信息互通机制，指定专人负责信息沟通，共享隐患排查、污染治理、案件侦办等进展情况信息，确保应急处置工作有序开展。为尽快锁定污染源，川陕两省公安、环保等相关部门建立联合执法机制，通过上下游交叉执法、多部门“拉网式”排查等方式查找污染源。两省环境监测部门，协作优化监测方案和监测点位，在嘉陵江沿线共设置 29 个应急监测断面，监控水质变化情况，同步监测采样分析，为事件处置提供及时、准确的数据支撑。

（3）及时公开信息

我国在《企业事业单位环境信息公开办法》等相关文件中对于环境污染事故的信息公开有明确要求，在污染事故的应急处理中及时的公开事故信息可以起到让群众及时了解事故进展、防止群体事件发生等作用，有着非常积极的意义。在本案例的应急处理中，为消除群众疑虑，广元市人民政府第一时间发布官方信息《嘉陵江水质污染应急监测快报》等 84 期，及时通报事件进展和监测情况，全国 70 余家媒体平台跟踪转载。同时，持续开展舆情监测，针对媒体和公众普遍关注问题，主动答疑释惑，对稳定社会情绪起到积极作用。

## 案例六十七：河北省邢台市新河县城区地下水污染案

**【案情介绍】**

2015 年 3 月 26 日，新河县城区西北部的供水管网末端受到污染，导致附近企业 81 名职工因饮用受污染的自来水出现身体不适赴医院诊治，其中 9 人住院治疗（28 日全部康复出院）。为确保群众饮水安全，新河县整个城区停止供水约 3 小时；城区西北部停水约 5 天，涉及 22 家企业、83 户居民和 2 个村庄，约 2 000 人接受临时供水保障。经调查，事故的主要原因是某生化制品有限公司违法生产、违规操作，生产过程中产生的污水进入城区供水管网，造成管网末端自来水污染。该公司 25 日检修时，由于职工违规操作和管道布置不合理，导致水汽分离装置内的污水回流到自备井压力罐中，又由于自备井压力罐的止回阀故障，污水进一步回流到自备井中，造成自备井水体污染。该公司擅自将自备井管网与城区供水管网通过三通阀门相连，且自备井管网压力大于城区供水管网压力。最终，因误开启三通阀门，导致自备井中受污染的水体，进入并污染了城区供水管网。

事件发生后，河北省委、省政府和环境保护部高度重视，主要负责同志分别做出重要批示，要求全面排查污染原因，妥善处置污染事件，确保群众饮水安全。新河县委、县政府立即启动应急预案，成立指挥部，组织开展人员救治和事件调查工作，邢台市委、市政府主要负责同志赶赴现场指挥，环境保护部、河北省环保厅工作组连夜赶赴现场，协助指导新河县开展应急处置工作。

新河县政府按照专家建议，采用抽出处理法对受污染的自备井进行污染修复，至 3 月 28 日，该生化制品有限公司自备井及周边 1 km 范围内其他企业的自备井均未检出特征污染物，并符合饮用水水质标准。新河县政府委托专业机构评估事件环境损害，核定直接经济损失约 18 万元；受影响人群属于短暂接触有毒物质造成的急性中毒，在短时间内得到及时治疗并且康复，不存在长期的、潜伏的健康影响；污染物进入城区供水管网，致使局部自来水受到污染，但没有扩散到环境中，未造成生态环境损害。

邢台市政府依据《突发环境事件调查处理办法》等有关规定，组织安监、监察、公安、水务、环保、工信、卫生等部门成立调查组，开展事件调查和责任追究工作。根据调查结果，新河县政府关停取缔了该生化制品有限公司，对新河县供水公司、县经济开发区管委会、县水务局、县环保局、县政府等单位的 7 名有关责任人分别给予撤职、开除、行政记过或行政警告等处分。

**【案例分析】**

（1）反应及时，处理得当

当污染事故发生后，政府部门要立即开展相关的应急处理工作，根据《突发环境事件应急管理办法》等文件的规定，政府部门在突发环境事件的应急处理中要按照突发环境事件应急预案中规定的职责开展应急响应，同时做到五个第一时间："第一时间报告""第一时间赶赴现场""第一时间开展监测""第一时间向社会发布信息""第一时间组织开展调查"。

（2）高度重视可能影响饮用水安全的环境事故

饮用水是群众的正常生活是最基本的保证，一旦污染事故有可能影响饮用水的供应，则首先考虑在短时间内恢复对于群众饮用水的供应，保证群众的正常生活。在本案例中，在污染事故发生后政府部门采取了及时的措施，保障了群众的饮用水供应，这对于保证群众的正常生活，稳定群众情绪起到了非常重要的作用。

## 案例六十八：章丘市普集镇发生危险废物倾倒致人中毒死亡案

**【案情介绍】**

2015 年 10 月 21 日凌晨 2 时左右，章丘市普集镇张某、陈某雇罐车运输化工废液向煤矿井内倾倒时，因操作不慎造成了张某、陈某、罐车司机和押运员共 4 人中毒死亡。山东省环保厅在接到举报后，立即派出由分管副厅长带队的应急处置指导组赶赴现场指导应急处置工作。济南市、章丘市政府迅速启动应急预案，组织公安、环保、安监等部门人员赶赴现场，制定监测方案，开展应急监测。山东省环保厅多次组织召开专家会议，研究现场处置意见；委托专业处置机构对现场罐车和院内挖出的固体废物进行无害化处理。章丘市政府委托山东省地矿院801水文地质大队对受污染区域进行帷幕注浆，至2016年1月21日，共计打孔106个，实现了污染区域的全封闭，并组织有资质的施工单位彻底清理废矿井内的危险废物。

据环境保护部介绍，该案犯罪分子张某、陈某租赁山东省章丘市普集镇上皋村已废弃的明皋2号煤矿井院落，专门收集、倾倒危险废物。2015年10月21日凌晨2时许，张某、陈某雇用车号为鲁CB6590的罐车运输化工废液向煤矿井内倾倒时，张某、陈某、罐车司机和押运员共4人中毒死亡。

环境保护部表示，现已查明淄博桓台山东某重油化工有限公司、济宁泗水山东某有机硅新材料有限公司、日照莒县山东某新能源有限公司、滨州博兴山东某生物科技有限公司、东营山东某化工科技有限公司等5家企业与该团伙进行非法转运危险废物的交易。虽然依法刑事处理犯罪嫌疑人25名，目前，尚有部分犯罪嫌疑人在逃，公安机关正在加大案件侦破和涉案人员追逃力度，争取尽快结案。

环境保护部透露，山东省环保厅对涉案企业环境违法案件实施挂牌督办，并指导有关地方政府部门依法责令涉案企业全部停产整顿，并实施顶格经济处罚。

按照《国家突发环境事件应急预案》等相关规定，环境保护部也启动了事件调查程序，派出调查组，督促指导地方开展事件责任认定、环境损失评估以及责任追究等工作。同时，按照环保法规定，环境保护部协调有关社会组织启动了针对该起事件的环境公益诉讼。目前正在收集相关资料、研究诉讼对象、分析环境损失、测算索赔数额。下一步将根据事件处置情况，依法提请环境公益诉讼，追究相关企业的责任并赔偿环境损失。

**【执法思考】**

（1）涉危险废物环境事故的危险性

危险废物是指列入国家危险废物名录或者根据国家规定的危险废物鉴别标准和鉴别方法认定的具有危险特性的废物，在《国家危险废物名录》中，对于危险废物的性质定义为具有腐蚀性、毒性、易燃性、反应性或者感染性等一种或者几种危险特性的、不排除具有危险特性，可能对环境或者人体健康造成有害影响，需要按照危险废物进行管理的。由此可见，相对于一般固体废物，危险废物对于人体和环境所可能造成的影响较大，因此对于涉及危险废物的环境污染事故在日常的管理工作中要尤为重视，要加强对于涉危险废物企业的申报、转移联单等制度的执行情况，从源头降低涉危险废物污染事故的发生概率。

（2）涉危险废物环境事故的处罚

由于涉危险废物的环境污染事故的后果严重性，我国对于涉及危险废物的违法行为的处罚力度较重。《环境保护法》《固体废物污染环境防治法》中对于涉及危险废物的违法行为有明确的罚则。2017年实施的两高司法解释中，明确了非法排放、倾倒、处置危险废物三吨以上的、排放、倾倒、处置含铅、汞、镉、铬、砷、铊、锑的污染物，超过国家或者地方污染物排放标准三倍以上，排放、倾倒、处置含镍、铜、锌、银、钒、锰、钴的污染物，超过国家或者地方污染物排放标准十倍以上，通过暗管、渗井、渗坑、裂隙、溶洞、灌注等逃避监管的方式排放、倾倒、处置有放射性的废物、含传染病病原体的废物、有毒物质的行为，均为“严重污染环境”，要受到刑事处罚。

在本案例中，事件发生后，环境保护部即时启动了突发环境事件调查程序，派出调查组督促指导地方开展事件责任认定、环境损失评估以及责任追究等工作。同时按照《环境保护法》的规定，协调有关社会组织启动了针对该起事件的环境公益诉讼。根据《侵权责任法》《环境保护法》《固体废物污染环境防治法》及司法解释的相关规定，六被告应当承担恢复原状、赔偿损失等侵权责任，修复当地生态环境，承担非法倾倒危险废物给环境造成损害的生态环境修复费用，并赔偿生态环境服务功能损失等。

**案例六十九：甘肃某锑业有限公司选矿厂尾矿库溢流井破裂致尾砂泄漏案**

**【案情介绍】**

2015 年 11 月 23 日 21 时左右，陇南市西和县甘肃某锑业有限责任公司选矿厂溢流井水面下约 6 m 处的拱圈盖板破裂，导致溢流井周围尾矿浆流入太石河，造成甘肃境内太石河约 23 km 河段、甘肃和陕西境内西汉水约 125 km 河段、陕西和四川境内嘉陵江约 196 km 河段的水体锑浓度超标。污染物随太石河经西汉水进入陕西略阳县境内。

事件发生后，党中央、国务院高度重视，张高丽副总理等中央领导做出重要批示，要求妥善应对处理，防止河水污染影响危害沿线群众安全健康。甘肃、陕西、四川三省迅速启动重大突发环境事件应急响应，建立协调联动机制，负责同志第一时间赶赴现场，组织陇南、汉中、广元等地市和相关部门全面开展应急处置工作，按照“甘肃断源截污、陕西降污减荷、四川保障供水”的思路，统筹指导三省妥善处置污染，科学保障供水。住房城乡建设部、水利部和卫生计生委分别派出工作组和专家，赴现场指导工作。环境保护部派出西北环保督查中心、西南环保督查中心两个工作组，分别赶赴甘肃陇南和四川广元协调地方政府做好现场处置和应急准备工作。11 月 27 日，受环境保护部陈吉宁部长委托，翟青副部长紧急带领工作组和专家赶赴现场进行增援。

这次突发环境事件跨甘、陕、川三省，污染带长、污染处置难度大，处置时间长，且下游四川省广元市无备用水源，应急处置形势十分严峻。据汉中市环保局 28 日 20 时监测数据显示，西汉水甘肃入略阳境 2 km 处锑超标 23.1 倍，葫芦头水库坝下 1 km 处超标 0.7 倍，污染带跨甘肃、陕西以及四川三省，污染造成了数十万人口饮水受到影响。事件发生后，环保部督查中心、甘肃省环保厅及省环境应急中心相关专家先后到达某锑业公司尾矿库，指导当地采取了引流尾矿库上游山泉水，在尾矿库排污口、五个围堰和太石河及下游西汉水另外三个点位，大量投放絮凝剂和石灰，甘肃、陕西、四川三省在 344 km 河道沿线建设 200 余座拦截坝，拦截污染物；现场运行 10 套应急处置设施，投药沉降污染物；统筹调度葫芦头水电站、巨亭水电站的蓄水量和下泄流量，调节污染物浓度、削减污染物峰值。四川省广元市建设了两条数公里长的应急调水管道以及供水主管网的应急管道。同时，组织力量对广元城市供水管网未覆盖的 30 个城郊居民集中居住点送水。至 2016 年 1 月 28 日，太石河、西汉水和嘉陵江受污染河段全部实现水体锑浓度稳定达标。

甘肃省对某锑业公司尾矿库泄漏次生重大突发环境事件进行严肃问责，3 个责任单位 20 名责任人受到责任追究，4 人被移送司法机关。其中给予陇南市政府分管副市长行政记过处分、西和县县委书记党内警告处分，时任西和县县长、县安监局局长、县环保局局长、太石河乡党委书记等人受到党内严重警告处分并免职。

甘肃省陇南市中级人民法院已经受理由中华环保联合会提起的环境公益诉讼。中华环保联合会共提出 5 项诉讼请求，其中包括要求某锑业支付应急处置费用、生态环境修复费用等。有关专家表示，肇事企业某锑业或面临巨额赔偿。

**【执法思考】**

（1）处理及时、措施得当

当污染事故发生时，政府相应的管理部门应及时地采取措施，截断污染源、实施环境监测、防止次生灾害发生。在本案例的应急处置期间，三省采取多项措施保障沿线群众饮水安全。四川省广元市赶在污染带抵达前，建成并启用 1 处备用水源，改造 2 座自来水厂的处理工艺，建设 3 条应急调水管道，确保了自来水厂出厂水质达标和供水水稳定。当地相关部门采取紧急措施保证当地安全，同时阻止污染向下游蔓延。一是迅速关闭了葫芦头电站闸门，停止下泄，控制污染水体向下游转移，同时，在葫芦头水库上下游修建 5 道拦截坝，为下一步处置被污染水体争取时间；二是调集环保监测力量，沿河现场布设监测点位，对水质每 2 小时监测一次，并向社会公布水质监测结果；三是汉中市政府紧急下拨 500 万元资金购置消减污染物资；四是略阳县、镇、村三级联动，落实了卫生部门应急处置责任和防范应急预案，确保沿线群众及企业安全；五是加强施工安全管理，落实人员和责任，切实做好抢险施工现场和沿江沿河道路交通安全监管，防止各类次生灾害发生，这些措施有效地保证了本案例中的污染事故得以有效的处理，降低了事故有可能造成的损失。

（2）企业环境应急预案编制与实施工作不到位

我国对于企业环境应急预案的编制与实施工作有着严格的要求，在《突发环境事件应急预案管理暂行办法》中，对于环境应急预案从编制至备案有着详细的要求，而且在《突发环境事件应急管理办法》《水污染防治法》等法律法规中，也对于环境应急预案的编制工作有着详细的要求，对于涉及尾矿库的企业，则要求针对尾矿库有单独的应急预案。在本案例中，某锑业为尾矿库也编制了环境应急救援预案，但除了标题中出现“环境”两字、编制依据提到环保法和《突发环境事件应急预案管理暂行办法》外，通篇没有涉及环境的内容。某锑业编制的环境应急救援预案既没有环境风险评估内容，也没有周边环境敏感点情况，更没有尾矿库内特征污染物的描述，这些情况均不符合我国当前对于环境应急预案的要求，更无法让应急预案在污染事故发生时发挥相应的作用。

**案例七十：广东省茂名市茂南区公馆镇部分师生吸入受污染空气致身体不适案**

【案情介绍】

2014 年 1 月 9 日 23 时，广东省茂名市茂南区公馆镇一中及茂名市第五中学共 97 名师生因吸入不明气体，导致身体不适入院检查，同时学校附近的白沙河公馆镇河段出现大量油污。事发后，环境保护部、广东省环保厅立即派出工作组指导茂名市环保局组织开展环境应急处置工作。经排查，肇事企业为位于茂名市茂南区公馆镇车仔田村的某汽车维修厂。该厂散发气味与导致师生不适的不明气体气味相似，厂内停放有四辆罐车，设有暗管直通白沙河，排污点石油类浓度超标 3 900 倍、挥发酚超标 15 000 倍。

事件发生后，茂名市政府立即查封该企业，对肇事企业负责人立案侦查，彻底切断污染源，在排污点至下游 5 km 范围内设置 5 道围油栏，投放稻草吸附油污，并组织清理河面油污，紧急组织华粤燃料油有限公司、茂石化港口公司和广东众和利顺德化塑工程有限公司 3 支专业清污队伍 93 名专业清污人员，持续清污超过 60 小时，清理含油废水、废物约 72 t。含油污水送茂名石化污水处理厂处理，含油废物送华粤燃料油有限公司按规范处置。对涉案 4 辆槽罐车内的存液采样，送中国广州分析测试中心检验分析，取证确认后再妥善处置。至 1 月 14 日，入院检查的师生全部出院，油污清理完毕，事发地周边大气、水质环境全部达标。

该案主要犯罪嫌疑人黄某系广西北流市清湾镇某建筑材料厂企业主，黄某打着生产建筑材料的幌子，私下从重庆拉回废油，擅自改变生产工艺，违规炼制沥青。1 月 9 日晚分两辆车将炼制过程所产生的有毒、有害化工废液拉到茂名，利用汽车维修厂暗管排放废液 17.8 t，从而导致了本事件的发生。

【执法思考】

私设暗管排放污染物不仅可能导致更严重环境损害后果，而且对监管造成了严重的阻碍及干扰，是一种主观恶性更大的违法行为。《水污染防治法》第二十二条规定："向水体排放污染物的企业事业单位和个体工商户，应当按照法律、行政法规和国务院环境保护主管部门的规定设置排污口；禁止私设暗管或者采取其他规避监管的方式排放水污染物。" 2014 年新修订的《环境保护法》第四十二条第四款规定："严禁通过暗管、渗井、渗坑、灌注或者篡改、伪造监测数据，或者不正常运行防治污染设施等逃避监管的方式违法排放污染物。"相关的法律法规规定，只要存在通过暗管、渗井、渗坑、灌注等逃避监管的方式违法排放污染物的行为，不管是否造成损害后果，都视为严重污染环境的行为，执行严格的行政处罚及刑事制裁。本案系典型的逃避监管和查处的环境违法案件，违法行为人不仅有私设暗管排放污水的行为，而且导致了严重的后果，应从重处罚。

**案例七十一：恩施自治州建始县某矿业有限公司致重庆市巫山县千丈岩水库污染案**

**【案情介绍】**

2014年8月13日上午，重庆市千丈岩水库水色出现异常，巫山县停止对相关乡镇供水。巫山县环保局立即向毗邻的湖北省建始县环保局发出协查请求，经联合排查认定，肇事企业为建始县某矿业有限责任公司。该企业60万t/a硫铁矿选矿项目擅自试生产，产生的废浆水未经处理、直接排放至厂房下方的自然洼地，污染物通过洼地底部渗漏至地下水，并经地下水水系进入直线距离约3 km的重庆市巫山县千丈岩水库。由于当地属喀斯特地貌，废浆水沿洼地底部裂隙渗漏至地下，经地下水水系进入巫山县千丈岩水库，造成巫山县和奉节县4个乡镇约5万人饮用水受到影响。

事件发生后，国务院及环境保护部高度重视，环境保护部立即派出工作组赶赴现场，督促指导湖北、重庆两地妥善处置。湖北省委省政府、重庆市委市政府相继作出安排部署，湖北省环保厅、重庆市环保局分别派出工作组，联合开展现场应急应对工作。建始县政府于8月17日切断污染源。经过两地共同努力，8月18日，千丈岩水库水体及通过隧洞流入水库的地下水出水水质各项指标基本达标。巫山县也于当日通过备用水源对前期主要依靠运水车临时供水的乡镇居民实施供水。8月19日，巫山县政府宣布终止应急状态，9月26日，巫山县全面恢复了从千丈岩水库供水。

鉴于事件属于跨省界污染事件，千丈岩水库水污染事件应急处置阶段结束后，环境保护部启动突发环境事件调查程序，成立了有关专家参加的部省联合调查组。

经现场勘察、比对资料和组织专家论证，认定该事件为重大环境污染责任事件。此次事件是一起企业违法试生产、违法排污引发的跨省界重大环境水污染责任事件，肇事企业已被湖北省环保厅处以100万元罚款，且因涉嫌污染环境罪，其厂长程某已被司法机关批捕在押。同时，因日常监管职责落实不到位，恩施州环保局局长被免职，建始县环保局环境监察大队队长被免职并处以行政警告处分。

**【执法思考】**

通过分析本案例发生的原因可以得出，要强化对于企业试生产阶段的环境管理工作。在本案例中发生事故的主要原因之一是企业违法试生产、违法排污、管理粗放、重生产轻环保；之二是企业没有按规定向当地环保部门申请试生产，且不具备试生产条件。企业在试生产阶段时由于设施、设备处在运行的初期，并不能和正常生产一样保证稳定，因此事故发生率相对较高，环境管理部门应强化对于企业在试生产阶段的监管工作。我国在《建设项目环境保护管理条例》等法律法规中，都对企业的试生产环境管理提出了相应的要求，环境管理部门应严格监管，严防企业在试生产期间发生污染事故。

### 案例七十二：浙江湖州德清血铅超标案

【案情介绍】

2011 年 3 月，浙江省湖州市发生血铅超标事件，严重损害了公众健康，造成了恶劣社会影响。

浙江某电池股份有限公司（以下简称该电池公司）成立于 2003 年 5 月，位于德清县新市工业园区，主要生产销售摩托车小型启动铅酸蓄电池，年产规模为 1 050 万只，目前年生产量为 900 万只左右，产值 4.5 亿元，职工约 1 000 人。2011 年 3 月以来，该电池公司职工及附近村民在自发体检中陆续发现血铅超标情况。5 月 2 日起，德清县政府开始组织企业周边村民进行血铅检测，该电池公司也安排职工进行了职业病防治体检，对 2 152 名职工和村民进行了血铅检测（职工及家属 1 231 人、村民 921 人），血铅超标 332 人，其中职工及家属 327 人、村民 5 人。超标人员中成人 233 人（职工 232 人、村民 1 人），儿童 99 人（职工子女 95 人、村民子女 4 人）。累计已有 53 人住院治疗（其中成人 26 人、儿童 27 人），情况稳定。经监测，该电池公司周边土壤、水环境和农作物铅浓度符合标准。

该电池公司于 4 月 29 日停产整顿，至 5 月 13 日，厂区内主要涉铅设备已经拆除。公安机关已对该公司法人代表依法刑拘，湖州市有关部门已决定对德清县政府、县环保局、县卫生局、新市镇等 8 名相关责任领导进行责任追究。环境保护部决定对湖州市实施全面区域限批，并采取有力措施，进一步加大铅蓄电池等涉重金属行业的污染防治力度，切实保障人民群众环境权益，保护人民群众身体健康。

【执法思考】

（1）企业生产防护措施、污染防治措施不当

浙江某电池股份有限公司组装车间风焊工位多个排风管存在裂缝或孔洞，造成排风效率低下、铅尘存在无组织排放，从目前数据看，血铅超标的 332 人中，有 327 人为职工及其家属。德清县卫生部门曾多次对该企业进行工作场所职业病危害因素检测与评价，都发现该公司车间内存在铅尘、铅烟超标情况，但未有效督促企业整改。3 月初，在已经有部分企业职工和群众自行体检发现血铅超标的情况下，仍未引起县卫生部门的高度重视。该电池公司生产治污设施落后，存在违法违规生产排污行为。相关部门在日常管理工作中，未能适应形势要求，将环境风险较大的铅蓄电池等重金属污染企业纳入重点监管对象，没有及时发现企业存在的违法问题。3月初就有该电池公司职工和周边村民自发体检并发现血铅超标，但未引起重视，其间又发生了部分职工群众在企业门口讨说法的群体事件，仍未引起足够重视，直到血铅超标事件被新闻媒体曝光、环境保护部下发督查通知书及发生 200 人围堵公路和冲击工厂的群体事件后，才开始采取应对措施处置

此事件。

（2）强化对于涉重金属行业的环境监管

对于在生产中涉及重金属的行业，一直以来是我国环境监管的重点。我国在《“十三五”生态环境保护规划》中，对于“十三五”期间重金属的污染防治工作提出了总体规划，在《固体废物污染环境防治法》等法律法规中对于涉及重金属的违法行为的处罚力度也较大。针对铅蓄电池及再生铅行业引发的铅污染事件呈高发态势，原环境保护部发布了《关于加强铅蓄电池及再生铅行业污染防治工作的通知》，将通过严格环境准入，落实卫生防护距离；规范企业日常环境管理，确保污染物稳定达标排放；完善基础工作，严格企业环境监管；加大执法力度，采取严格措施整治违法企业；实施信息公开，接受社会监督等措施，进一步加强铅蓄电池等涉重金属行业的污染防治工作。同时，严格落实重金属污染责任终身追究制，对发生重大铅污染以及由铅污染引发群体性事件的地区，原环境保护部将对该区域所在地级市实行区域限批，暂停该市所有建设项目的环评审批。对造成环境危害的肇事企业立即责令停产，停止排放污染物。因重金属污染造成群发性健康危害事件或造成特大环境污染事故的，依法对造成环境危害的企业负责人及相关责任人追究刑事责任。凡发生重金属污染事件的地区，当地政府主要领导必须承担主要责任。

## 案例七十三：“7·16”输油管道爆炸火灾泄漏特别重大生产安全责任事故案

**【案情介绍】**

2010 年 7 月 16 日 18 时 02 分，位于辽宁省大连市保税区的中石油国际储运有限公司原油库输油管道发生爆炸，引发大火并造成大量原油泄漏，部分泄漏原油流入附近海域造成污染。事故发生后，因电缆被炸导致电闸门失灵无法关闭油罐及管道阀门等原因，致使大量原油通过爆炸点管道持续泄漏。在爆炸起火现场部分泄漏原油随消防水经雨排系统通过泄洪沟排海口进入港池，海面上燃烧的原油烧毁了港池内设置的四道围油栏后扩散至港池外部海域，造成海洋污染，事故对周边 7 个海水浴场、2 个海水养殖区和 3 个海洋保护区环境造成不同程度污染，未对渤海及其公海造成影响。

*事故简要经过*

事故当天，新加坡太平洋石油公司所属 30 万 t“宇宙宝石”油轮在向国际储运公司原油罐区卸送最终属于中油燃料油股份有限公司（中国石油控股的下属子公司）的原油；中油燃料油股份有限公司委托天津辉盛达石化技术有限公司（以下简称辉盛达公司）负责加入原油脱硫剂作业，辉盛达公司安排上海祥诚商品检验技术服务有限公司大连分公司（以下简称祥诚公司）在国际储运公司原油罐区输油管道上进行现场作业。所添加的原油脱硫剂由辉盛达公司生产。

7 月 15 日 15 时 30 分左右，“宇宙宝石”油轮开始向国际储运公司原油罐区卸油，卸油作业在两条输油管道同时进行。20 时左右，祥诚公司和辉盛达公司作业人员开始通过原油罐区内一条输油管道（内径 0.9 m）上的排空阀，向输油管道中注入脱硫剂。7 月 16 日 13 时左右，油轮暂停卸油作业，但注入脱硫剂的作业没有停止。18 时左右，在注入了 88 $m^3$ 脱硫剂后，现场作业人员加水对脱硫剂管路和泵进行冲洗。18 时 8 分左右，靠近脱硫剂注入部位的输油管道突然发生爆炸，引发火灾，造成部分输油管道、附近储罐阀门、输油泵房和电力系统损坏和大量原油泄漏。事故导致储罐阀门无法及时关闭，火灾不断扩大。原油顺地下管沟流淌，形成地面流淌火，火势蔓延。事故造成 103 号罐和周边泵房及港区主要输油管道严重损坏，部分原油流入附近海域。

*事故原因分析*

经初步分析，此次事故原因是：在“宇宙宝石”油轮已暂停卸油作业的情况下，辉盛达公司和祥诚公司继续向输油管道中注入含有强氧化剂的原油脱硫剂，造成输油管道内发生化学爆炸。事故具体原因正在进一步调查分析中。这起事故虽未造成人员伤亡，但大火持续燃烧 15 个小时，事故现场设备管道损毁严重，周边海域受到污染，社会影响重大，教训极为深刻。

事故暴露出以下主要问题：一是事故单位对所加入原油脱硫剂的安全可靠性没有进行科学论证；二是原油脱硫剂的加入方法没有正规设计，没有对加注作业进行风险辨识，没有制定安全作业规程；三是原油接卸过程中安全管理存在漏洞。指挥协调不力，管理混乱，信息不畅，有关部门接到暂停卸油作业的信息后，没有及时通知停止加剂作业，事故单位对承包商现场作业疏于管理，现场监护不力；四是事故造成电力系统损坏，应急和消防设施失效，罐区阀门无法关闭。另外，港区内原油等危险化学品大型储罐集中布置，也是造成事故险象环生的重要因素。

事故发生后，大连市环保局立即启动环境应急预案，及时开展环境应急监测、科学制定清污方案，为政府决策提供依据、对危险废物处置严防死守，确保不发生二次污染事件，力争将事故造成的环境污染影响降到最低程度。

**【执法思考】**

生态环境部门要高度重视生产安全事故引发的突发环境事故。目前我国发生的环境污染事故中，起因是安全生产事故的所占比例较高，在 2010 年环保部接报并妥善处置的 255 起突发环境事件中因生产安全事故引发的突发环境事件 116 起，占突发环境事件总数的 45.5%。为此，要高度重视生产安全事故引发的突发环境事件，认真贯彻落实国务院《关于加强环境保护重点工作的意见》提出的“有效防范环境风险和妥善处置突发环境事件”要求，采取有效措施切实保障环境安全、维护社会和谐稳定。

当安全生产事故发生，环保部门接到事故报告后，要立即责令企业采取有效措施，防止泄漏物质排出厂界外引发突发环境事件；支持地方政府严格履行环境安全监管责任，采取有效措施最大限度地减轻、降低和消除环境影响。环保部门重点要做好应急监测、信息报告、事态预警、处置方案、事件调查和损失评估等工作。

应注意的是，《国家突发环境事件应急预案》规定："安全监管、交通运输、公安、住房城乡建设、水利、农业、卫生计生、气象等有关部门按照职责分工，应当及时将可能导致突发环境事件的信息通报同级环境保护主管部门。"事故发生后，生态环境部门要及时与安全、公安等部门沟通，提出污染事故处理处置建议，提高污染事故处理成功率。

# 参考文献


[1] 环境保护部环境监察局. 环境行政处罚[M]. 北京：中国环境科学出版社，2012.

[2] 环境保护部环境监察局. 环境典型案例分析与执法要点解析[M]. 北京：中国环境科学出版社，2012.

[3] 环境保护部环境监察局.《中华人民共和国环境保护法》四个配套办法典型案例解析[M]. 北京：中国环境科学出版社，2015.

[4] 信春鹰.《中华人民共和国环境保护法》学习读本[M]. 北京：中国民主法制出版社，2014.

[5] 杨朝飞. 通向环境法治的道路（《环境保护法》修改思路研究报告）[R]. 北京：中国环境出版社，2013.

[6] 毛应淮，刘定慧，王仲旭. 大气污染源监督管理与风险防范[M]. 北京：中国环境出版社，2016.

[7] 环境保护部环境应急指挥领导小组办公室. 突发环境事件应急管理制度学习读本[M]. 北京：中国环境出版社，2015.

[8] 刘彩灵，李亚红. 环境刑法的理论与实践[M]. 北京：中国环境科学出版社，2012.

[9] 赵红燕. 环境犯罪定罪分析与思考[M]. 北京：人民出版社，2013.